組織における意思決定の心理

組織の記述的意思決定論

山崎由香里
Yamazaki Yukari

同文舘出版

まえがき

　本書は，組織に関わる人々が行う意思決定を体系的に把握し，理解を促すものである。組織と一口で言っても，個人事業所，企業，病院，役所，教育機関など，社会の中にはさまざまな組織が存在する。あるいは，企業が販売する商品，役所が提供するサービスなどを享受する人々など，多くの人々が組織に関わっている。このように，"組織に関わる人々の意思決定"は極めて広範囲であるが，本書は経営学の領域としての意思決定に焦点を当て，組織としてどのように意思決定を行う傾向があるのか？，組織としての意思決定にはどのような要素が影響するのか？，といった疑問に関心のある人々を読者として想定している。

　意思決定に関する研究は，大胆に言えば，主に2つの分野で進められてきた。1つは「統計学」ならびに「経済学」の分野であり，最も望ましい意思決定結果を導く方法の探究が行われてきた。このような研究志向は「規範論」と呼ばれる。もう1つは「心理学」ならびに「行動科学」の分野であり，実際の人々の心理や行動の観察が進められる。このような研究志向は「記述論」と呼ばれる。これら分野の古くからの研究の経緯を見ると，初期の意思決定研究において，「統計学」や「経済学」の研究により，「規範論」に基づき理想の意思決定を追求する手法が提案された。しかしその後，「心理学」や「行動科学」の研究により，現実の人々はこの理想を求める手法を必ずしも実行していない，あるいは実行できないことが示された。

　そこで，上記2つの研究を踏まえて登場した新たな意思決定の研究分野は「行動経済学」，「実験経済学」，「行動ファイナンス」，そして「行動意思決定論」などと呼ばれる。これら分野の口火を切ったのは，TverskyとKahnemanによる一連の研究であり，2002年にはノーベル経済学賞を受賞するほど高い評価を得ている。

　他方，「心理学」や「行動科学」の分野では，一般的な人々から組織で働く人々

まえがき

に対象を限定して，彼らの心理や行動を理解するために「組織行動論」と呼ばれる新たな分野も登場した。主にモティベーション，リーダーシップ，権力やコンフリクトといった人々の労働環境に関わるトピックに目を向けており，意思決定研究も行われている。

これら2つの新しい研究分野は「記述論」に基づいて行われており，主に組織における人々の心理や行動を理解することに焦点が置かれている。

経営学同様，組織における意思決定に関する研究も，このように多分野からの知見を援用して"学際的"に進められてきた。しかし，これまでの研究経緯を見ると，その研究は，異なる分野でそれぞれ独自かつ断片的に行われ，分断された状態にあると言わざるを得ない。そこで，「心理学」，「組織行動論」そして「行動経済学」などの多分野の研究を援用し，組織における意思決定研究を包括的に捉え，体系化を図ることを，本書の主目的とする。多分野の概念，理論ならびに考え方の紹介，説明のみならず，数多くの実際の意思決定事例を取り上げて，これら理論のより深い理解を促す点は，本書のもう1つの狙いである。

本書は，2010年度成蹊大学学術研究成果出版助成金の支給により，公刊することができた。支給にあたり御助力くださった成蹊大学の教職員に対して，感謝の意を表したい。また，筆者のこれまでの研究教育活動においては，数多くの方々から御支援を頂いてきた。特に，成蹊大学経済学部の上田泰先生には，貴重な御助言ならびに御支援を賜ってきた。出版に際して，明治大学商学部の村田潔先生には多大なる御支援を頂いた。そして，同文舘出版の角田貴信氏には，編集ならびに造本にて献身的なサポートを頂いた。上記方々に，心より感謝申し上げたい。

2011年1月

山崎由香里

目　　次

第1章　意思決定の概要 ―――――――――――――――――1
第1節　意思決定とは……………………………………………2
第2節　意思決定モデル…………………………………………7
　（1）IDCモデル……………………………………………8
　（2）意思決定の一般的モデル…………………………………10
　（3）組織を想定した意思決定プロセスモデル……………………12
　　（i）構造化モデル………………………………………12
　　（ii）ごみ箱モデル………………………………………14
第3節　組織の意思決定の特徴…………………………………16
　（1）意思決定問題の種類………………………………………16
　　（i）構造的問題…………………………………………16
　　（ii）非構造的問題………………………………………20
　　（iii）半構造的問題………………………………………23
　（2）意思決定問題の種類と管理階層……………………………25
第4節　意思決定に対するアプローチ……………………………28
　（1）「リスク」と「不確実性」…………………………………28
　（2）意思決定における合理性…………………………………30
　　（i）客観的合理的意思決定……………………………32
　　（ii）主観的合理的意思決定……………………………33
　（3）意思決定に対するアプローチと本書のフレームワーク………35

第2章　組織における意思決定に対する「個人特性」の影響
　　　　　～心理学からのアプローチ ――――――――――――41
第1節　企業で活用される個人の心理特性………………………42

目　　次

第2節　パーソナリティ………………………………………………………… 43
　（1）パーソナリティの意味と特徴…………………………………………… 43
　（2）パーソナリティの決定要因：「氏と育ち」…………………………… 44
　（3）パーソナリティの影響度合い…………………………………………… 45
　（4）パーソナリティ特性とは………………………………………………… 48
　　　（ⅰ）5要因（ビッグ・ファイブ）モデル…………………………… 49
　　　（ⅱ）統制の所在………………………………………………………… 55
　　　（ⅲ）マイヤーズ・ブリッグス・タイプ指標（MBTI）……………… 57
　　　（ⅳ）自己監視性………………………………………………………… 60
第3節　知覚・認知と帰属……………………………………………………… 62
　（1）知覚・認知とは…………………………………………………………… 62
　（2）知覚の構成要素…………………………………………………………… 65
　　　（ⅰ）知覚者の特性……………………………………………………… 65
　　　（ⅱ）知覚対象の特性…………………………………………………… 69
　　　（ⅲ）知覚状況の特性…………………………………………………… 72
　（3）認知スタイル……………………………………………………………… 73
　　　（ⅰ）「場依存型」対「場独立型」…………………………………… 73
　　　（ⅱ）「熟慮型」対「衝動型」………………………………………… 75
　　　（ⅲ）「全体型」対「順序型」………………………………………… 76
　（4）知覚の典型的な誤り……………………………………………………… 77
　　　（ⅰ）ステレオタイピング……………………………………………… 78
　　　（ⅱ）光背効果（ハロー効果）………………………………………… 78
　　　（ⅲ）プライミング効果………………………………………………… 79
　　　（ⅳ）投影………………………………………………………………… 80
　　　（ⅴ）選択的知覚………………………………………………………… 82
　（5）帰属理論…………………………………………………………………… 83
　（6）帰属の典型的な誤り……………………………………………………… 86
　　　（ⅰ）根本的帰属の誤り………………………………………………… 86
　　　（ⅱ）自己奉仕バイアス………………………………………………… 86
　　　（ⅲ）行為者＝観察者効果……………………………………………… 88

第4節　態度・感情 …………………………………………………… 89
　（1）態度とは ……………………………………………………… 89
　（2）態度形成 ……………………………………………………… 91
　（3）態度と認知の関係（態度一貫性と認知不協和）………… 93
　（4）感情の影響 …………………………………………………… 95

第3章　組織における意思決定に対する「集団・組織特性」の影響
～行動科学，集団力学，組織論からのアプローチ ─── 105

第1節　集団・組織の視点の重要性 …………………………………… 106
第2節　集団化の影響 …………………………………………………… 109
　（1）集団の定義 …………………………………………………… 109
　（2）集団・チームの特徴 ………………………………………… 111
　　（i）規範 ………………………………………………………… 111
　　（ii）凝集性 ……………………………………………………… 113
　　（iii）相互作用とコミュニケーション ……………………… 113
　　（iv）構造特性 ………………………………………………… 116
　　（v）グループ・ダイナミクス ……………………………… 122
　（3）集団のタイプ ………………………………………………… 123
　　（i）公式的集団 ………………………………………………… 123
　　（ii）非公式的集団 …………………………………………… 127
　　（iii）トップマネジメントチーム …………………………… 128
　　（iv）研究開発（R&D）チーム ……………………………… 129
　　（v）仮想チーム ……………………………………………… 131
第3節　集団意思決定 …………………………………………………… 133
　（1）組織における集団意思決定の重要性 ……………………… 133
　（2）集団意思決定（集団化）の利点 …………………………… 134
　（3）集団意思決定（集団化）の欠点 …………………………… 136
　（4）集団思考 ……………………………………………………… 139
　（5）集団意思決定の技法 ………………………………………… 141

目次

   （i）ブレインストーミング………………………………………141
   （ii）ノミナル集団技法……………………………………………144
   （iii）デルファイ法…………………………………………………145
   （iv）議論を促す2つの技法………………………………………145
 第4節 組織構造の影響……………………………………………………146
  （1）組織階層……………………………………………………………147
  （2）組織部門化…………………………………………………………150
   （i）職能別組織と事業部制組織…………………………………150
   （ii）カンパニー制とマトリックス組織…………………………152
  （3）組織設計の実際（事例紹介）……………………………………154
 第5節 組織文化の影響……………………………………………………158
  （1）組織文化の形成・発達……………………………………………160
   （i）組織の価値観，規範の構築…………………………………161
   （ii）組織文化の表明………………………………………………162
   （iii）組織文化の実行………………………………………………163
  （2）トップマネジメントのパーソナリティと組織文化……………164

第4章 組織における意思決定に対する「情報・判断特性」の影響
   ～行動（実験）経済学・行動ファイナンスからのアプローチ──173

 第1節 「情報・判断特性」の影響とは……………………………………174
 第2節 合理的意思決定を志向する決定理論1～期待値原理と期待効用理論……175
  （1）期待値原理…………………………………………………………175
  （2）期待効用理論………………………………………………………176
  （3）期待効用理論の公理とその侵犯…………………………………177
 第3節 プロスペクト理論…………………………………………………180
  （1）理想と現実のズレ…………………………………………………180
  （2）プロスペクト理論の概要…………………………………………181
  （3）参照点依存性………………………………………………………183
  （4）損失回避傾向………………………………………………………187

（5）反射効果 ··· 189
　　　（6）フレーミング効果 ··· 193
　　　（7）確率に対する選好の非線形性 ··· 196
第4節　合理的意思決定を志向する決定理論2　〜ベイズの定理 ······ 200
第5節　ヒューリスティック（ス）·· 205
　　　（1）ヒューリスティック（ス）とは ··· 205
　　　（2）代表性ヒューリスティック ··· 207
　　　　　(i) 連言錯誤 ·· 208
　　　　　(ii) 基準率の無視 ·· 211
　　　　　(iii) サンプルサイズの無視（別名，少数の法則の信仰）············· 213
　　　　　(iv) 偶然の誤認（別名：ホットハンドの誤り，ギャンブラーの過ち）····· 214
　　　　　(v) 平均回帰の無視 ··· 215
　　　　　(vi) 正当性錯誤 ·· 217
　　　（3）利用可能性ヒューリスティック ·· 219
　　　　　(i) 想起容易性 ··· 220
　　　　　(ii) 検索容易性 ·· 225
　　　　　(iii) 想像容易性 ·· 227
　　　　　(iv) 錯誤相関 ·· 228
　　　（4）アンカリング・アンド・アジャストメントヒューリスティック ··· 229
　　　　　(i) 不十分な調整（アンカリング効果）································· 231
　　　　　(ii) 情報提示の順序効果（初頭効果と新近効果）······················ 233
　　　　　(iii) コントラスト効果 ·· 233
　　　　　(iv) コンファメーション・バイアス ·· 236
　　　　　(v) 連言・選言バイアス ·· 238
第6節　情報・判断特性の複合的影響 ··· 239
　　　（1）自信過剰 ·· 240
　　　（2）ハインドサイト・バイアス ·· 243
　　　（3）エスカレーションオブコミットメント（別名，現状維持バイアス，
　　　　　サンクコスト効果，コンコルドの誤り）··································· 245
　　　（4）会計監査専門家の保守主義 ··· 248

目次

　　（5）感情ヒューリスティック……………………………… 249
　本章のまとめ…………………………………………………… 251

第5章　的確な意思決定を目指して
〜処方的アプローチへのプロローグ ───── 257

　第1節　処方的アプローチの必要性…………………………… 258
　第2節　個人特性を踏まえた意思決定の向上………………… 259
　　（1）パーソナリティ特性と意思決定……………………… 260
　　　(i) 5要因（ビッグ・ファイブ）モデル………………… 260
　　　(ii) 統制の所在………………………………………… 261
　　　(iii) マイヤーズ・ブリッグス・タイプ指標（MBTI）………… 261
　　　(iv) 自己監視性………………………………………… 261
　　（2）知覚・帰属と意思決定………………………………… 262
　　　(i)「場依存型」対「場独立型」……………………… 263
　　　(ii)「熟慮型」対「衝動型」…………………………… 263
　　　(iii) 知覚・帰属の誤り………………………………… 264
　　（3）態度・感情と意思決定………………………………… 265
　第3節　集団・組織特性を踏まえた意思決定の向上………… 267
　　（1）集団・チームと意思決定……………………………… 267
　　（2）組織と意思決定………………………………………… 269
　　（3）産業と意思決定………………………………………… 273
　第4節　情報・判断特性を踏まえた意思決定の向上………… 274
　　（1）脱バイアス（debiasing）とは………………………… 274
　　（2）脱バイアスの主な手法の概要と効果………………… 275
　　（3）脱バイアス手法の分類と今後の方向性……………… 279

事項索引…………………………………………………………… 287
人名索引…………………………………………………………… 292

第1章
意思決定の概要

●本章のポイント●

　我々は，朝目覚めた時から夜眠るまで，家庭や友人との集まり，学校や職場などの至るところで，常に何かを考え，決め，行動している。逆に言えば，何らかの行動をとるためには，必ずと言っていいほど，その前にどのように行動するかを考えて決めているのである。"行動に先立って考えて決める"ことは「意思決定」と呼ばれる。

　本章では，組織で行われている意思決定の基本を理解する。まず，意思決定がどのように行われるかを示すモデルを紹介する（第2節）。次に，組織の人々が行う意思決定のタイプと特徴について，人々が携わる業務（意思決定問題）に着目して理解を促す（第3節）。組織メンバーの管理階層と意思決定のタイプの関係を整理することがポイントである。最後に，これまで行われてきた意思決定の研究における，意思決定を理解する立場・視点を3つ紹介し，本書が採用する視点を確認する（第4節）。

第1節　意思決定とは

　社会の中にはさまざまな組織や企業がある。誰もが通ってきた学校や住んでいる地域の役所などは多くの人々が関わる組織であり，食品，家電製品や自動車など，我々の生活に不可欠な製品を製造し販売している製造業者は企業である。従業員の人数が極めて多い大規模企業もあれば，いわゆる身内だけの少人数で営まれている組織もある。数多くの組織や企業がいろいろな活動を行っているわけだが，これらに共通することは，全ての組織および企業において，ほぼ毎日，「意思決定（decision making）」が行われていることである。地域住民の要望に応えるための意思決定，ある製品を製造するかどうかの意思決定，どの業者と取引するかの意思決定，どのような人材を採用するかの意思決定など，実に多様である。組織や企業においては，挙げればきりがないほどさまざまな意思決定が日常的，普遍的に行われており，組織および企業は意思決定を行わなければ存続していくことができないと言える。

　一口に意思決定と言っても，実は極めて曖昧で範囲が広い。組織や企業のメンバーは，それぞれが組織ないし企業の代表（顔）として意思決定を行うこともあれば，組織の中の部や課の長として，あるいは，メンバーとして意思決定を行うこともある。そして，1人ひとりによる1つひとつの意思決定の積み重ねが組織の運営につながるのであり，1人のメンバーの優れた意思決定の積み重ねが企業に成功をもたらし，好ましくない意思決定の積み重ねが企業の衰退を招くのである。つまり，組織や企業における1つひとつの意思決定を理解することが，組織および企業が生き残り成長していくために重要となる。ここで，ある企業の意思決定の事例を紹介しよう（【ケース1：アメリカ玩具市場の人形戦争　～バービー対ブラッツ】）。

【ケース1：アメリカ玩具市場の人形戦争　～バービー対ブラッツ】
　アメリカの玩具最大手のマテル社（Mattel Inc.）は，1959年に発売開始した着せ替え人形の「バービー（Barbie）」により，長年，業界最大手の地位を保ってきた。バービーで遊んでいた母親は自分の子供に同じ人形を買い，さらに孫

にも買い与えることで，バービーはアメリカの象徴的な玩具となった。しかし，バービーの優位性は，逆にマテル社に致命的な意思決定をもたらすこととなった。

　1990年代，バービーとその関連商品はマテル社の売上高の50％以上を占めていたため，マテル社にとってはバービーがスターでいることが重要であった。バービーは多くの既婚女性が専業主婦であった1960年代に作られ，そのセクシーな体形は当時の女性の理想であった。しかし，ここ10年で少女や女性，性や結婚，そして女性の仕事に対する考え方は大きく変化してきた。それに伴い，人々の人形に対する好みも大きく変化してきたのである。この変化に対して，マテル社の経営陣は，「If it's not broken don't fix it.（触らぬ神に祟りなし）」という方針のもと，バービーのメジャーチェンジは行わないという意思決定を下した。バービーの成功が続くと信じたのである。

　競合するMGA社（MGA　Entertainment, Inc.）が，バービーに似た「ブラッツ（BRATZ）」という名の人形の発売を開始した2000年，マテル社は何の準備や対応もしなかった。なぜなら，これまで競合他社が現われても，バービー人形を脅かすほどの人気が出なかったからだろう。実は，ブラッツのマーケターやデザイナーは，膨大な金銭と労力をかけて，新世代の女の子，特に7歳から11歳の少女の嗜好を模索し，少女の願望を満たす人形となるブラッツを開発したのである。ブラッツは大きな頭，目と口をもち，厚化粧をし，短いドレスを身に付け，シリーズごとに異なる個性を持っていた。どのような文化にも，そして，すぐに変化する少女のファッションや音楽の好みにも対応できるようにもできていたのである。MGA社はすぐに海外の玩具企業でブラッツを製造販売するライセンスを取得し，急速にバービーの競合相手となった。

　マテル社の経営陣は，ブラッツの出現に困惑した。バービーの売上が10億円を割る見通しの中，彼らは意思決定の方針を変更してバービーを刷新しなければならず，また，強力な競合相手に対抗するために，デザイナーは変化を望んだ。

　手始めに，バービーと旧来のボーイフレンドであるケンの恋に終止符を打たせ，新しいボーイフレンドにオーストラリア人サーファーのブレインを登場させた。2002年には，ブラッツに似た新しいライン「マイシーン・バービー」を導入した。しかし，新しいラインはブラッツの流行に歯止めをかけることはできなかった。さらに翌年，別の新しいライン「フラバ」を打ち出したが，完全に失敗に終わった。バービーの体系やルックス，衣装やボーイフレンドを変えるという意思決定はもはや時遅く，バービーの売上は落ち続けた。2005年，マテル社はバービー発売以降初めて，着せ替え人形首位の座をブラッツに奪われた。

　2006年2月，ニューヨークで開催された世界最大の玩具見本市「全米国際

第1章　意思決定の概要

> 玩具フェア」の開幕直前，マテル社はバービーが2年前に決別したボーイフレンドのケンと復縁させる決断を下し，記者会見を実施した。話題作りを狙う演出だったが，逆に人気低迷を露呈する格好となった。また，ワイヤレス装置で子供の動きをバービーがまねる「レッツ・ダンス・バービー」や，ファッションデザイナーがデザインした大人向けバービーブランド衣料など，次々と目新しい策を打ち出している。マテル社が顧客離れに歯止めをかけ，売上低迷を阻止できるかは時のみぞ知るが，マテル社の意思決定は永遠に変化していくに違いない。
> 　　　　　　（参考資料：日経流通新聞（2006/03/31），Nussbaum, 2005）

　マテル社の事例から，企業は急速に変化する環境変化に迅速に対応するための意思決定を行う必要があること，過去に行った意思決定の成果は時と共に変化するものであり，一度下した意思決定でも見直す必要があること，そして，（メジャーチェンジを行わないという）ある時の1回の意思決定が，企業の先行きを左右することなどが分かる。また，環境や顧客ニーズの変化を的確に捉え，それに対して望ましい対応を行うことが如何に難しいかをうかがい知ることもできる。こういった複雑で対応が困難な企業の意思決定について，その特徴を理解し，組織の内部の人間として，あるいは，組織の利害関係者として，可能な限り的確な意思決定を行う術を学ぶことが，本書の目的である。

　ここで改めて組織における「意思決定」の定義を示すと，「組織のメンバー（＝人間）がある目標ないし目的（object）を達成するために，複数の選択肢（代替案（alternatives）と呼ばれる）の中から1つまたは少数を選び，組織が直面する機会や問題に対応する，一連の過程（プロセス（process））」である。組織において意思決定を行う人は，会長や社長から部長や課長，平社員，新入社員に至るまでの組織のメンバーである。このような意思決定を行う主体のことを「意思決定者（decision maker）」という。意思決定者は「個人」とは限らず，グループやチームなどのように複数の人が集まって意思決定を行う場合には，意思決定者は「集団」となる。企業が新製品を発売するかどうか，新規市場へ参入するかどうかについて意思決定を行う場合，その意思決定主体は「組織」と捉えることもできる。人格を持たない集団や組織も意思決定者となり得る。

　意思決定では，何が問題なのかを把握したり，解決のための代替案を設定す

るために,あるいは,代替案を絞り込んでいくために,随時さまざまな「情報 (information)」が必要となる。先のブラッツ人形を開発したMGA社は,新たな人形が多くの少女の心を掴めるかどうかを入念に調査した。調査から得られた情報は,どのような新製品を開発するかの意思決定にとって極めて重要である。このように,意思決定では必要な情報が集められ,情報を用いてさまざまな視点から検討し,複数の代替案が提案される。そして,望ましいと思われる基準に沿って代替案を絞り込み,代替案の選択が行われる。選択した案を基に行動がとられ,行動によってもたらされた結果は,その後の意思決定のための新たな情報となっていく。つまり,意思決定とは情報を意思決定主体である人間(個人,集団,組織)の中に投入し(インプット:input),意思決定主体がインプット情報を処理,変換し(スループット:throughput),そして,行動および結果としての新たな情報を産出する(アウトプット:output)活動でもある。この意味で,意思決定とは「人間の情報処理(human information processing)」と捉えることができる(**図表1-1 参照**)。

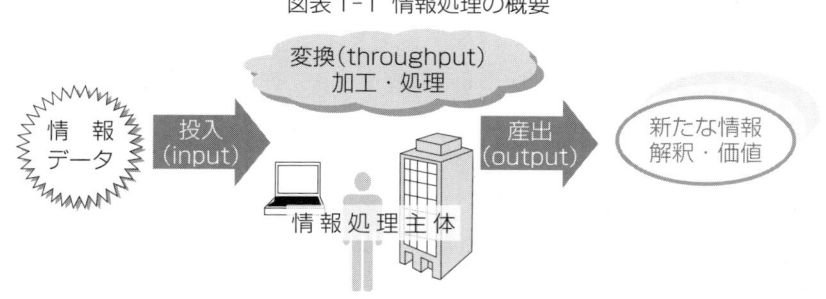

図表1-1 情報処理の概要

ところで,意思決定は何らかの対応が必要な問題を解決していく過程でもあるため,意思決定のことを「問題解決(problem solving)」と表現する場合もある。また,複数の代替案の真偽を検討し,それに対する自分の考えを定める過程でもあるため,意思決定を「判断(judgment)」とほぼ同義に捉える場合もある。さらには,意思決定において3つ以上の代替案がある場合でも,その中から2つを取り上げて比較して,一方よりも他方を選ぶことが一般的である

ため,「選好(preference)」と表現する場合もある。

　直面する難局を乗り越えるためにどのような代替案があり,そのいずれがふさわしいのかを検討することも意思決定であるが,同時に,機会を見出して活かしていくことも重要な意思決定である。例えば,組織の上位階層者による新市場参入に関わる意思決定から,下位階層のテレフォンオペレータによる対話スキル習得のための研修参加に関わる意思決定まで,組織にチャンスをもたらす可能性を秘めた意思決定である。組織内の個人や集団,あるいは,組織全体が,組織の「能率(efficiency)」と「有効性(効果)(effectiveness)」を高めるために機会を積極的に探し出し,それを巧みに活かして他社に対する競争優位性(competitive advantage)を確保していくことが,組織を成功に導くのである。インテル社(Intel Corporation)の前のCEO(chief executive officer)であるアンドリュー・ステファン・グローヴ(Andrew Stephen Grove)氏は,「成功している企業が時に失敗するのは,現状に満足して優位性を確保し損なうからであり,あるいは,産業の変化を捉えられないからである」(Grove, 1993)と述べ,絶えず新たな機会を模索し,その対応のための意思決定に多大な時間と労力を割く必要性を説いている。

　とは言え,ただ闇雲にチャンスを探して意思決定を行えばいいわけではない。意思決定に重要なことの1つは,その目標である。逆の言い方をすると,自分(達)の目標達成が脅かされそうな場合には意思決定を行う必要がある。例えば,あるコーヒーショップの目標は顧客にコーヒーを販売することであるが,コーヒー豆を仕入れる資金が底をついてしまった場合には,その目標が達成できなくなってしまう。あるいは,ある部品メーカーの生産に携わるチームが工場の月間高品質MVP賞を獲得するという目標を持ったとしても,チームの一部のメンバーが隠れて怠け出したならば,その目標達成は困難だろう。さらには,赤字挽回という目標を掲げた企業で,トップ役員間の十分なコミュニケーションが図られずに派閥争いに明け暮れていたら,目標実現は夢のまた夢となる。それぞれの場合において,企業全体の目標のために意思決定を行うわけだが,その過程で企業目標達成の障害を取り除くために,個人,集団,組織としてどのように対応していくかを,日常業務レベルでの意思決定を通じて検討していかなければ,企業自体の目標は達成されないのである。

目標達成のために行われるさまざまな意思決定において共通して重視されることは，意思決定もしくは組織の能率と有効性（効率または効果ともいう）の向上である。能率とは，最小のインプット（労力，金銭や時間などのコスト）によって産出される最大のアウトプット（生産量や成果など）の割合を示しており，能率を高めるためには時間短縮や金銭節約などの技術的要件に焦点が当てられる。一方，有効性とは能率の上位概念であり，企業の経営目標の達成度を示している。有効性を高めるためには技術的要件を整えるだけでなく，組織全体のバランスを考慮して能率を高めたり，時には徒労に思えることに果敢にチャレンジすることで，組織としてより高い成果をあげることが重視される。例えば，自社製品の生産性を高めるために，工場内の機械の稼働率を高め，短時間で無駄なくより多くの製品を生産することが能率の向上である。しかし，能率が向上できたとしても，利益が出ないような価格設定をしたり，製品自体の需要が見込めない場合には不要なコストが発生してしまい，組織全体の成果，つまり組織有効性は下がってしまう。組織のある部分が優れていたとしても，全体としてうまく機能していなければ成果を上げることができないため，部分最適（能率向上）ではなく全体最適（有効性向上）を目指すことが重要となる。

第2節　意思決定モデル

　2001年～2002年にかけ，アメリカにおいてエネルギーおよびIT企業のエンロン（Enron Corp.）と通信会社ワールドコム（Worldcom）の大企業2社が，巨額の粉飾決算と不正会計監査により当時の米史上最大の負債総額で経営破たんした。日本においても，2002年にカネボウによる債務超過隠ぺいのための粉飾決算の繰り返しが発覚し，2005年に上場廃止となる事件が起こった。これらの事件の根本的な原因は，決算処理や会計監査等に係る不正な意思決定を行ったこと，そして，その意思決定の内容をオープンにしなかったことだと指摘されている。この事態を受け，2008年4月，日本において「内部統制（internal control）報告制度」が始まり，上場企業は業務手順の見直しや管理体制の報告を義務づけられるようになった[1]。この制度は，企業内の意思決定が「いつ」

「誰によって」「どのように」行われたかを明示して記録に残すことにより，意思決定の"流れ（フロー）"，すなわち意思決定プロセスを明確化して不正や粉飾決算を無くすことが狙いである[2]。企業において日常的に行われる意思決定プロセスの様相，あるいは，意思決定のあるべき姿を示す「意思決定モデル（decision making model）」について考える必要が高まっている。以降では，意思決定プロセスを示すモデルをいくつか紹介する。

（1）IDC モデル

組織の意思決定プロセスに関する研究により1978年にノーベル経済学賞を受賞したハーバート・サイモン（Herbert Alexander Simon）は，実際に行われるさまざまな意思決定プロセスを代表するモデルとして「Intelligence-Design-Choice: IDC model（IDCモデル）」を提案した（Simon, 1947）（**図表1-2**）。このモデルは意思決定の道のりを3つの段階（フェーズ（phase））に分類して捉えており，各フェーズの頭文字からその名前がつけられた。

図表1-2 意思決定のIDCモデル

| I：問題認識 | → | D：代替案設計 | → | C：代替案選択 |

Iの「問題認識（インテリジェンス）」フェーズでは，意思決定を要する問題や状況の認識および理解が行われる。状況を把握し，何らかの対応が必要か否かを見極める段階である。問題を認識するためには，到達すべき目標を明確化したり，関連するデータを収集したり，意思決定を要する問題を診断，吟味する必要がある。あるいは，収集したデータを検証したり，問題を定式化（明確に記述）することも必要となる。

---

[1] アメリカでは日本に先立って，2002年に上場企業会計改革および投資家保護法（Public Company Accounting Reform and Investor Protection Act of 2002，通称：サーベインス・オクスリー法（Sarbanes-Oxley act：SOX法））が制定されている。
[2] 企業会計審議会（2005）より。

Dの「代替案設計（デザイン）」フェーズでは，認識した問題を解決するための代替案の検索や列挙が行われる。代替案を設計するには関連するデータを収集したり，集めたデータに解釈を与えるための加工を施したり，可能であれば意思決定の目的を数量化しながら，数多くの代替案を列挙していく。

　Cの「選択（チョイス）」フェーズでは，列挙した複数の代替案の絞り込みが行われる。具体的には，複数の案の優劣を明示するために，各代替案の詳細を示す統計資料などを作成したり，各案をシミュレートして仮想的結果を導いたりする。複数の代替案の比較を経て1つ（少数）の案を選択し，選択した理由を考えたりもする。

　問題認識フェーズは，その後に続く2つのフェーズ以上に重要な段階である。と言うのも，代替案設計や選択フェーズは，選択基準や解法がある程度定まれば，それらに従って半ば機械的に遂行できる技術的な要素が強い場合が多い。これに対して，問題認識フェーズは，この段階次第で意思決定自体を行うか否かが決まってくるものであり，また問題認識で重視する事柄次第で，その後どのように意思決定プロセスを進めるかが決まるからである。コンピュータ用語で"GIGO (Garbage In, Garbage Out)"という言葉がある。たとえコンピュータに複雑で緻密なアルゴリズム（解法）や厳密な選択基準が準備されていたとしても，誤った情報を入力してしまえば，出てくる解は誤ったものになる。つまり，"ゴミ（Garbage）を入れればゴミしか出てこない"のである。同様に，問題認識の段階で誤った，偏った認識がなされれば，プロセスを経て出てくる意思決定結果も誤った，あるいは，偏ったものになってしまう。さらに，問題認識には意思決定者の性格や価値観などの心理的要因，あるいは，属する組織の風土や文化などの有機的（非機械的）な要因が多分に影響を及ぼすため，単純かつ一様に捉えられないのである。

　IDCモデルは多くの意思決定に共通的なフェーズを簡潔に表している一方で，意思決定を極めて単純に捉えているという欠点もある。実際，現実の意思決定ではさらにさまざまな活動が行われていると考えられる。

第1章　意思決定の概要

（2）意思決定の一般的モデル

　図表1-3に示された意思決定の一般的モデルには，IDCモデル同様，「問題認識」，「代替案開発と評価（＝代替案設計）」そして，「代替案選択」の3つのフェーズが含まれており，さらに，選択の「基準設定」，「データ収集と評価」，「実行と補足」が追加されている。問題認識の段階では，意思決定が必要となる問題の有無や内容が吟味されると同時に，意思決定を進めるにあたり何らかの予測が行われ，初期仮説が設定される場合もある。基準設定とは，意思決定を進めていくにあたり最終的に選択する案に不可欠な事柄や，代替案に望む条件などを明確化する段階である。さらには，データ収集を進める前に意思決定の方針や方向性などを検討したり，代替案設計に先立って，この段階で予測と

図表1-3　意思決定の一般的モデルの一例

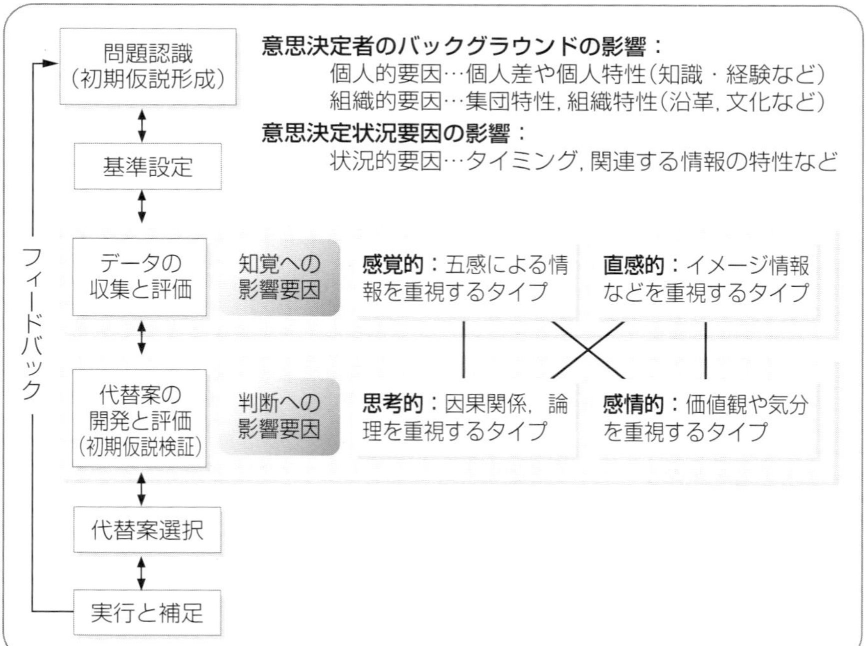

意思決定者のバックグラウンドの影響：
　個人的要因…個人差や個人特性（知識・経験など）
　組織的要因…集団特性，組織特性（沿革，文化など）
意思決定状況要因の影響：
　状況的要因…タイミング，関連する情報の特性など

フロー：
問題認識（初期仮説形成）↕ 基準設定 ↕ データの収集と評価 ↕ 代替案の開発と評価（初期仮説検証）↕ 代替案選択 ↕ 実行と補足 →フィードバック

知覚への影響要因
- 感覚的：五感による情報を重視するタイプ
- 直感的：イメージ情報などを重視するタイプ

判断への影響要因
- 思考的：因果関係，論理を重視するタイプ
- 感情的：価値観や気分を重視するタイプ

（出所：Hitt, et al., 2006を基に作成）

しての初期仮説が立てられることもある。代替案の選択の基準をある程度明示したところで，関連するデータの収集や，集めた情報の信憑性などの評価が行われる。そして，集めた情報を基に複数の代替案を開発および評価し，最終的に代替案を選択する。実行と補足段階では，選択した代替案を実際に実行し，選択した案について追跡検討し，必要ならば訂正を加える。これら一連の意思決定プロセスを，次の，あるいは，別の意思決定プロセスに反映させることが重要であるため，フィードバックが行われる。

　ここで紹介した意思決定モデルの特徴の1つは，意思決定プロセスにさまざまな要因が影響する可能性を示唆している点である。個人の出身や経験，あるいは，企業の沿革や文化といった意思決定者のバックグラウンド，あるいは，意思決定を行うタイミングや収集する情報などの意思決定時の状況要因も，意思決定プロセスに影響を及ぼす。さらに，データ収集と評価に対しては意思決定者の知覚特性が，代替案の開発と評価に対しては意思決定者の判断特性（癖など）が，それぞれ強く影響する（Hitt, et al., 2006）。

　このモデルでは人のさまざまな心理特性を把握する「マイヤーズ・ブリッグス・タイプ指標（MBTI）」（第2章第2節）の中の4つの性向（感覚的・直感的・思考的・感情的）が挙がっているが，MBTI以外にも人間の心理特性を把握する指標はいくつもある。あるいは，常にこのモデルの順番に従って意思決定が行われるわけではなく，データ収集を行った後で基準を再吟味したり，代替案の開発に必要なデータを追加的に収集する場合もある。さらには，意思決定の目標自体が複数存在して曖昧な場合などは，きっちりとしたプロセスで意思決定が行われるとは限らない。つまり，どのような状況でも当てはまる，唯一絶対的な意思決定モデルがあるわけではなく，意思決定者や意思決定状況の変化に応じて，優先させる段階や時間をかける段階を変更させる必要があることが想定されている。

第1章 意思決定の概要

（3）組織を想定した意思決定プロセスモデル

(i) 構造化モデル

　1人の人間の情報処理能力には限界があるため，複数の人々を意思決定に「関与（involvement）」させ（集団化），さらに，多様な集団をまとめて組織を編成し，組織内を適切に「構造化（structuring）」することで，意思決定者の情報処理能力を高めることが可能である（March & Simon, 1958）。構造化とは，組織メンバーに役割を与え，役割ごとに組織内を部門（department）や課（section）などいくつかの単位に区分することである（専門化（specialization），分業化（division）とも呼ばれる）。各部門（に所属する個人）は組織の上位階層からの権限委譲を受け，部門（チーム）内の調整を図りながら部門（チーム）としての意思決定を行い，最終的には組織としての意思決定が生み出されていくことになる。このような意思決定プロセスを示したものが「構造化モデル（structuring model）」である（**図表1-4**）。構造化モデルは，権限委譲により

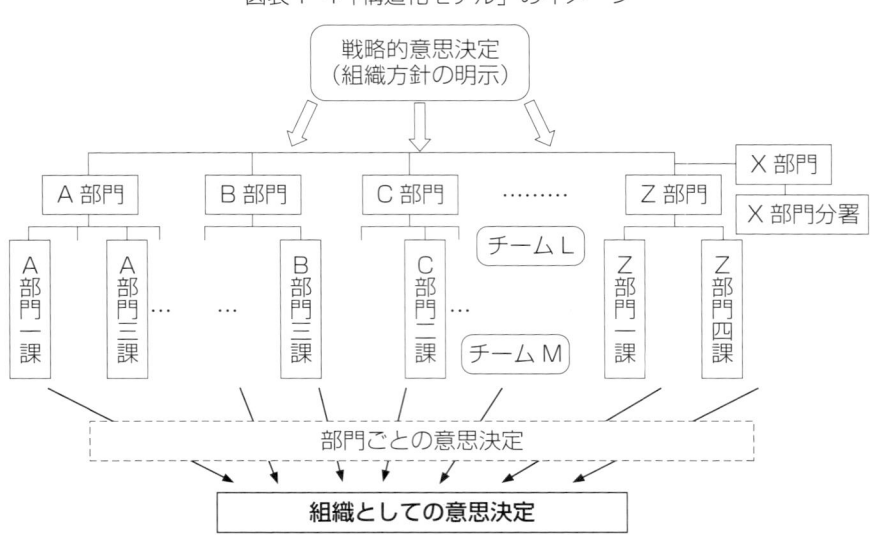

図表1-4「構造化モデル」のイメージ

第2節　意思決定モデル

メンバーが迅速に行動できる，そして，各部門の複数のメンバーによる意思決定を組織としての意思決定に反映できる，賢明な方法である。

　反面，構造化モデルには難点も見られる。複数の各部門（チーム）の目標と組織全体の目標が一貫しない場合には，時間をかけて調整を図ったり，メンバーの同意を得なければならないことである。また，急な変更などに対してメンバーが一様の理解，対応を取れるよう事前に準備する必要もある。そのため，構造化モデルが示す意思決定は，現実的には個人による意思決定よりも比較的時間がかかり，少しずつステップバイステップで進められることが少なくない。このようなプロセスは「漸進主義（incrementalism）」と呼ばれる（Lindblom, 1959）。漸進主義的な意思決定は，意思決定過程において意思決定者が問題に対応できるかどうかをフィードバックしたり，大まかな方針を変更させながら進んでいくもので，途中で別の考え方が検討されたり，全く新たな意見が打ち出されることもある。つまり，意思決定の最中に状況に応じて変化し，柔軟に対応することが許容される。特に，政策を立てるような民主性や公共性が重視される意思決定において，漸進主義は頻繁に見受けられる。意思決定時に情報が不足していたり，結果の予想が困難な時の対処法として採用されることも多い（【ケース2：漸進主義で臨む政策決定】）。

【ケース2：漸進主義で臨む政策決定】
日銀・須田委員，金融政策で貢献強調，「経済情勢予断許さず」
　日銀の須田美矢子審議委員は4日，京都市で講演し，年度末を控えた足元の金融情勢について「企業業績の悪化で株価が不安定な地合いとなるなど予断を許す状況にない」と厳しい認識を示した。今後の金融政策については「金融市場の安定確保と企業金融の円滑化にも配意しながら物価安定の下での持続的成長経路に復していけるよう，でき得る最大限の貢献をする」と表明した。
　須田委員は足元の経済情勢については輸出の急減や雇用・所得環境の悪化が深刻化していることから「がけから深い谷に転げ落ち，霧の濃いぬかるみの中をさまよっている状態にある」と指摘。ただし一部の海外景気指標などの悪化が止まるなど「ほんの少しずつだが前向きな材料も出始めている」との見方も示した。
　先行きの不確実性が強い中，金融政策も「足元の情勢を慎重に見極めながら漸進主義で臨むのが望ましい」と語った。

第1章　意思決定の概要

（出所：2009/03/04. 日本経済新聞夕刊　一部抜粋）
（下線は筆者が加筆）

　構造化モデルには，他にもマイナス要素がある。意思決定者の対応能力に依存して代替案が限られてしまったり，組織全体の利益よりも各単位の自己利益が主張されて過度に急進的，あるいは，保守的になることがある。さらに，部門やチームなどの単位間で対応能力に差があることでコンフリクト（conflict: 衝突，対立）が生じたり，単位の上下関係が非公式的に形成されやすくなる。そこで，意思決定の構造化モデルが奏功する1つの鍵は，いわゆる機械的（machine），あるいは，官僚的（bureaucratic）組織の特徴と言われる，組織の上位階層による集権的統制能力にある。
　上位階層者は，各単位が意思決定問題をどのように扱うか，そして，個々の単位による多様な意思決定結果が，組織全体の意思決定としてどのように統括されるかを示すガイドラインをあらかじめ明らかにしておく必要がある。このようにあらかじめ意思決定自体をどのように行うかを考えたり，意思決定を進める方向性などを統制するために，意思決定の事前に行う意思決定は「メタ意思決定（metadecision making）」と呼ばれる（Mintzberg, et al., 1976）。構造化モデルを機能させていくためには，事前に組織全体としての意思決定の方針などを固めたり，いわゆる"根回し"などにより意思決定のやり方，進め方を定めておくメタ意思決定が必要である。そして，このような事前準備をスムーズに行うことができるのは権限を掌握した上位階層であるため，トップマネジメントの意思決定では，メタ意思決定を行うことが重要となる。

(ii) **ごみ箱モデル**
　組織の意思決定には，さまざまな人々や事柄が影響してくる。組織の中を見ると，多くのメンバーが個人目標を持って各自の立場で働いている。組織の外を見ると，株主や債権者，地域住民などの「ステークホルダー（stakeholders）（＝利害関係者）」が関係してくる。これら数多くのお互いの影響を考慮すると，極めて複雑な影響力が絡み合って，組織の意思決定結果が導かれると捉えることもできる。このようなスタンスから，組織の意思決定に影響を及ぼす複数の

第2節 意思決定モデル

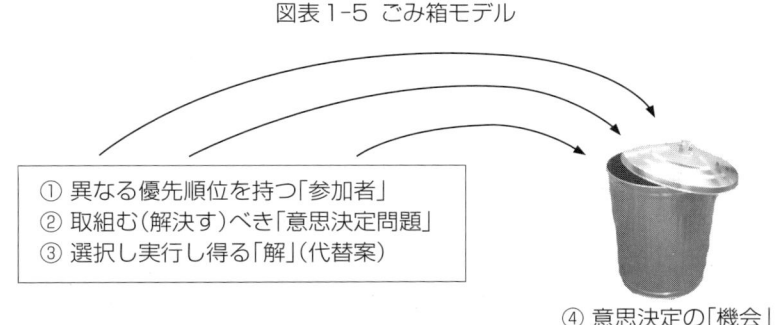

図表1-5 ごみ箱モデル

① 異なる優先順位を持つ「参加者」
② 取組む(解決す)べき「意思決定問題」
③ 選択し実行し得る「解」(代替案)

④ 意思決定の「機会」

要因の相互作用（interaction）を考慮に入れた「ごみ箱モデル（garbage can model）」が提起された（Cohen, March & Olsen,1972）。ごみ箱モデルは、**図表1-5**に示される4つの要素から意思決定が構成されると想定している。

　特に規模が大きく複雑化した組織では、意思決定に関わる多くの人々が異なる目標や問題意識を持っており、各自が時間などの制約のもとで業務を遂行している。そのため、ある意思決定に対する「コミットメント（commitment）」や「関与」の強さ、問題に対する優先順位などの異なる人々が、意思決定に参加することになる。このような、利害等の異なる参加者が意思決定問題を認識すると、意思決定問題について重視（軽視）するポイントが異なることもあり、問題に対する多様な解釈が生じることもある。さらには、参加者によって異なる制約下で行動するため、自ずと取り得る代替案も異なる。そこで、このモデルでは実際に意思決定を行う「参加者」、「意思決定問題」および「解（代替案）」が意思決定の「機会」であるごみ箱の中で偶発的に交わることで、意思決定の結果が生み出されると想定されている。

　ごみ箱モデルは、組織のような目標が複数あり、曖昧で明確に定めることが難しい場合や、意思決定に参加する複数のチームや部門が複雑かつ緩やかな関係にある場合に機能する。また、複数の事業部ないし部門、チーム、委員会などがあり、その優先順位や強弱関係、責任の所在などが曖昧であったり、強力なライバル、市場の流動性、環境の変動性などに影響を受けたりする場合には、どのような要因がどの程度、意思決定に影響を及ぼすかを把握することが困難である。そのため、結局のところ、ごみ箱モデルのように意思決定の結果は偶

発的なものと捉えることが，しばしばある。

第3節　組織の意思決定の特徴

（1）意思決定問題の種類

　組織の意思決定は，個人の意思決定よりもさまざまな要因が影響を及ぼし，より複雑になる傾向がある。この複雑な意思決定を理解するために，組織の意思決定問題と意思決定の種類について取り上げる。

　組織の意思決定には，企業の方針や将来展望に関わるものから，管理者による部下の評価に関わるもの，あるいは，書類をどのように作成するかといった日常的なものまでが含まれる。このような多岐にわたる意思決定を整理して捉えるために，構造（＝複雑さ）によって意思決定の"問題の種類"を3つに分類できる。1つ目は「構造的問題（well-structured problem）」，2つ目は「非構造的問題（ill-structured problem）」，3つ目は「半構造的問題（semi-structured problem）」である。

(i) 構造的問題

　意思決定において，構造が明確で単純な問題を「構造的問題」または「構造化された（もしくは良構造）問題」と呼ぶ。組織メンバーはそれぞれ組織の中での役割を与えられており，その役割を果たすために，ある程度定められた業務を遂行している。例えば，スーパーのレジ係は顧客が選んだ商品の価格を正確にレジに打ち込む業務（意思決定）を行い，営業部の社員は営業成果の報告書を作成する業務（意思決定）を行う。組織の各メンバーが任された日々繰り返し行う業務（ルーチンワーク（routine work））に係る意思決定で扱う問題の多くは，理解しやすく，やるべきこと（代替案）がほぼ明確であり，代替案がもたらす結果をある程度予測できるため，構造的問題と捉えることができる。構造的問題は反復的かつ頻繁に生じ，理解が容易であり，問題を解決するにあ

たり何を，どのようにすべきか，そして，そのために必要なもの（経営資源：ヒト，モノ，カネ，情報）は何かが認識できる。故に，一定の手続きを経れば容易に解決案を導くことができる問題である。

構造的問題を扱うためには，意思決定のやり方や手続き，基準などをあらかじめ決めておけば，その都度，新しい情報や代替案を探索する必要もなく，ほぼ自動的に解決することができる。意思決定者である社員が構造的問題に関する意思決定をスムーズに行うために，組織は意思決定を行う上での標準的な行動指針などをあらかじめ設定（想定）し，社員に周知を促しておく必要がある。例えば，スーパーのレジ係にはレジスターの使い方に関するマニュアルが用意されており，営業部では作成する報告書のフォーマットや記載する項目がある程度定められているため，意思決定者は悩むことも過度の時間をかけることもなく，構造的問題を扱い日常業務（意思決定）を遂行できる。

上記の例以外でも，組織には構造的問題を扱う状況が数多くある。例えば，従業員の給料計算，製造のための原材料や販売のための商品などの受発注，商品在庫管理，さらには，工場などでの作業工程管理，企業の有限経営資源の配分などが挙げられる。これらの意思決定問題は，ある定まった条件の中で最も望ましい解を導き出すことが重要となるため，コンピュータなどにあらかじめアルゴリズムを組み込んでおくことで，自動的に行うことができる（【ケース３：企業で扱う構造的問題の例】）。

【ケース３：企業で扱う構造的問題の例】
セブンイレブン，加工食品・雑貨を自動発注，バイトの負担軽減。
　セブン―イレブン・ジャパンは2008年2月までに全店で加工食品や雑貨などの自動発注システムを導入する。個店の販売状況に合わせて単品ごとに適正在庫量を毎週入力。商品がこの適正在庫量を下回ると自動的に発注する仕組み。発注量は従業員が補正できる。外国人や高齢者の従業員も増える中で，加工食品の発注を簡素化して主力商品の弁当や総菜の発注をてこ入れする。

　　　　　　　　　　　　　　　（出所：2007/11/28, 日経流通新聞　一部抜粋）
　　　　　　　　　　　　　　　　　　　　　　（下線は筆者が加筆）

食材，全店で自動発注，フレッシュネス，今春システム化，売れ行きも予測。

「フレッシュネスバーガー」を運営するフレッシュネス（東京・港，栗原幹雄社長）は食材の自動発注システムを導入する。従来は店長ら店舗責任者が在庫を調べたうえで，取引先に発注をかけていた。新システムの稼働で在庫管理・発注作業を効率化し，在庫ロスの低減を図る。

　新システムは3月1日に一部直営店で試験採用し，今春中に全172店で稼働させる。同時にメニューの売れ行きを予測する「3次元処理システム」も導入する。双方合わせた投資額は1,000万円超になる見込み。

　自動発注システムはバンズや野菜などすべての食材が対象。それぞれの食材の在庫量が一定水準を下回ると，各店に設置してある販売・仕入れ管理用パソコンに表示される。店長が画面上の確認ボタンを押せば発注作業が完了する。

　ソフトが理論上の食材の使用量を計算し，実際の使用量との差を表示する機能もある。これで食材の使いすぎを確認し，原価率悪化を防止できる。

　同時に導入する3次元処理システムは，新商品の利益を事前シミュレーションで計算する仕組み。キャンペーンの予算と実売の乖離（かいり）を抑えるのが目的だ。

　ファストフード業界では店舗責任者の手作業による食材の発注が一般的で，自動発注システムの活用は一部にとどまっている。

（出所：2010/02/17, 日経流通新聞）

　企業における構造的問題を解決するためには，経営科学（management science）のアプローチであるオペレーションズ・リサーチ（operations research: OR）やマネジリアル・エコノミクス（managerial economics）もしくはビジネス・エコノミクス（business economics）[3]など，経営問題に数学や経済学を適用した手法が活用される。例えば，代替案がもたらす金銭や財などの利得または損失である「ペイオフ（payoff）」と，利得が得られる（損失

---

[3] ORは経営問題の解決方法に着目した手法であり，マネジリアル・エコノミクスまたはビジネス・エコノミクスは問題の特性に着目した手法である（宮川, 2005）。

[4] 決定理論とは，将来起こる事柄などの不確定な要素がある状況で，意思決定者が取り得る決定原理を示すものである。意思決定の状況は，不確定の程度によって「確実性（certainty）」，「リスク（risk）」，および「不確実性（unceratainty）」に分類される（次節参照）。確実性の状況を想定した意思決定ではORの諸手法，リスクおよび不確実性の状況における意思決定では図表1-6に示される諸原理が適用される。

を被る）見込み（確率など）に応じて採択すべき決定原理を示す「決定理論（decision theory）」などがある（**図表1-6参照**）[4]。

図表1-6 構造的問題の例と適用される手法

	問題・原理	状況	手法
OR	順序づけ問題	いくつかの段階を経て完成する製品の製造において，最適な作業順番や日程を計画する状況	PERT（Program Evaluation and Review Technique）
	配分問題	人や原材料などの有限資源をどのように配分するかを決める状況	線形計画法（linear programming: LP）
	在庫問題	小売店の店舗に置く商品の在庫（遊休資源）の適正水準（適正在庫量）を決める状況	経済的発注量（Economic Order Quality: EOQ）の算出
	待ち行列問題	レジに顧客の列ができてしまう場合と，顧客がいないのにレジ係が待機している場合のバランスを決める状況	シミュレーション（モンテカルロ法）
決定理論	期待値原理	リスクの状況（各代替案のペイオフと確率が分かっている状況）	期待値原理：期待値（第4章第2節参照）が最大の代替案を採択
	期待値・分散原理		期待値・分散原理：分散が最小の代替案を採択
	最尤未来原理		確率の最も高い代替案群のうち，最大ペイオフの代替案を採択
	要求水準原理		あらかじめ要求水準を設定し，それを満たす代替案を採択
	ラプラスの原理	不確実性の状況（各代替案のペイオフは分かっているが，確率は分からない，もしくは用いない状況）	全代替案の確率を同一と仮定し，期待値が最大の代替案を採択
	マクシミン（ミニマックス）原理		最小ペイオフ（最悪）の代替案群のうちの最大ペイオフ（最善）の代替案を採択
	マクシマックス（ミニミン）原理		最大ペイオフ（最善）の代替案群のうちの最大ペイオフ（最善）の代替案を採択
	ハーヴィッツの原理		楽観度係数（α）を算出し，最大ペイオフのα倍と最小ペイオフの$(1-\alpha)$倍の和が最大となる代替案を採択
	ミニマックス後悔原理		最大ペイオフ（最善）の代替案から各代替案のペイオフを減じて後悔度を求め，後悔度が最小になる代替案を採択

※各手法の詳細は，例えば宮川（2005）を参照のこと。

尚，構造的問題に対する意思決定は定期的に行われ，そのやり方があらかじめ定められていることから，「定型的意思決定（structured decision）」もしくは「プログラム化された意思決定（programmed decision）」とも呼ばれる。

(ii) 非構造的問題
　意思決定において，構造が不明確で複雑であり，代替案がもたらす結果を定量的に測定することが困難な問題のことを「非構造的問題」もしくは「構造化されない（もしくは悪構造）問題（ill-structured problem）」と呼ぶ。非構造的問題は意思決定者にとって新奇で類のない稀なものであり，確定できない点が多いため，一定の手続き，あるいは確立した数学的な解法はなく，問題に合わせてその都度，新たな情報を検索し，取り上げたことのない代替案を設計する必要がある。また，複数の目標を同時に満たさなければならない場合すらあることから，唯一最善の解を導くというよりも，むしろ，（複数の）意思決定者がある程度満足する代替案を選ぶことになる。例えば，新製品の開発を行うかどうか，他者と合併するかどうかといったことや，既存の組織内のルールを新たにどう改変するかについて意思決定を行うような場合である。こういった問題は，意思決定者がこれまで扱った経験や前例のないものであるため，どのように対処したらよいかがすぐに分からない場合が多い。組織における非構造的問題の典型例としては，戦略策定，組織設計（再編），人事の革新，規制手続きの改革，製品開発，多角化，業務提携や経営統合（合併）などが挙げられる。

【ケース4：企業で扱う非構造的問題の例】
セガトイズ，玩具2強追う，社長へ直訴ヒットの芽――大人向け開発，複線ルートで。
　ゲーム機に押され気味の一般玩具業界では再編が進み，バンダイナムコとタカラトミーの2大グループが誕生した。規模では劣勢になったセガトイズだが，最近は大人をターゲットにした新商品の相次ぐヒットでむしろ存在感が増している。
　――中略――

第3節　組織の意思決定の特徴

　セガトイズの2007年3月期の連結売上高は152億円強。一方，バンダイナムコホールディングスは玩具部門だけで売上高は1,855億円。このほかアミューズメント施設事業なども展開している。06年3月に旧タカラと旧トミーが合併して発足したタカラトミーも，連結売上高は1,818億円だ。10倍の売り上げ規模を持つライバルを相手に，真っ向勝負は挑めないというのが國分社長の判断だ。

　ならば成長の手掛かりを，<u>2大メーカーが手を出しあぐねているジャンルに求めるしかない。</u>しかも，追随を許さぬように，市場を迅速に深く開拓しなければならない。そのために國分社長が打ち出したのが，「30歳以上の大人が楽しめる玩具」というコンセプトだ。

　子供向け玩具は女児向けなら着せ替え人形やままごとセット，男児ならキャラクターものやミニカーなど，ある程度定番化した商品を元に発想できる。しかし，大人がどんな玩具を買ってくれるかは，過去のデータも経験もない。まさに手探り状態からのスタートだった。

（出所：2007/07/26，日経産業新聞　一部抜粋）
（下線は筆者が加筆）

キリン・サントリー統合断念，創業家の権利で溝，統合比率折り合わず。
　国内食品最大手のキリンホールディングスと同2位のサントリーホールディングスは8日，経営統合交渉を終了すると発表した。同日午前，両社トップによる会談を開いて交渉の中止を決めた。統合比率や新会社におけるサントリーの創業家一族の権利などについて溝が埋まらず，基本方針が一致しないまま交渉を続けては既存事業への影響が大きいと判断した。

　8日午前にキリンの加藤壹康社長とサントリーの佐治信忠社長が都内で会談し，統合に向けた最終条件を詰めたが折り合えなかった。キリンは「公開会社として経営していくことを前提に経営の独立性，透明性が十分に担保されるべきだと考えていた。この点につきサントリーとの間で認識の相違があった」との声明を発表。キリンの加藤社長は同日午後に会見し，交渉の終了を発表する。

（出所：2010/02/08，日本経済新聞夕刊　一部抜粋）

【ケース4：企業で扱う非構造的問題の例】では，低迷気味のセガトイズ社が，少子化に伴う市場規模の縮小に鑑みて，照準を大人に合わせて展開していくことが紹介されている。つまり，新規市場（顧客）に対して，大人向けの新たな製品を開発し提供するという多角化を進める意思決定を行った。記事中に"手

を出しあぐねているジャンルに求めるしかない"とあるように，市場（顧客）や製品に関する既存データがないために手探りで進めていくしかなく，極めて難しい（＝非構造的）問題を扱う意思決定となったようだ。セガトイズの場合は奏功したようだが，その当時の状況や景気なども影響し，成功を促す展開の前例がない問題であるため，先のマテル社の意思決定のように，バービーの新恋人のような新製品を既存市場に投入しても，売り上げが伸び悩むケースも少なくない。後半のケースにおけるキリンビールとサントリーの経営統合を断念する意思決定についても，両社が統合する方向で交渉を始めたが，まさかこのような形に決着するとは想定していなかっただろう。過去に例のない，また先行きがどのようになるかを推測することが困難な意思決定である。

　尚，非構造的問題に対する意思決定は定期的に行われるものではなく，またそのやり方をあらかじめ定めておくことができないことから，「非定型的意思決定（unstructured decision）」もしくは「プログラム化されない意思決定（nonprogrammed decision）」とも呼ばれる。

　図表1-7では，構造的問題と非構造的問題の特徴を比較している。2つの問題の特徴は対照的であり，故にそれぞれに適した対処，解決法も異なる。解法が明確で正解を導くことが容易で，リスクも低いことから，機械的，自動的に

図表1-7　2種類の意思決定問題の特徴比較

	意思決定問題のタイプ	
	構造的問題	非構造的問題
問題の難易度	低い（平易）	高い（困難）
従事する意思決定の特徴	ルーチン	創造的
過去の政策の参照可能性	参照可能	参照不可能
意思決定に要する時間	短い	長い
意思決定に要するスピード	比較的遅い	速い（即断即決）
意思決定に関連するリスク	低い	高い
問題への対応	機械的，自動的	有機的，臨機応変
解決の技法	組織構造化，業務マニュアル作成，OR，シミュレーション	直感，創造力発揮，経験則，訓練，ヒューリスティック（自己発見的学習）技術，人工知能の活用

解決できる構造的問題の方が扱いやすいだろう。また、直感や経験則が介在することは、誤った結果を導き出す可能性をはらむため、非構造的問題の方が厄介である。非構造的問題に伴う複雑性を低減させるためにコンピュータを活用する研究が進められており、将来的には非定型的意思決定の支援に幅広く利用できることが期待される。近年では、企業に向けて人工知能を駆使した意思決定支援の試みも行われている（【ケース5：将来的な意思決定手法?!】）。

【ケース5：将来的な意思決定手法?!】
製造業の欠陥品の数を少なくしコスト削減に役立つ自己学習型ソフトウェア

　英ウェールズのスウォンジー大学工学部のラジェッシュ・ランシング博士は、欠陥の無い部品を生産し品質管理を絶えず向上させられる「X1 Recall」と呼ぶ<u>自己学習型</u>でインターネットを基盤にした<u>人工知能ソフトウェア</u>を開発した。温度、化学組成など様々な要素や変数の範囲を厳密に管理する必要があるどんな生産工程でも利用でき、誤動作・機械の破損・欠陥製品が発生した場合、経時的に収集し学習した経験的な証拠に基づいて最善の是正措置を勧告する。データの照合・分析を専門家に頼らず、コンピュータ自身に問題を考察させて将来の意思決定を助ける情報を蓄積させるのが特徴。博士は現在、同大学発のベンチャー企業メタコーズ・ソリューションズ（MetaCause Solutions）を通じて工業環境向けの試作品を開発中。

　　　　　　　　　　　　　　　（出所：2007/08/02, 日経産業新聞）
　　　　　　　　　　　　　　　　　　　　（下線は筆者が加筆）

(iii) 半構造的問題

　組織内の全ての意思決定問題が、上述の構造的問題か非構造的問題のどちらか一方に明確に分類されるわけではない。例えば、新奇だが、若干似たような問題を扱ったことがある場合や、問題認識や代替案設計などは定量化できないが、代替案の候補が上がれば一定のアルゴリズムで最適解を導くことができる場合などがある。このような問題は、構造的問題と非構造的問題のちょうど間に位置づけられる「半構造的問題（semi-structured problem）」と捉えることができる。例えば、常に新製品開発を行っている企業にとっては、今回の新製品開発に前回の意思決定プロセスをそのまま適用できないが、開発を進めるに

あたって必要な手続きや基準，ルールなどの設定経験はあるため，あらかじめある程度の準備をしておくことができる。【ケース6：企業で扱う半構造的問題の例】のように，自動的に発注を行うだけでは顧客のニーズを満たす商品を仕入れることができない場合には，意思決定者の裁量により代替案を列挙し，取捨選択は自動的に行われる。

【ケース6：企業で扱う半構造的問題の例】
セガミ，店内在庫削減に着手，倉庫の一部，調剤室に転換，店長の発注裁量強化。
　ココカラファインホールディングス傘下のドラッグストア，セガミメディクスが調剤事業の強化に向けて，店内在庫の削減に努めている。発注精度のアップで余分な在庫を減らし，店内に調剤スペースとして活用できる空間作りを進めている。
　——中略——
　セガミが取り組んだのは，TOPと呼ぶ自動発注システムに頼っていた注文方法の見直しにある。これまで商品の在庫数が低水準になると，自動的に商品の回転率に応じて望ましい発注数量を算出し，店長は出された数量をそのまま注文することが多かった。
　だが，TOPも万能ではなく，天候や店舗周辺で臨時に開催されるイベントなどによっては商品の回転サイクルが乱れることから，余剰な在庫を抱えたり，欠品を招いたりしてしまう。さらに万が一，万引きなどが発生してしまうと，システム上と実際の在庫に食い違いも生じるため，品切れリスクもより高まる。
　今回の改革では<u>立地環境に精通した店長がその期間の商品回転のサイクルを独自に予測し，場合によってはTOPの発注数量よりも多く発注したり，あるいは少なく発注したりする視点を認識させた</u>ことだ。店長や5−6店ごとに置かれているブロック長を対象にした商品発注に関する研修などを新たに導入。TOPに過度に頼りすぎない発注をすべきだと訴えた。
（出所：2009/02/04，日経流通新聞　一部抜粋）
（下線は筆者が加筆）

　3つのタイプの意思決定問題の関係を整理すると，その難易度（構造化の度合い）レベルによって構造的問題から非構造的問題までの連続軸で表すことができ，その中間あたりに半構造的問題が位置している。そして，実際の意思決

定問題は，この連続軸の上のどこかに位置づけられる。

（2）意思決定問題の種類と管理階層

　構造的問題と非構造的問題は，組織においてどのように扱われるだろうか。組織の意思決定問題の種類と組織階層の関係を取り上げる前に，組織における管理階層を理解しておくべきである。ほとんどの組織や企業の管理者（マネジメント：management）の階層（hierarchy）は大きく3つに分類して捉えることができる。第1に上位階層者である「トップマネジメント（top management）」，第2に下位階層者である「ロワーマネジメント（lower management）」，第3に中間階層者である「ミドルマネジメント（middle management）」である。この3つの管理階層の下に，いわゆる現場の人々，平社員や契約社員，派遣社員などが位置している。

　トップマネジメントは経営幹部層にあたり，企業によって名称や範囲が異なるが，主に会長，社長，専務，常務などの取締役や執行役員などの役職に就き，企業の目標，方針や戦略を明示し，企業内部のメンバーを率いて企業全体を総合的に指揮管理し，企業外部の利害関係者と調整する役割を担う。下位階層者であるロワーマネジメントは，主に係長，主任，職長といった名称の役職に就き，トップマネジメントが定めた企業目標を達成するために現場に携わる作業員の，作業および業務を計画し，指示を与え，そして監督する作業管理の役割を担う。ミドルマネジメントは，主に部長，課長といった名称の役職に就き，トップマネジメントとロワーマネジメントの中間に位置して，そのパイプ役を果たす。ロワーマネジメント同様，トップマネジメントが定めた企業目標を達成すべく，戦略や方針を具現化するために必要な企業の経営資源を調達し，その組織化，管理および運用を行う役割を担う。

　3つのタイプの管理者は，それぞれ担う役割が異なることから，彼らが扱う意思決定問題の種類も異なってくる。トップマネジメントは，企業が存続，発展していくことを念頭に，企業外部の環境変化に企業を中長期的に適応させていくべく，主に，企業目標の設定，製品開発，市場開発などの経営戦略に係る意思決定問題を扱う。この意思決定問題は何度も繰り返されるものでもなけれ

ば，自動的に解が見出せるものでもなく，トップマネジメントが主体的かつ積極的に新たに問題を探索し，その都度，これまでにない新たな方法で解決を試みる必要がある場合が多い。また，その問題は複雑で，必要な情報が曖昧かつ不完全であり，時には迅速な対応，決断を迫られる。つまり，彼らが扱う意思決定問題のタイプは非構造的問題が多い。このようなトップマネジメントによる意思決定は「戦略的意思決定（strategic decision making）」と呼ばれる（【ケース7：戦略的意思決定の例　～即断即決】）。

【ケース7：戦略的意思決定の例　～即断即決】
小売り大手「新世界」，外資撃退――速攻，好立地取得，社長が即決。
　韓国から撤退するウォルマート，カルフールと業界首位のイーマート。消費者ニーズへの対応力と並び，決定的な違いは「意思決定のスピード」（具学書社長）だ。その差は出店用地を手当てする際に表れる。
――中略――
　新世界の意思決定が早いのはオーナー経営だからか。具社長は「変化の激しい流通業は，細かな案件までオーナーに決裁をあおいでいたら後れを取りかねない」と語る。新世界には李明熙（イ・ミョンヒ）会長というオーナー経営者がいるものの，実務は具社長ら専門経営者に任せている。具社長は最高経営責任者（CEO）を務め，李会長は人事や長期的な会社の方向性を考える役割などに専念している。
（出所：2006/07/31，日経流通新聞　一部抜粋）

　ロワーマネジメントは，企業目標を漸進的に達成していくために，直近の生産計画，工程管理，在庫管理，販売管理，さらには作業員の業務管理といった短期的で反復的に生じる意思決定問題を扱う。この問題は現場で日々繰り返し行われる作業に係るため，処理するための一定の手続きや方法が定められており，問題が生じた時に新たな代替案を探索するよりも，前例に倣って対処できる場合が多い。その主要な目標は日常的な現場業務の能率を最大にすることにある。つまり，彼らが扱う意思決定問題の種類は構造的問題が多い。このようなロワーマネジメントが行う意思決定は「業務的意思決定（operating decision making）」と呼ばれる。
　ミドルマネジメントは，トップマネジメントの定めた戦略の遂行に必要な資

第3節　組織の意思決定の特徴

源として，人材，物資や設備，資本，消費者や競合企業の動向を把握する情報などを企業内外から調達する。そして，集めた資源を有効的に活用していくために，資源の運用計画を立て，組織内に必要な部門を検討して資源の配分先などを決め（組織化），組織メンバーの権限と責任を明確化し，そして情報やコミュニケーションの流れを規定する意思決定を遂行する。このようなミドルマネジメントが行う意思決定は「管理的意思決定（administrative decision making）」と呼ばれる（【ケース8：管理的意思決定の例】）。

【ケース8：管理的意思決定の例】
キヤノン次期社長に内田専務，5月1日にも就任──新体制，専務増え4人
　キヤノンが3月30日付で，経営の新体制に移行する。内田恒二専務が5月にも社長に就任するのに先立ち，新社長を補佐する専務を1人増やして，4人体制にする。技術や生産，財務，法務，海外展開など，同社が重要視している部門に精通した役員をバランスよく配置している。内田新社長が事業全般の執行を進めるうえで，補佐役の重要性も高まりそうだ。
　筆頭専務の田中稔三氏（65）は経理畑が長く，番頭格の存在。莫大（ばくだい）なキャッシュフローを生む強固な財政基盤の維持に尽力し，<u>キヤノンの競争力を左右する</u>グループの資源配分決定に心を砕く。
　市川潤二氏（62）は中堅電機メーカー，芝電気からキヤノンに中途入社した。レーザービームプリンターなどの開発の功績を買われ，キヤノンの稼ぎ頭の1つであるプリンターなど周辺機器事業部の経験が長い。工場へのセル生産の導入を進めた立役者でもあり，その手腕を買われ，2004年からは他の主力事業に比べ苦戦気味のステッパーなどを手掛ける光学機器事業本部長を務めている。
　田中信義氏（60）は東京工業大学大学院理工学研究科を修了した。キヤノンの特許部隊を率いる知的財産法務本部長を務め，知財関係者の間では著名人だ。もともとは光学機器事業本部の技術畑の出身で，技術と法務の両方に通じた数少ない人材ともいえる。
　鶴岡一氏（62）は海外勤務が長く，米国と並ぶ主力市場の欧州事業を統括するキヤノンヨーロッパの社長を務めており，デジタルカメラや複写機などの拡販を進めている。
　専務陣をみると，<u>経理や技術，海外部門をバランスよく配置しており，それぞれキヤノンにとって重要な部門。キヤノンは今年1月から経営の拡大路線を進めており，技術強化によって新製品を続々と投入し，海外市場の開拓に挑んでいく</u>

第1章　意思決定の概要

<u>経営戦略がうかがえる。</u>

（出所：2006/01/31，日経産業新聞　一部抜粋）

（下線は筆者が加筆）

　以上の特徴から，意思決定問題の種類と管理階層別意思決定の関係は**図表1-8**のように示すことができる。

図表1-8　意思決定問題の種類，組織階層および意思決定の種類の関係

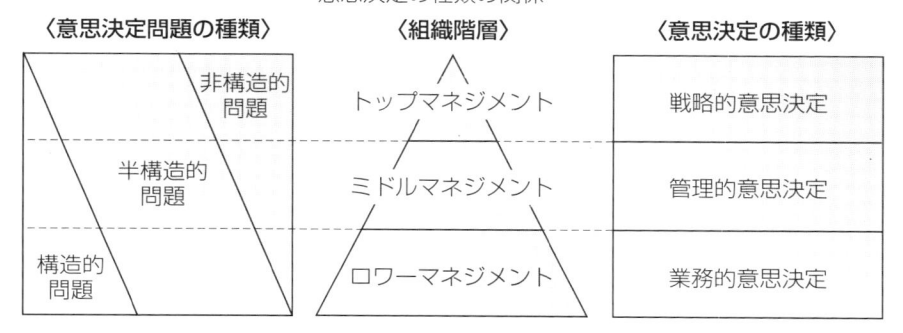

〈意思決定問題の種類〉	〈組織階層〉	〈意思決定の種類〉
非構造的問題	トップマネジメント	戦略的意思決定
半構造的問題	ミドルマネジメント	管理的意思決定
構造的問題	ロワーマネジメント	業務的意思決定

第4節　意思決定に対するアプローチ

（1）「リスク」と「不確実性」

　意思決定が何故難しいかと言えば，それは意思決定を行う時点で定かでない事柄が数多く存在するからである。2つの代替案のうちのいずれを採ればより利益が得られるか，他社との提携は成功するか否かなどは，時間が経たなければその結果は正確には分からない。つまり，意思決定は不確定な要素が多分に存在する状況で行われる。決定理論（**図表1-6**参照）に基づくと，意思決定は不確定であり，意思決定者にはコントロールできないさまざまな要因である「自

然の状態（state of nature）」と，コントロール可能な「行動・決定変数」との組み合わせによって結果が決まる。そして，意思決定者が自然の状態を把握できる程度により，意思決定の状況は「確実性（certainty）」，「リスク（risk）」そして「不確実性（uncertainty）」の3つに分類できる。

　確実性の状況とは，将来何が起きるかがあらかじめ正確に分かっており，意思決定問題に関連する情報を全て集めることができ，解答となる代替案を全て列挙でき，そして，代替案を選択するとその結果がどのようになるかをあらかじめ認識できる状況のことである。現実にはこのような状況はあり得ないのだが，このように想定することにより問題を解決しやすくなる。構造的問題を扱う状況が当てはまり，経営科学の諸手法が適用可能である。

　リスクの状況とは，ある代替案（事象）が生じる見込みが確率（probability），もしくは確率分布（probability distribution）として与えられる場合であり，例えば成功確率とか，降水確率などを用いることができる状況である。一方，不確実性の状況は，自然の状態に対して確率分布を与えることができない，あるいは確率を用いない場合である（Knight, 1921）。ある代替案が生じる見込みが分からない，リスクの状況よりも曖昧な状況であり，トップマネジメントが扱う非構造的問題，戦略的意思決定がこれに当たる。分類のポイントは"確率"，すなわち事象の起こりやすさの程度である。確率とは，ある事象が起きる相対的頻度や見込みを見積もる尺度のことである。16世紀に数学分野で開発された概念であり，その後長い間，その内容についてさまざまな解釈が提案され，論争が続けられた末に，2タイプの確率が存在するという解釈に争議が収束した。1つは「偶発的確率（aleatory probability）」，もう1つは「認識的確率（epistemic probability）」である（Gillies, 2000）。

　偶発的確率とは，コイン投げやルーレットのような無作為の連続現象においてある事象が起きる確率を示している。過去の客観的事実やデータに基づき，将来，ある事象が生じるかどうかを客観的に見積もった場合の"起こりやすさ"を示す。一方，認識的確率とは，人々が過去の経験や出来事に基づいて主観的に見積もる確率を示している。"多分〜"や"恐らく"といった，個人の経験や知識によって異なる主観的な見込みとして導かれる確率である。我々の主観に基づく認識的確率を修正するために偶発的確率が用いられる。例えば，認識

的確率として，我々は空模様を見て"今日は多分雨が降るだろう"と見込みを立てるが，雨が降ると思って傘を持参しても使わない場合がよくあるように，この見込みは厳密かつ正確なものとは言い難い。そこで，過去の天候データに基づいて偶発的確率として降水確率を導くことにより，人々の認識的確率を補うのである。

しかし，意思決定においては前例や経験が存在する事柄ばかりではなく，全く起きたこともなければ予想もつかない災害や事故に対する備え（危機管理）に係る意思決定など，あらかじめ確率を算出しておくことが不可能に近いこともある。このような確率分布を与えることのできない場合が，不確実性の状況である。

客観性の高い偶発的確率を利用する方が望ましいと考えられるが，状況によっては客観的データの入手が困難だったり，時間が限られているために認識的確率を利用して意思決定が行われる場合が少なくない。しかし，人によって異なる認識的確率を用いた意思決定が常に的確，あるいは，正確とは言い難い。そもそも，意思決定においてどの程度の"的確さ"や"正確さ"が要求されるのだろうか。この程度を測定する概念の1つが「合理性（rationality）」である。

（2）意思決定における合理性

誰しも，物事を"きちんと"，"完璧に"成し遂げることがいいと思うものだろう。簡単に言うと，この"完璧"ということが「合理性」に当たる。多くの人は合理的に物事を考え，処理し，結論を出した方がいいと思うものである。下記のケースにもあるように，経営者はより合理性を追求した活動，意思決定を志向している場合が少なくない（【ケース9："合理性の追求"の重視】）。

【ケース9："合理性の追求"の重視】
次期日本経団連会長　御手洗冨士夫氏──経済界から日本改革に挑む

9月14日，米ニューヨーク市の高級ホテル，マリオット・マーキーズに滞在していたキヤノン社長の御手洗冨士夫（70）のもとに一本の国際電話がかかってきた。

受話器の向こうの人物は日本経団連会長の奥田碩（72）。御手洗は「米国の要人との会談についてのアドバイスかと思った」が意外な言葉が飛び込んできた。「次の経団連会長の職を引き受けてもらえないだろうか」
　御手洗はその場で「自分には荷が重たい」と答え受話器を置いた。次期会長にはトヨタ自動車副会長の張富士夫（68）が適任と考えていたからだ。しかし，奥田が自分を指名するのはよくよくのことではないか。奥田の要請とあればむげにもできない。それから約2週間後「（自分の身柄は）お任せします」と奥田に告げた。
　30歳から23年にわたる米国駐在で，米国社会の表も裏も見てきた。世界でのビジネス競争の激しさを肌身に焼き付けた経験は「グローバリゼーションの波が押し寄せるなか，日本が持続的な発展を遂げるには平等から公平・公正を軸にした競争社会に移行する必要がある」との持論につながる。
　不採算事業の撤退，財務体質の改善，生産・開発改革――。1995年の社長就任後，矢継ぎ早に経営改革を断行。「経営の本質は合理性の追求」という哲学を次々と実行し，キヤノンを日本を代表する高収益企業に押し上げた。その改革の端緒になった考えが「全体最適」の実現だ。

（出所：2005/12/20，日本経済新聞夕刊　一部抜粋）

（下線は筆者が加筆）

　「合理的」という言葉は，"道理にかなっている"，"理性がある"という意味をもつ（大辞林）。完璧（合理的）な意思決定を遂行できているかどうかを判定するポイントは，どのくらい合理的かを知ることである。
　サイモンは，意思決定における合理性の程度を知る方法にもなる，合理性に対する2つの考え方を提案した。1つが「客観的合理性（objectively rationality）」，もう1つが「主観的合理性（subjectively rationality）」である。客観的合理性とは，あらゆる状況で価値を最大化することであり，"どのような条件においても100％正しい"といったニュアンスである。一方，主観的合理性とは，一部の限られた範囲内で価値を最大化することであり，"100％正しいとは言えないが，ある範囲，条件下では正しい"といったニュアンスである。意思決定の完璧さを追求するために，客観的合理性を実現するための意思決定モデルが古くから検討されてきた。

(i) 客観的合理的意思決定

「客観的合理的意思決定（objectively rational decision making）」とは，文字通り，人が常に客観的に合理的な行動をとることを前提とした意思決定である。このような人間は，どのような状況でも常に，結果や代替案に対して一貫的で明確な好み（選好）を持っており，代替案の選択を通じて自分の好みを最大化できる。「経済人（economic man）」と呼ばれるこのような意思決定者は，常に単一の明示的な目標を抱き，情報処理に影響するさまざまな制約を受けずに，目標を実現する全ての代替案を洗い出して列挙することができる。また，全ての代替案を常に一貫した基準で比較し，各案がもたらす結果を事前に提示することができ，最善の代替案を選び出すことができる。客観的合理的意思決定は，以下の4ステップに沿って進められる（Edwards, 1954 ; Simon, 1957）。

① 選択候補となる全ての代替案を列挙し，代替案ごとに意思決定の問題ないし機会に対する異なる対応を提示する。
② 各代替案の結果を列挙し，ある代替案を選んだ場合に生じる結果を示す。
③ 各代替案に対する意思決定者自身の一貫した好みを明示し，代替案を最上位から最下位までに順序づける。
④ 最も望ましい結果をもたらす代替案を選択する。

客観的合理的意思決定は，常に意思決定結果の価値を最大化するために「最大化原理（maximizing principle）」に基づいて行われる。最大化原理に基づく意思決定では，意思決定者はあらゆる全ての代替案の中から最小の費用（費用最小化）で最大の利潤（利潤最大化）をもたらす案を選択するため，導かれた解は最も望ましいものとなる。このような，最も有利な代替案の選択は「最適化（optimizing）」と呼ばれる。実際の企業における最大化原理に基づく意思決定とは，範囲を限定したり条件づけることが可能な問題を対象とし，問題を数量化し計量分析により最適な結果を導き出す場合を示す。

実際の我々の日常的な意思決定や，組織において多くの管理者が行う意思決定のうち，最大化原理に基づいて行うことができる意思決定は，構造的問題のように問題や状況が明確で，採るべき最善の手続きや処理方法などを時点に限

って定められる場合である。但し，この場合，問題を数量化する段階で，ある程度問題を限定して捉えるため，現実的には"ある条件の下での最適化"となる。実際には，組織における人々は上記①〜④の客観的合理的意思決定のステップを，以下の理由により完遂できない場合が少なくない。

　まず①に関しては，組織における意思決定者は，意思決定に必要な"全て"の情報を入手することも，"全て"の代替案を列挙することも不可能に近い。なぜならば，意思決定に係る情報および代替案は無限であるため，問題や状況を狭めたり限定しない限り，代替案を列挙し，対応を提示することに膨大な時間を要するからである。②に関しては，地震予測や天気予報が常に正確に行えないように，将来生じる結果を事前に正確に把握することは不可能である。③に関しては，意思決定者，殊に企業の管理者は，意思決定時に自分が必要としている情報を自分自身で明確に認識できないことが多い（Ackoff, 1967）。ちょうど，児童や生徒，学生が，自分は何が分からないのか，何が理解できていないのかを認識できない場合と同じである。また，④に関しては，例えば人の好み1つにしても，それは時や状況に応じて変化するため，ある時点において最大化原理に則って機械的に最善な代替案を選んだとしても，選んだ直後に状況が変わり最善ではなくなる可能性も否定できない。そして，最大化原理に基づく意思決定が常に行われない決定的な理由は，人間の認知・情報処理能力が限られているため，常に最善の案を選ぶ行動をとることが不可能だからである。

(ii) 主観的合理的意思決定

　現実の組織における人々の意思決定について分析する研究者たちは，上記の人間の限界から，客観的合理的モデルが多くの実社会の状況に適用できるかどうか疑問を呈し，実際の意思決定は客観的合理的モデルほど機械的には行われていないと考えた。我々人間は全知全能ではなく，さまざまな情報を集めたり，処理する能力に限界がある。このことを，サイモンは「制約された合理性（または限定合理性）(bounded rationality)」と呼んだ（Simon, 1982）。このような，言わば現実の，生身の意思決定者は，先の「経済人」に対して「管理人（かんりじん）(administrative man)」と呼ばれる。

　客観的合理性を追求する能力に欠ける人間は，一方で，非合理的な意思決定

しか行えないわけでもない。サイモンは意思決定における「主観的合理性（subjectively rationality）」についても述べている。「主観的合理的意思決定（subjectively rational decision making）」とは，意思決定者の不完全な認知・情報処理能力を前提として，彼らが自分の能力を可能な限り引き出して行う意思決定である。その意味では，意思決定プロセスが計画的かつ論理的であれば，その意思決定は主観的合理的であると捉えることができる。実際の企業における意思決定は，多くの場合，目標が多元的であり，これまでに経験していない目新しい問題も少なくなく，代替案の選択基準が曖昧であったり，状況によって対応を変化させる必要があったりする。また，探索を続けることで有益な情報が得られる可能性があっても，とりあえず手元にある判断材料（情報）だけで代替案を選択することもある。このような現実の意思決定は，「満足化原理（satisficing principle）」に基づく意思決定と呼ばれる。

　満足化原理によると，意思決定者はまず，自分が達成しようと思う主観的目標である「要求水準（aspiration level）」を設定する。次に，組織や部門等により設定された計画または実績である達成水準と要求水準とのギャップを，意思決定を要する問題として認識する。そして，このギャップを埋めるために新たな代替案を探索し，要求水準を満たす代替案として選択して実行する。選択された代替案は最適なものではないかもしれないが，最適な案を選ぶための情報収集や処理，代替案の探索に費やす金銭，時間などのコストを考慮すると，より現実的な，つまり主観的合理的な意思決定を行うことができるのである。実際，製造コストの上限をあらかじめ見積もってその範囲内で使用方法を決める場合や，概算要求のように予算要求の上限を設定しておく場合は，要求水準を用いた満足化原理に従う意思決定である。

　企業や部門の方針などに関する意思決定は，多くの場合，複数の者が介在して集団で行われる場合が多い。集団による意思決定の場合，考え方や価値観，選択基準などが異なる参加者全員の好みを最大化させることは，不可能に近い。そのため，ある程度の満足の得られる代替案を選ぶ方が現実的である。状況に応じて情報探索方法や選択基準などを変更させ，満足できる案を選ぶ方が，手っ取り早く好ましいと考える場合が少なくない。

第4節　意思決定に対するアプローチ

(3) 意思決定に対するアプローチと本書のフレームワーク

　本章では意思決定論の概要を取り上げてきた。本章の最後に，意思決定について議論，研究を進める場合のアプローチないし手法を3つ紹介し，本書の位置づけを確認する。1つは「規範的アプローチ（normative approach）」，2つ目は「記述的アプローチ（descriptive approach）」，そして3つ目は「処方的アプローチ（prescriptive approach）」である（Bell, Raiffa & Tversky, 1988）。各アプローチの概要は以下の通りである。

- 規範的アプローチ（または規範的手法）：人々が客観的合理的意思決定を行うことができると仮定し，そのためには何をどのように行うべきかを追求し，その方法（モデルなど）を提示する。
- 記述的アプローチ（または記述的手法）：「制約された合理性」の下，人々が実際どのように意思決定を行い，行動しているかを理解するために，人々を観察し，その様子や行動傾向を記録する。
- 処方的アプローチ（または処方的手法）：規範的アプローチと同様に，人々が行うべき最適な意思決定手法を追求するが，記述的アプローチにおいて探究される「制約された合理性」下での人々の実際の行動を前提として，現実に実行可能な手法を模索，提示する。

　規範的アプローチでは，意思決定者である人間は常に客観的合理性を追求できると仮定し，代替案を取捨選択するための最善方法（モデル）を提案することに主眼が置かれる。プロセス志向というよりも，むしろ結果志向であり，最大化原理に基づく意思決定において，既知の代替案の中から最も望ましい結果を導く方法を探究するため，問題や代替案の認識方法や結果が導かれる前の段階など，意思決定プロセスの内容はほとんど分析対象にしない。言わば，"理想的な"意思決定を追求するアプローチである。最適解を導くために数学的手法が用いられることが大きな特徴であるため，構造的問題の解決手法である経営科学（ORやマネジリアル・エコノミクス）などがこのアプローチに当たる[5]。

　記述的アプローチでは，実際に人々が意思決定を行う状況をどのように知覚

するのか，複数の代替案が存在する中でどのような基準や原則で代替案を絞り込んでいき選択するのか，そして，主観的合理的意思決定プロセスを経てどのような結果が導かれるのか（最適解と，どこが，どのようにズレているのか）を明らかにすることに主眼が置かれる。結果志向ではなくプロセス志向であり，ある目標を達成しようとする人間は，限られた情報処理能力の中でどのように問題を認識し，代替案を設計し，選択するのか，といった人間の行動傾向を明らかにするため，望ましい手法や道標を示すことはない。心理学や統計学などの分野の知見や手法を援用して，観察結果の分析が進められる[6]。言わば，"現実的な"意思決定の理解を追求するアプローチである[7]。

　規範的アプローチでは望ましい方法が提示される一方で，客観的合理性を仮定していることから，その方法が必ずしも現実的かつ実行可能であるとは限らない。反対に，記述的アプローチでは現実の人々の行動が明らかにされる一方で，その行動が望ましいものである保証はない。そこで，2つのアプローチを合わせて相互補完することで，現実の人々の行動傾向を理解し，それに適した望ましい意思決定を行うことができよう。この考えのもとに提起された3つ目のアプローチが，処方的アプローチである。処方的アプローチでは，意思決定における合理性を厳密に規定するのではなく，むしろ意思決定において誤りやミスが生じることを想定し，現実世界で見られる条件や制約を考慮に入れた上でふさわしい解や手法を提示することに主眼が置かれる。つまり，客観的合理的意思決定が追求できない時に，できるだけ望ましい意思決定結果を導くために，採るべき意思決定手法や採択可能な代替案を明らかにし，的確な意思決定結果を導くための対処法を探究していく（Matheson & Matheson, 1998）。言

---

[5] 規範的アプローチの研究のステップは，主に論理学で言われる「演繹法（deduction）」に沿って進められる。既に明らかにされている前提（例："人は働く。"）を，現在明らかになっている事実（例："私は人である。"）に当てはめて，個別の事象についての結論を出す（例："私は働く。"）。
[6] 記述的アプローチの研究のステップは，主に論理学で言われる「帰納法（induction）」で進められる。個別の事象（例："私は働く。"）を数多く観察して（例："母は働く。"，"夫は働く。"），複数の事象の観察結果から見えくる事実（例："私・母・夫は人である。"）から，他の事象にも当てはまる前提となる事実を導き出す。（例："人は働く。"）
[7] 規範的アプローチと記述的アプローチの違いは，概念的にはこのように分類できるが，現実の研究には，厳密にどちらか一方に分類し得ないものもある。

第4節 意思決定に対するアプローチ

わば，"現実を踏まえ，可能な限り望ましく実行可能な"意思決定を追求するアプローチである。

上記3つのアプローチのうち，本書は主に記述的アプローチに基づき，意思決定に対する理解を深めることを主目的とする。現実の人々の意思決定の特徴を把握して，それに見合う望ましい意思決定手法を提示する処方的アプローチを追求することがより重要だろう。しかし，現在の意思決定に関する研究を見ると，殊に組織で働く，あるいは，組織を運営する人々が日々行う意思決定の様子について，体系的に整理し理解を促すものは多くない。この現状に鑑みて，本書では組織における意思決定の特徴を，意思決定のさまざまな理論およびケースの紹介を通じて詳細に記述することに努める。

次章以降では，**図表1-9**に基づいて意思決定についての理解を進めていく。**図表1-9**では，組織のメンバーである1人ひとりの意思決定者の心理的な要因（＝個人特性）や，意思決定者が参加する会議や配属された部門などの集団・チームの特徴（＝集団・組織特性），さらには，意思決定の際に利用する情報

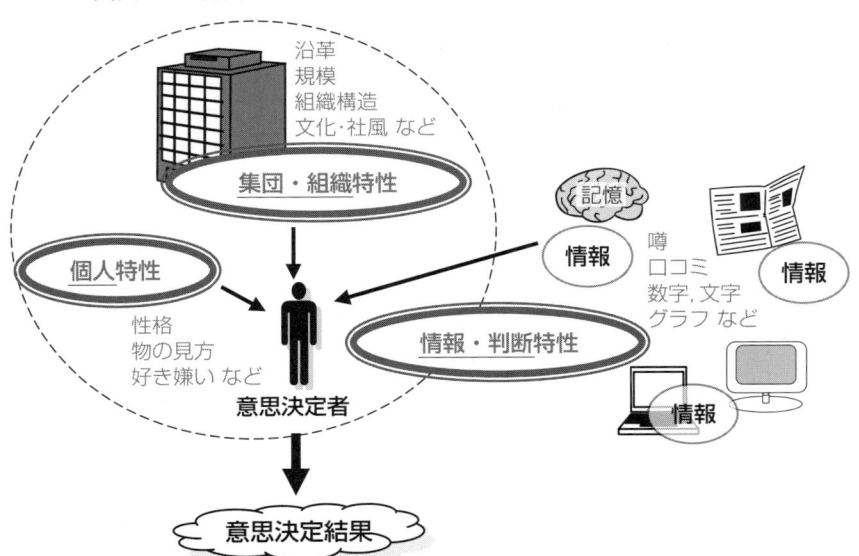

図表1-9 組織における意思決定（人間の情報処理）への影響要因

と人々の判断の特徴（＝情報・判断特性）が，それぞれ意思決定に影響を及ぼすことが想定されている。「個人特性」，「集団・組織特性」，ならびに，「情報・判断特性」の影響についての諸理論の理解を促すのみならず，実際の企業の多数の事例を取り上げて実務的理解を促すことが，本書の特徴および意義の1つである。

第2章では，「個人差（individual difference）」と呼ばれる，意思決定者自身の性格や嗜好などの「個人特性（individual traits）」の影響に着目する。十人十色と言われるように，1人ひとりの容姿や性格，物の見方は千差万別である。同じ意思決定問題に関して異なる意思決定者が対応すると，異なる結果が導き出されるものである。この章では，主に心理学分野の知見を紹介し，人間の特徴を把握する方法や，それが意思決定に及ぼす影響について取り上げる。

第3章では，意思決定者が勤める組織や所属する部門の他のメンバー，企業自体の組織文化などの「集団・組織特性（group and organizational traits）」の影響に着目する。組織の意思決定は複数のメンバーが集まって行われる場合が少なくない。同じ意思決定問題であっても，単独で行う場合と複数で行う場合とでは結果が異なることが，しばしばある。時に，1人で意思決定を行う場合よりも悪い結果が導かれることすらある。第3章では集団の特徴を理解する方法を紹介し，集団で意思決定を行う場合にみられる傾向や，集団意思決定の成果を高める手法なども取り上げる。

第4章では，意思決定の際に用いる情報の影響について見ていく。第2章の心理的特性と関連して，実は，意思決定者には意思決定時に顔を出す"癖"のようなものが備わっている場合が少なくない。例えば，ある意思決定者にとって思い出しやすい情報が別の者にとってはそうでない場合，同じ意思決定問題に対して異なる情報を用い，異なる結果が導かれることがある。あるいは，同じ内容だが表現が異なる情報（例えば，"まだ半分"と"もう半分"）に対して，意思決定者は異なる印象を抱きやすいため，やはり異なる意思決定結果が導かれることもある。このような癖や傾向を「情報・判断特性」として紹介する。

最終章の第5章では，処方的アプローチの議論を簡単に紹介する。第4章までの記述的アプローチの議論を踏まえ，今後，より優れた意思決定を追及していくために，処方的アプローチのプロローグとして，検討すべき点を挙げる。

【参考文献】

＜洋文献＞

Ackoff, R. F. (1967) "Management Misinformation Systems," *Management Science*, 14-4, pp.147-156.

Bell, D., Raiffa, H. & Tversky, A. (1988) *Decision Making: Descriptive, Normative And Prescriptive Interactions*. Cambridge University Press, New York.

Business Week (2003) "The Best (& Worst) Managers of the Year," *Business Week*, January 13.

Cohen, M. D., March, J. G. & Olsen, J. P. "A garbage can model of organizational choice," *Administrative Science Quartarly*, 17, pp.1-25.

Edwards, W. (1954) "The theory of Decision Making," *Psychological Bulletin*, 51, pp.380-417.

Gillies, D. (2000) *Philosophical Theories of Probability*. Routledge, London, UK.

Grove, A. (1993) "How Intel Makes Spending Pay Off," *Fortune*, Feb. 22, pp.56-61.

Hitt, M. A., Miller, C. C. & Colella, A. (2006) *Organizational Behavior. A Strategic Approach*. John Wiley & Sons, Inc.

Knight, F. H. (1921) *Risk, Uncertainty, and Profit*. Boston MA: Houghton Mifflin.

Lindblom, C. E. (1959) "The Science of "muddling through," *Public Administration Review*, 19, pp.79-88.

March, J. G. & Simon, H. A. (1958) *Organizations*. New York: John Wiley. (土屋守章訳『オーガニゼーションズ』ダイヤモンド社, 1977年.)

Matheson, R. & Matheson, R. (1998) *The smart organization*. Cambridge. M: Ilavard Business School Press.

Mintzberg, H., Raisinghani, R. & Théorêt, A. (1976) "The Structure of "Unstructured" Decision Processes," *Administrative Science Quarterly*, 21-2, pp.246-275.

Nussbaum, B. (2005) "How to Build Innovative Companies," *Business Week*, Aug. 1, pp.61-68.

Simon, H. A. (1947) *Administrative behavior: a study of decision-making processes in administrative organization*. New York: Macmillan. (松田武彦ほか訳『経営行動：経営組織における意思決定プロセスの研究』ダイヤモンド社, 1989年.)

Simon, H. A. (1957) "A Behavioral Model of Rational Choice," in *Models of man, social and rational: mathematical essays on rational human behavior in a social setting*. Wiley. (宮沢光一監訳『人間行動モデル』同文舘出版, 1970年.)

Simon, H. A. (1982) *Models of bounded rationality*, Vol. 1. Cambridge, Mass: MIT Press.

第1章　意思決定の概要

＜邦文献＞

企業会計審議会（2005）『財務報告に係る内部統制の評価及び監査の基準（公開草案）の公表について』（www.openfind.com.tw/taiwan/download/report/J-SOX.pdf）．

宮川公男（2001）『経営学入門シリーズOR入門』日経文庫．

宮川公男（2005）『意思決定論―基礎とアプローチ』中央経済社．

第2章
組織における意思決定に対する「個人特性」の影響
～心理学からのアプローチ

● 本章のポイント ●

　物や人に対する好みや感じ方，捉え方は，人それぞれ異なるものである。例えば，他の人は重視しない事柄や情報を自分は大事だと思ったりするのは，自分の性格や物の見方が他者と違うからである。この性格や物の見方などの心理的要素を把握することで，あの人は何故あのような意思決定を行ったのかが分かり，次にあの人はどのように意思決定を行うかなどを予測できることもある。

　本章では，人の心理的側面を把握する方法を取り上げ，自分の部下や上司，同僚や近隣部署の仲間などを理解するコツを紹介する。心理的側面を把握する要素には，人の性格を示すパーソナリティ（第2節），人の物の見方を示す知覚（第3節），人の好き嫌いを示す態度，そして，人の気分を示す感情（第4節）などがある。他者の心理を理解すると共に，自分自身の心理（適性）について知ることも，的確な意思決定を行うヒントとなろう。

第2章 組織における意思決定に対する「個人特性」の影響

第1節　企業で活用される個人の心理特性

　組織における意思決定に影響を及ぼす要因のうち，特に意思決定者本人の心理的要因（psychological factors）に目を向けた研究は，古くは心理学（認知心理学，社会心理学，情報処理心理学など）分野，近年では組織行動論（organizational behavior: OB）の分野で進められている。1人ひとりの顔形や体形などの外見が異なるように，性格や考え方，好き嫌いや感情などの内面も異なる。そして，この内面の違いが，その人の意思決定に影響を及ぼす。

　最近では，（恋？）人の気持ちや心を探る"心理テスト"が流行っているようである。特にインターネットが利用されるようになってから，気軽に心理テストを行えるWebサイトが急増している。多くの人が目に見えない人の深層心理を知り，その人の行動を予測したいと思っているようである。この傾向はプライベートに限らず，企業においても見受けられる。適切な人材配置を進めるために，社員の性格を把握する心理テストの活用が進んでいる（【ケース10：組織で活用される個々のメンバーの心理特性】）。

【ケース10：組織で活用される個々のメンバーの心理特性】
組織運営・リーダー育成，心理学を活用，タイプ分け適材適所
　　──中略──
　「人事考課だけで選んでよいのか」。バンダイナムコホールディングス傘下のナムコの経営管理本部で次世代リーダーの発掘・研修に取り組む平野剛氏は悩んでいた。人事考課がよい社員は現状に満足していることが多く，改革には及び腰になりがち。改革の担い手となる次世代のリーダーを発掘する手段として平野氏が着目したのが心理学とFFS理論だ。
　03年12月に次世代のリーダーを目指す30代の人材を社内公募し，応募者を100人程度に絞り込む際に心理テストを使った。テストを提供した人事・組織コンサルティング会社，インタービジョン・コンソーシアム（東京・中央）の古野俊幸社長は「自分の力を発揮できず，現状に不満を感じている人が選ばれるようにした」と話す。
　心理テストにはもう1つ狙いがあった。部門長の意見を参考に最終的に29人

を選び，新規事業開発や社内制度改革などを考える5つのチームを構成した。その際にFFS理論*による4タイプの人材をバランス良く配置したのだ。平野氏は「違った持ち味の人が相互補完することで，チーム力が高まることを次世代のリーダーとなる人に知ってほしかった」と狙いを語る。

* FFS理論：ファイブ・ファクターズ・アンド・ストレスの頭文字。人の思考や行動を5つの因子に分解，因子の強弱によって行動特性を4つに（タグボート型，リーダーシップ型，マネジメント型，アンカー型）に分ける。自社の実情を考えながらアレンジする姿勢が必要。

(出所：2007/01/18, 日経産業新聞　一部抜粋)

日本ベーリンガー，リーダーシップ研修，役員対象，心理分析を導入，管理職に拡大も。

独系医薬品メーカーの日本ベーリンガーインゲルハイムは，対象者1人ひとりの心理分析を取り入れたリーダーシップ研修を始めた。受講者は心理カウンセラーとの面談などを通じて自らの思考や行動パターンを把握した上で，リーダーとして心がけるべきポイントなどを学ぶ。まず役員を対象に導入，今後は管理職層まで拡大して，人材育成を強化する。

(出所：2008/08/06, 日経産業新聞　一部抜粋)

人々の心理的要因にはさまざまなものがある中で，本章では，「パーソナリティ」，「知覚・認知」，「態度」，および，「感情」といった個人差が，組織の意思決定に及ぼす影響についてを取り上げていく。第1章の最後に挙げた**図表1-9**にある「個人特性」の影響である。

第2節　パーソナリティ

(1) パーソナリティの意味と特徴

「パーソナリティ（personality）」とは，「行動（振る舞い，喋り方，思考，認知や感情表出，嫌悪判断など）に時間的・空間的に一貫性を与えるもの」と定義される。その語源はラテン語の「仮面（persona：ペルソナ）」であり，"変

化する外界に対して仮面をかぶって適応していく様子を表面的に捉えたもの"というニュアンスを含み、"刻みつけられたもの"という意の「性格（character）」（いわゆる"キャラ"）とほぼ同義と捉えられる。場所や時間、状況などが変化しても、ある程度同じように現れる、話し方、感じ方、考え方、物の見方といった行動の1つのパターンである。「あんな風に言うのは彼らしいね」といった場合、「彼」はずっと以前から「あんな風」に言い続けていたのだろうし、他の場所でも「あんな風」に言うと予想されるのである。上司は何故あれほど完璧主義で厳しいのか、部下は何故こうまで楽観的なのか、あの社員は何故あのような振る舞いをしたのか、といった理由を考えるときに、パーソナリティを掴むことで謎が解けるかもしれない。

（2）パーソナリティの決定要因：「氏と育ち」

何故ある同僚は楽観的で、別の同僚は悲観的なのか。その根本にはパーソナリティを決定づける要因である「氏と育ち（nature and nurture）」がある。パーソナリティは部分的には先天的、つまり生物的遺伝で決まる可能性が、長年の研究から明らかになってきた。両親から引き継いだ遺伝子により、その人のパーソナリティがある程度決まる。

パーソナリティと遺伝子の関係にはまだ不明な点が残されているものの、いくつかの研究では、同じ遺伝子を持つ"双子"のパーソナリティの比較を通じてパーソナリティの先天性の程度が分析されてきた。一般的には、同じ遺伝子を持つ双子は一つ屋根の下で同じ親に育てられ似通った生活を送るため、双子のパーソナリティの決定要因が先天的なものか後天的なものかをはっきりさせることは困難と思われる。ところが、生まれた時から離ればなれになって違う環境で育った双子を探し出し、彼らのパーソナリティを比較したのである。すると、およそ50%の双子は、違う環境下で生活を送っていてもほぼ同じパーソナリティであることが明らかになった。更なる研究によって遺伝子の影響の程度が分析され、パーソナリティの約半分は先天的に定まり、もう約半分は周囲の環境によって後天的に決まることが分かってきた（Tellegen, et al., 1988）。

パーソナリティは約半分が先天的であることから、基本的には固定的であり、

5〜10年の期間は変化しないと言われている。しかしこのことは，パーソナリティが全く変化しないという意味ではなく，時の経過と共に少しずつ，時間をかけて変化する特徴を持っている。また，いつ何時のあらゆる経験を反映することも分かってきている。両親の厳格さや寛大さ，兄弟の数，成功や失敗の経験，住んでいる地域の文化などがパーソナリティ形成に影響する。このような特徴から，組織メンバーのパーソナリティが変化することを期待するのではなく，むしろそのパーソナリティを理解して上手く付き合っていくことが大切である。例えば，部下が仕事の不平不満を言い怒り出した場合，怒りっぽい性格を直せと諭すよりも，その性格を受け入れて適した仕事を促したり，その性格を活かしてモティベーション（motivation）を高める，といった対処の方が効果的である。

（3）パーソナリティの影響度合い

人の思考，態度や行動などは，パーソナリティの影響を受ける一方で，その時の「状況（situation）」にも多大な影響を受ける。**図表2-1**の異なる向きの斜線が重なったチェック模様部分のように，人の行動，感情，思考や態度は，先天的および後天的なパーソナリティと状況とによって決まると言える。例えば，仕事に対する要求やノルマ，厳しいルールや規範といった強い制約や圧力がある組織では，組織メンバーのパーソナリティの違いはあまり影響せず，メンバー間で一律の行動がとられる。あるいは，工場の組立・製造ラインなどで

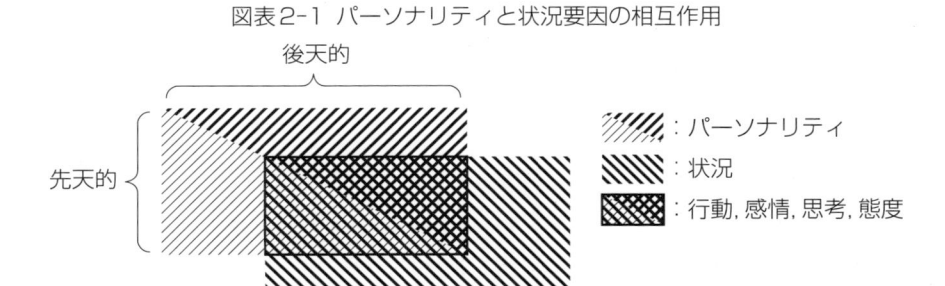

図表2-1 パーソナリティと状況要因の相互作用

第2章　組織における意思決定に対する「個人特性」の影響

は，全体の流れの中で各人がある一定の時間内に決められた作業を行うことが重要となるため，メンバー自身がパーソナリティを発揮させて自由裁量で仕事を行うことは有益ではない。どちらの例でも，パーソナリティよりも状況の方が，メンバーの行動に強い影響を及ぼしていると言える。

　ハンバーガーチェーンのマクドナルドには，約350ページにまで及ぶマニュアルがあるという。そこには従業員のなすべき作業が秒単位で記されており，材料や調味料の分量が明示されている。商品の調理過程では，全ての従業員が自分の作業手順とやるべきことを正確に知っていて，従業員個々のパーソナリティに関わらず，マニュアル通りに調理するのが望ましいと考えられる。これに対して，例えば塾講師の場合，授業の内容や進行はある程度講師に任されており，講師は自分の経験や知識を活かしつつ，生徒の理解度を把握しながら状況に合わせて授業を進めることを期待される。この2つの仕事では，塾講師の方が業務に自分のパーソナリティが影響すると言える。別の例として，主に企業のトップマネジメントが従事する戦略的意思決定と，主にロワーマネジメントが扱う業務的意思決定を比較すると，前者の方がより複雑で不確実性の高い問題である場合が多いことから，意思決定者のパーソナリティがより意思決定に影響する。このように，業務を行う状況，環境や置かれた立場によって，パーソナリティが影響する度合いが異なると考えられるのである（【ケース11：環境や職種とパーソナリティの影響】）。

【ケース11：環境や職種とパーソナリティの影響】
＜'06フレッシュマン　いまどき研修事情　日本マクドナルド──接客術＞
　新入社員が現在，取り組んでいるMDP1の研修マニュアルは約350ページに及ぶ。米国で編集したケーススタディーのDVD付きだ。
　谷野さんは配属時に店長と話し合い，完了目標を10月とし，いつまでにどこまで進めるといった具体的なプランを作った。項目ごとにチェックリストもあり，上司の確認を得ながら進める。「着実に進歩していることを実感できる」のが張り合いだ。
　「ポテトが1つ入っていなかったと苦情を言ってきたお客様がいます。申し訳ないと誤るだけでは68％の方は納得しません。みなさんどう対応しますか」。ハンバーガー大学では20人余りの受講者を客，店員，観察者に分け，実際にや

らせてみて確認しながら、マクドナルド流の接客術を落とし込んでいく。

（出所：2006/04/27, 日経産業新聞　一部抜粋）

<ある塾の講師募集広告>
仕事内容
■あなたの裁量で授業を構成
　決められたマニュアルにただ従うのではなく、授業の内容や進行についてあなたの裁量で自由に構成することができます。自分が受験生だったときに思った、いろんな「○○だったらいいのにな」を実践できる場なのです。栄光会の講師は、学力は当然のことながら、熱意とプライド！それが最も必要とされる資質。日々、学力や講義能力のレベルアップをはかりながら、「絶対合格させるんだ！」という強い気持ちを持ち続けることが大切です。責任も伴いますが、大きなやりがいと達成感のある仕事。ぜひあなたの力強い指導で、生徒を合格に導いてください。
（出所：塾講師ステーション（http://www.juku.st/）（2008年10月6日現在））

　人それぞれにパーソナリティがあるように、組織にもパーソナリティがあるのではないかと言われている。組織全体のパーソナリティはそこで働く組織メンバーのパーソナリティによって形成されるとする「ASAフレームワーク (attraction-selection-attribution framework)」という概念がある (Schneider, 1987)。人は自分と同じパーソナリティの人がいる組織に惹かれるため、その組織に雇用を求めて応募する。他方、組織の採用担当者もやはり同じパーソナリティの応募者に惹かれて、あるいは、応募者のパーソナリティならば自社でうまくやっていけると思い、採用を決めたりする。また、異なるタイプのパーソナリティを持つ人は、その組織から離れていくこともある。このような応募、採用、離職の結果、組織内には類似したパーソナリティを持つ人々が集まり、メンバーのパーソナリティが同質化していき、組織に典型的なパーソナリティが組織自体のパーソナリティになるという。

　ASAフレームワークによると、組織メンバーの志向や考え方が類似していることにより、組織の凝集性（第3章第2節）が高まったり、忠誠心が育成されるメリットがある。このような行動は、特に小規模でトップマネジメントとの距離が近い組織で見受けられる。また、いくつかの企業が新卒採用方法として取り入れている「リクルーター制」[8]は、リクルーターと学生が数度の面接

でお互いのパーソナリティを確かめ合いながら検討することを重んじる例である。あるいは、リクルート社が2008年5月に転職希望者に対して行ったアンケートによると、23.6%の人が転職理由として「社風や会社の雰囲気が合わなかった」と答えていることも、ASAフレームワークと一貫した現象である。

但し、ASAフレームワークのように組織メンバーのパーソナリティや志向が同質化すると、弊害をもたらす可能性もある。例えば、極めてリスキーでチャレンジ精神の旺盛な社長と類似したパーソナリティの人々が集まった組織の場合、多くのメンバーがリスキーな意思決定を行うことは、ある種、危険である。反対に、保守的で安定を志向する人々が集まった組織の場合、変革を忌み嫌い長期的には成長が期待できないこともある。異なるパーソナリティによって異なる視点から物事を捉える人がいることも、実は組織にとって重要になる。

組織のパーソナリティは「組織文化」とも関連する。殊にトップマネジメントのパーソナリティと組織文化については、第3章第5節にて詳述する。

(4) パーソナリティ特性とは

パーソナリティは人間の思考、感情そして行動を決定づける重要な要因であることから、古くからパーソナリティの特徴の把握方法が研究されてきた。多くの研究者により、パーソナリティとして一貫して現れる行動傾向やそのまとまりを「パーソナリティ特性 (personality trait)」として把握する試みが進められてきた。これを「パーソナリティ特性論 (personality trait theory)」という[9]。「特性」とは、"内気"、"社交的"、"楽観的"、"誠実"などといった、人の感情、思考、行動に関する特定の傾向を示すもので、パーソナリティを構成

---

[8] 自社の若手社員が入社を希望する母校の後輩と数回の非公式な面接を通じて採用を決める制度。
[9] 「パーソナリティ特性論」に対して、一定の原理に基づいて、典型的な性格を設定し、それによって多様な性格を分類し、性格の理解を容易にしようとする立場を「パーソナリティ類型論 (personality typology)」という。その代表的な手法が血液型による性格診断である。手軽で理解容易であるため受け入れやすい反面、血液型のような4つの型の場合、その中間型や移行型は考慮されておらず、またパーソナリティを固定的かつ紋切り型に捉えたステレオタイピング (本章第3節) になるという欠点も指摘される。

する要素である。

　2006年に「㈳日本経済団体連合会」の会長に就任した，キヤノン㈱の会長である御手洗冨士夫氏は，その経営手腕が日本産業界で高く評価されているが，実はアメリカにおいてもその人柄から優れた管理者として評価されている。御手洗氏はCANON U.S.A., Inc.に23年間もの期間在籍し，その誠実さと寛大さをもって，数多くの変革を行ったと評されている。特に社長を務めていた期間，彼は複数の副社長メンバーの半数に現地人を任命し，アメリカ人の考えを広く受け入れ，限りなく彼らに近づくことが次善の策と考えた。そして，日本人幹部もアメリカ人幹部と同じ仕事のやり方をするよう徹底したという[10]。多くの企業が海外進出に際して現地化を推進すると表明する反面，実際には権限委譲ができずに国籍間の軋轢が絶えない中で，御手洗氏は日米対等主義を貫いたのである。さらにその過程で，彼は現地の人々と日本人の習慣を考察して，双方の利点を取り入れる重要性を，誠実さを持って周囲に強調した。彼の姿勢はアメリカのビジネス雑誌でも取り上げられ，『Business Week』誌の「ベストマネージャオブザイヤー2002」に選ばれた。

　御手洗氏のこのような行動は，彼の「誠実さ」と「寛大さ（開放性）」という2つのパーソナリティ特性によるものと評価される。この他にも，人のパーソナリティを示す特徴はさまざまある。そのうち，本書では5つを紹介する。

(i) 5要因（ビッグ・ファイブ）モデル

　パーソナリティを把握するさまざまな尺度をまとめて，主要な5つの基本的次元に階層化したものとして，「5要因（またはビッグ・ファイブ）モデル（Big Five Model）」がある（Digman, 1990）。5つの基本的な次元とは，「外向性（extraversion）」，「神経質性（neuroticism）」，「調和性（agreeableness）」，「誠実性（conscientiousness）」，「開放性（openness to experience）」であり，各次元は，いくつかのパーソナリティ特性をまとめたより高次元のパーソナリティ特性をなしている（図表2-2参照）。この5つの次元は，年齢，性別，人種，民族性，宗教，社会経済的経歴，あるいは，国籍などに関わらず，一貫して利

---

[10] 日本経済新聞（1989年2月11日）より。

用できる。

図表2-2　5要因と関連するパーソナリティ特性の階層

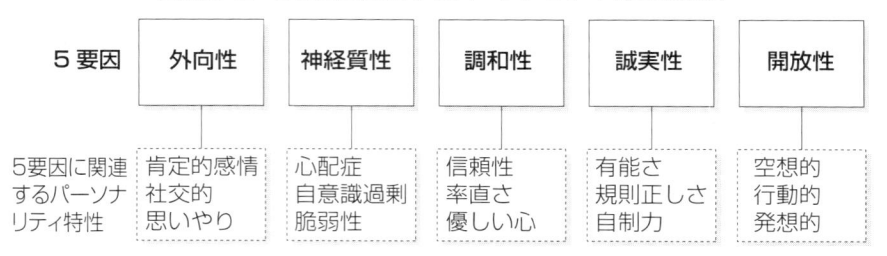

5要因	外向性	神経質性	調和性	誠実性	開放性
5要因に関連するパーソナリティ特性	肯定的感情 社交的 思いやり	心配症 自意識過剰 脆弱性	信頼性 率直さ 優しい心	有能さ 規則正しさ 自制力	空想的 行動的 発想的

（出所：McCrae & Costa, 1992）

　測定方法は，各次元について以下に紹介するような質問に回答し，5つの次元それぞれの高さを見ていく。各次元の高さが分かったところで，**図表2-3**のような5つの次元を並べたビッグファイブパーソナリティプロファイルを作成する。**図表2-3**のプロファイルの持ち主は，外向性が低く，神経質性が高く，調和性と誠実性は中位的で，開放性が相対的に高い者である。

　「外向性」とは，自分の周りの環境（人や物など）に対して肯定的感情やよい気分を抱きやすい程度を示す次元で，外向性の高い人は社交的で優しく，友好的である。外向性の低い人（内向的な人）は周りに対してあまり肯定的感情を抱かず，社会との交流が少ない傾向がある。業務においては，外向性の高い人は仕事に対する満足感を感じやすく，組織や組織メンバーに対して好意的で

図表2-3　5要因モデル　パーソナリティプロファイル（例）

低い	外向性	高い
低い	神経質性	高い
低い	調和性	高い
低い	誠実性	高い
低い	開放性	高い

ある。また，同僚との付き合いを楽しむ傾向もある。販売や接客といった人と関わる業務に向いている。

　もちろん，内向的な（外向性の低い）人でも成功している人はいる。例えば，日本ヒューレット・パッカード㈱，㈱ダイエーやマイクロソフト㈱の社長を務めてきた樋口泰行氏は，いくつかのインタビューにおいて自分は内向的な性格であると話しているが，その努力と熱意で成功した優れたビジネスパーソンの1人と評価できる（【ケース12：内向性が奏功】）。

【ケース12：内向性が奏功】
次期社長に内定，樋口泰行氏——理詰めで内気な戦略家

　このほどダイエー社長に内定した日本ヒューレット・パッカード社長の樋口泰行氏（47）。ダイエーの支援企業（スポンサー）であるアドバンテッジパートナーズの笹沼泰助代表は「会長となる林文子さん（58）とは最高の組み合わせ」と太鼓判を押す。樋口氏とはいかなる人物なのか。

　「ビジネスの才覚が人より優れていたわけでも，キャリア戦略を描いて仕事をしてきたわけでもない。（中略）むしろ内向的で，話し下手で，人一倍不器用な人間だと思っている」（樋口氏の自著「愚直」論より）

　もともと樋口氏はエンジニア志望だった。大学の工学部を卒業した後，教授の推薦で松下電器産業に入社する。当時のことを自著のなかで「ち密に成果を積み上げることによって周囲を納得させるのが仕事の本質だと思っていた」と振り返っている。きまじめで無口。慎重に言葉を選んで話す。典型的な技術者だ。

——中略——

　樋口氏にとって大きな転機となったのが，米ハーバード大学への留学だった。たとえ，話が下手でも授業ではとにかく主張しなければ置いていかれる。

　当時，同級生だった新浪氏は樋口氏を「しがらみにとらわれず，物事を理詰めで整理する人」と評する。ハーバードでも発言はつたなかったが，同級生に一目置かれていたようだ。

（出所：2005/04/18，日経流通新聞　一部抜粋）

　「神経質性」とは，外向性と反対に，他者や自分自身に対して否定的な感情状態やブルーな気分，不快感を抱きやすい程度を示す次元である。"神経質"という語は精神面で何らかの問題を抱えた人に対して用いられることが多い

第2章 組織における意思決定に対する「個人特性」の影響

> <「外向性」診断テスト>
>   以下の項目について，自分に当てはまる，あるいはだいたい当てはまると思うものには"T"，当てはまらない，またはほとんど当てはまらないと思うものには"F"をつけて下さい。
> 1．取り組んでいることにすぐに熱中する。
> 2．特に理由もないけれど，幸福や満足感をしばしば感じる。
> 3．日々の生活が楽しい。
> 4．毎日何か楽しい事に取り組んでいる。
> 5．常に自分の希望を叶える手段を模索している。
> 6．ほとんどの時間を，自分が楽しいと思うことに費やしている。
> 7．明確な根拠はないが，私はツイていると思う。
> 8．毎日，楽しいことや興奮することが起きる。
> 9．余暇の時間は，楽しいことをして過ごしている。
> 10．自分にとって人生とは冒険だ。
> 11．常に，何か楽しいことが起きないかと期待している。
> ※外向性の程度は，"T"の回答数に比例する。

が，ここでの神経質性は，健康な人も含めて全ての人々に少なからず備わっている特性を示している。神経質性が高い人は物事に対して過敏に反応し，不安やストレスを感じやすい。また，仕事中でも否定的な気分に陥りやすく，職場に対して否定的な姿勢を示す傾向にある。

神経質性が高い人は，時には周囲や自分自身に対して厳格で批判的になりやすいが，それが高じてより努力して優れた成果を出すよう精進するため，高品質，論理的思考，そして，高評価が求められるような業務においては極めて有能である。また，会議のような集団意思決定の状況でも常に冷静でいるため，敢えて「悪魔の代弁人（あまのじゃく）（devil's advocate）」と呼ばれる，異議を唱える役を務めることで，物事の否定的な側面を指摘できる。反対に，神経質性が低い人は，あまり否定的な感情を抱かず，物事を批判せず，楽観的な傾向がある。

「調和性」とは，他の人々と共に上手く事を進めることができる程度を示す次元で，調和性の高い人は周囲に気を配れる能力が高く，他者から好感を持た

<「神経質性」診断テスト>
　以下の項目について，自分に当てはまる，あるいはだいたい当てはまると思うものには"T"，当てはまらない，またはほとんど当てはまらないと思うものには"F"をつけて下さい。
1．よく，自分が何かを心配していることに気づく。
2．自分は傷つきやすい。
3．ちょっとしたことでもすぐにイライラする。
4．神経質な自分に嫌気がさす。
5．気分の浮き沈みが激しい。
6．時々，理由もなく惨めな気分になる。
7．特に理由もなく，突然怒りを感じることが時々ある。
8．予期せぬ出来事に驚かされることがよくある。
9．その日の出来事について考えると，緊張と不安を感じることがある。
10．ちょっとした失敗でも頭にくる。
11．心配事で夜眠れないことがよくある。
12．一日中イライラしていることが時々ある。
13．自分が上手くできるかどうか，とても気にしている。
14．特に理由もなく，幸福だった気分が不幸に，あるいは不幸だった気分が幸福に変わる。
※神経質性の程度は，"T"の回答数に比例する。

れる心優しい性格の持主である。組織では，すぐに人と打ち解け，チーム内で上手く立ち居振る舞うことができる。調和性の低い人は，敵対的で不信感が強く，共感せず無愛想で非協力的であり，鬼軍曹もしくは借金取立人といった仕事が向いていると言われている。調和性は，他者との良好関係をさらに発展させていけるかどうかを決める，仕事における重要な次元である。

　「誠実性」とは，注意深く，慎重で，粘り強い程度を示す次元で，誠実性の高い人は理路整然としており，自律的である。誠実性が低い人は，自分の進む方向が定まらず，自律心が弱い。誠実性は組織のさまざまな状況で重要となる次元で，仕事において高い成果をもたらす傾向がある。例えば，先に挙げた御手洗氏をはじめ誠実な経営者は高く評価され，経営者に必要な資質としても誠実さが挙げられている（【ケース13：トップマネジメントに求められる資質】）。

第2章　組織における意思決定に対する「個人特性」の影響

> 【ケース13：トップマネジメントに求められる資質】
> **今，CEOに必要なものは――ウェルチGE前会長に聞く**
>   米企業の最高経営責任者（CEO）への風当たりが強まっている。経営を厳しく監視する企業改革法が浸透し，中国やインド企業が台頭するなどグローバル競争も激しい。今，CEOに求められる資質は何か。ゼネラル・エレクトリック（GE）の前会長兼CEOのジャック・ウェルチ氏に聞いた。
>   ――CEOに求められる資質は変わったか。
>   <u>「誠実さと情熱，従業員にミッション（経営理念）を浸透させる能力という基本的な点では大きな変化はない。</u>社内にいる自分より優れた人間のやる気を引き出し，成功した場合にはたっぷりと報い，新しい仕事に挑戦させる。経営の根幹は普遍的だ」
>
>   　　　　　　　　　　　　　（出所：2005/09/30，日本経済新聞　一部抜粋）
>   　　　　　　　　　　　　　　　　　　　　　　（下線は筆者が加筆）

　また，近年しばしば生じる企業不祥事により，企業側の顧客への対応の誠実性が改めて重視され，企業のパーソナリティとして誠実性の高さが求められていると言える。次ページに調和性，誠実性，および開放性を調べるためのテスト項目がある。個人の誠実性と共に，企業の誠実性もチェックする必要があろう。

　「開放性」とは，さまざまなものから刺激を受け，知的好奇心をもって広く物事に対して関心を抱き，多少のリスクを冒しても挑戦しようとする程度を示す次元である。開放性の高い人は，変化に富んだ業務，変革を要する業務，あるいは，リスクを伴う業務に向いていると言われる。新しいアイデアを出し，ビジネスに発展させたいと思うタイプで，こういったアイデアが企業に損失を招く場合もあるが，収益性を高めるチャンスとなることもある。リスクを志向し，挑戦したいという願望を持つ開放性の高い人を上手く活かしていかしていくためにも，企業は社内ベンチャー制度などを導入していく必要があろう。

<「調和性」,「誠実性」,「開放性」診断テスト>
　以下の項目について，今の自分に，または将来なりたい自分像に当てはまるかどうかを，5点満点で（全く当てはまらない：1点～正確にあてはまる：5点）答えて下さい。

1. さまざまな人に興味がある。	16. 他人の問題に全く興味がない。＊
2. 語彙力が高い。	17. 物を元の場所に戻し忘れることがよくある。＊
3. 用意周到である。	18. 創造力がない。＊
4. 他人には興味がない。＊	19. 他人のために時間を割くことが好きだ。
5. どこの組織にも所属したくない。＊	20. 順序通り進めることが好きだ。
6. 抽象的な事柄を理解するのが苦手だ。＊	21. 理解が速い。
7. 他者の考えにすぐに同意できる。	22. 他人のことが少しも気にならない。＊
8. 細かい事に注意を払う方だ。	23. 横着である。＊
9. 想像力がある方だと思う。	24. 難しい言葉を使う方だ。
10. 人を軽視してしまう。＊	25. 他人の感情を汲み取れる。
11. 物事を台無しにしてしまうことがある。＊	26. 計画通りに進めることが好きだ。
12. 抽象的なアイデアには興味がない。＊	27. 熟考に時間を費やす。
13. 自分は優しい心の持ち主だと思う。	28. 人をリラックスさせられる。
14. 雑用を引き受ける方だ。	29. 仕事に厳しい。
15. 優れたアイデアを思いつく方だ。	30. 頭の中はアイデアでいっぱいだ。

＊印の項目は，点数が反転する。　1→5；2→4；4→2, 5→1
「調和性」は，1,4,7,10,13,16,19,22,25,28の合計で測定
「誠実性」は，3,5,8,11,14,17,20,23,26,29の合計で測定
「開放性」は，2,6,9,12,15,18,21,24,27,30の合計で測定

(ii) 統制の所在

　「統制の所在（locus of control）」（または「統制の位置」）とは，自分の置かれた状況や自分に起きる出来事，あるいは自分の運命や人生自体を自分自身で決められると思う程度を示すパーソナリティ特性である（Rotter, 1954; 1966）。自分をどのように捉えるかといった知覚（本章第3節）におけるパーソナリティ（認知スタイル）と考えることもできる。自分はほとんど無力に近く，周囲や偶然の力によって物事が決まっていくと考える人もいれば，自分は何でも自分で決めて動かしていると思う人もいる。前者のような，自分以外の物事の影

響が強いと考えるタイプは「外的統制型（externalsもしくはexternal locus of control）」と呼ばれ，後者のような，自分自身の行動の影響が強いと考えるタイプは「内的統制型（internalsもしくはinternal locus of control）」と呼ばれる。この2つは連続軸で表され，軸上のどのあたりに位置づけられるかによって各人のパーソナリティを把握することができる。たいていの人は真中あたりに位置している。

　組織での意思決定との関連では，外的統制型に近い人は，権限をもって指示される業務，偶発的に結果が得られるような業務，そして，極めて単純な業務において高い成果をあげる。また，強制もしくは指示された業務を忠実にこなし，労働時間によって報酬が決まる業務を好む傾向がある。そのため，細かい指示を与えて業務に取り組ませる命令型リーダーシップが適している。

　一方，内的統制型に近い人は，自分の努力や能力，あるいは，仕事への強いコミットメントが成果の質に直結する業務において高い成果をあげる。外的統制型よりも内的統制型の人の方が，自分自身でモティベーションを高めることができる。また，仕事の成果，昇給，社内表彰，雇用保障，および昇進などは自分自身の行動によって決まると考えるため，直接的な指示は不要であり，さまざまな業務に主体的に取り組むように促す参加型リーダーシップが適している。実際の組織においても，多くの起業家やトップマネジメントは内的統制型に近く（Antonides, 1996），その意思決定は，イニシアチブをとり責任を負うことを厭わず，より多くの情報を利用して判断を下す特徴を持つ。内的統制型と外的統制型のどちらに近いかを特定する質問として，例えば以下のようなものがある（Rotter, 1966）。

＜「統制の所在」を特定する質問＞
① (a) 多くの人々は周りの状況の犠牲になっているものである。
　 (b) ある人が被ることは，その人自身の行動に起因する。
② (a) 自分が被ったことは，恐らく運によるものだろう。
　 (b) 自分が被ったことは，全て自分の行動に起因する。
③ (a) 他人の態度を自分が変えられるなどと思うのは馬鹿げている。
　 (b) 自分が正しいと思うことには，周囲も納得してくれるに違いない。

(iii) マイヤーズ・ブリッグス・タイプ指標（MBTI）

分析心理学（analytic psychology = Jungian psychology）を確立したといわれるユング（Jung, Carl Gustuv）は，人間の4つの心理機能とそれによるタイプ論（パーソナリティ類型）を提起した（Jung, 1936）（**図表2-4参照**）。

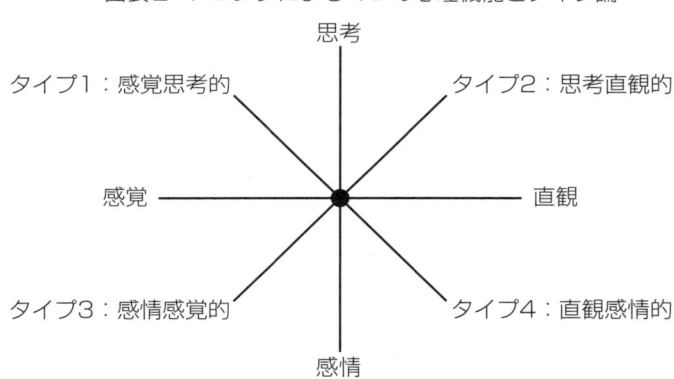

図表2-4 ユングによる4つの心理機能とタイプ論

```
          思考
タイプ1：感覚思考的    タイプ2：思考直観的
              ＼  ｜  ／
感覚 ─────────●───────── 直観
              ／  ｜  ＼
タイプ3：感情感覚的    タイプ4：直観感情的
          感情
```

タイプ1	冷静，分析的，現実的，事実志向	タイプ3	現実的，確実性志向，感情的
タイプ2	合理的，分析的，広視野，社交的	タイプ4	感情的，社会的

　ユングによる態度分類およびタイプ論を取り入れて開発されたのが，「マイヤーズ・ブリッグス・タイプ指標（Myers-Briggs Type Indicator: MBTI）」である（Myers, 1962）。この指標は，人々のパーソナリティの善し悪しを示すものではなく，メンバーがお互いのパーソナリティを知った上でコミュニケーションを行うことで，相互理解を図ることを目的とするものである。

　まず，人間の心理を対から成る4次元，8指向に分類する。1つ目は「エネルギーの方向」であり，その人の思考や行動が"外"と"内"のいずれに向けられる傾向かを示す。2つ目は「物の見方，情報を集める方法」であり，現時点に着目して自分の五感に頼って1つひとつ着実に情報を集めるタイプである「感覚」型と，ひらめき（第六感）に基づいて新しいことを模索する「直観」型に分類される。3つ目は「判断の仕方」であり，論理的かつ客観的に分析し，

合理的根拠に基づき感情に左右されず公平性を重視する「思考」型と、価値観や情を大切に受容性が高く、個々の事情や気持ちを重視して考える「感情」型に分類される。4つ目は「日常生活のスタイル、外界との接し方」であり、目標を定め、段取りを重視してある一定の枠組みをもって生活し、絞り込みながら限定した情報に基づき判断を行う「判断的」タイプと、追加的な代替案を模索し続け、状況に応じて変化に対応しながら生活し、更なる新しい情報を集め続けようとする「知覚的」タイプに分類される。さらに、これら4つの次元による8指向を組み合わせて、16通りのタイプに分類される（**図表2-5参照**）[11]。状況に適したタイプの人材を意識的に活用することが、有効的な意思決定を導くと考えられる。実際、企業における上位管理者のように多くの類似経験を積んだ意思決定者は、状況や必要性に応じて複数のタイプを使い分ける能力が身についている（Hirsh & Kummerow, 1998）。

図表2-5　マイヤーズ・ブリッグス・タイプ指標

エネルギーの方向	外向（Extraversion）	内向（Introversion）
物の見方（情報収集方法）	感覚（Sensing）	直感（iNtuition）
判断方法	思考（Thinking）	感情（Feeling）
日常生活のスタイル	判断的（Judgmental）	知覚的（Perceiving）

↓

	S	S	N	N	
I	ISTJ	ISFJ	INFJ	INTJ	J
I	ISTP	ISFP	INFP	INTP	P
E	ESTP	ESFP	ENFP	ENTP	P
E	ESTJ	ESFJ	ENFJ	ENTJ	J
	T	F	F	T	

この指標は世界各国のさまざまな企業に注目されており、企業メンバーがお互いのパーソナリティを理解し合うために、MBTIを実際に導入し活用する事例も紹介されている（**【ケース14：サウスウェスト社のMBTI活用事例】**）。

---

[11] 実際に、自分のMBTIを把握するための診断テストについては、日本MBTI協会のWebサイト（http://www.mbti.or.jp）にて紹介されている。

【ケース14：サウスウェスト社のMBTI活用事例】
"人々のためのサウスウェスト航空大学"：リーダーを育て個人差を作る。

　1日に2,300ものフライトを提供し，31,000名以上もの人々を支えるサウスウェストは，無秩序と混沌を招くことなく，個性，革新，そして，喜びをどのように実現・維持しているのだろうか。もっぱら，成功はサウスウェストの陽気な学習センター："人々のための大学（the University for People）"で行われる従業員教育による。大学の指導者であるエリザベス・ブライアンは，「サウスウェストは学習を決して終結のないプロセスと捉えている」と説明する。"教室"ではなく"毎日の経験"に学習を見出す個々の従業員は，"グローバルな視点を持つ学習者"である。

　進行役の"人々のための大学"のトレーナーは，2つの基本的なツールを用いて実務においても継続できる学習の基礎を提供している。1つは"サウスウェストスタイルのリーダーシップ"を養うリーダーシップクラスであり，ここでは自己発見および従業員の個人差の相互理解を行うために，「Myers-Briggs Type Indicator®（MBTI®）」が活用されている。

Myer-Briggs®評価とは何か。サウスウェスト航空でどのように利用されているか。

——中略——

　MBTIツールはサウスウェストのチームビルディング，コンフリクト解消，そして，リーダーシッププログラムに多大な成功をもたらした。組織の中の多くのトラブルの原因はコミュニケーションにあるため，MBTIを活用してメンバーの相互理解を促すことにより，コミュニケーションで生じる業務上の障害，ストレス，そして，潜在的なコンフリクトが生じる原因を明らかにできる。

　また，サウスウェストはチームワークを高めるツールとしてMBTIを利用している。「"人々のための大学"では，継続的学習の1つのツールとしてMBTIを利用しています。この有効的な学習によって，実際の業務に役立つチーム育成の基礎能力が養われるのです。リーダーやチームメンバーは，MBTIを活用することで，コミュニケーションのきっかけが分かり，お互いの個人差を認識して認め合えるようになります。チームでは全メンバーが知識を出し合うようになり，より優れた成果を出せるようにもなるのです」と，ブライアンは語っている。

　MBTIはまた，チーム内の信頼構築にも役立つ。最近の例では，新参が故に十分な信頼が未だ得られていないリーダーのいるチームに，お互いの個人差を理解するためにMBTIを適用した。これにより，リーダーは同じ問題に対する個々のメンバーの異なる見方やアプローチを理解できるようになった。MBTIツールに

より，リーダーは同僚たちの行動の背景にある"理由"を理解し，部門内の信頼と親近感を作り出すことができた。「個人差の分類を通じて，我々は"なるほど！"と思う瞬間を味わえるようになりました。かつては誤解やフラストレーションによるものと思っていた他者の行動も，今では個々人の異なるフィルタ（個人差）によるものだと納得することができます」と，ブライアンは語った。

（出所：https://www.cpp.com/Pdfs/southwest_airlines_2006.pdf 一部抜粋）

（下線は筆者が加筆）

(iv) 自己監視性

「自己監視性（self-monitoring）」とは，他者に自分をよく見せたいために，自分の行動をコントロールする程度を示す特性である（Snyder, 1974）。自己監視性が高い人は，自分の行動が社会的に受け入れられ，常識的だと思われている事柄に同意する傾向がある。また，何とかその状況にふさわしい行動をとろうとする気持ちが強く，他者に好印象を持たれたいと願っている。反対に，自己監視性の低い人は，多くの人に受け入れられる行動かどうかといったことに関心がなく，状況にふさわしい行動をとろうとは思わない。むしろ，他者に関心を抱かず，自分の気持ちや信念に従って行動する。例えば，会議においてメンバーの前で退屈そうにしたり，人との面談において自分の関心のある事柄ばかり長話をする人は，自己監視性の低い人だと言われている。

<「自己監視性」診断項目>
　以下の各文章が，あなたのパーソナリティと合っているものには"T"，合っていないものには"F"をつけて下さい。

1．他者の行動を真似るのが苦手である。	10．人から見られている自分は本来の自分ではない。
2．パーティや懇親会などで，お世辞を言わない方だ。	11．他者を喜ばせたり優先するために自分の意見を変えるつもりはない。
3．自分が関心のあることばかり話題にする方だ。	12．芸能人になろうと思ったことがある。
4．何の知識もない事柄について，即興でスピーチすることができる。	13．ジェスチャーゲームが不得意である。

5. 他者を感動させたり喜ばせるために一芝居打つことができる。	14. 他者や状況に自分を合わせようとすると困ってしまう。
6. 恐らく，自分はいい俳優になるだろう。	15. パーティで他者とお喋りを続けられる。
7. グループの中で，いつも中心人物になる。	16. 公共の場は落ち着かず，物静かでいる。
8. いつもと違う人と状況の中で，いつもと違う自分になれる。	17. 人の目を見て話し，ウソをつくこともできる。
9. 人に好かれるのは苦手だ。	18. 嫌いな人とも仲良く話ができる。

自己監視性が高い人は，項目4, 5, 6, 8, 10, 12, 17, 18が"T"である。自己監視性が低い人は，項目1, 2, 3, 7, 9, 11, 13, 14, 15, 16が"T"である。

　自己監視性の高い人は自分の行動を状況に合わせることから，例えば，自分と異なるタイプの人と接する販売やコンサルティングといった仕事が向いている。また，他者が自分に求めていることを察することができるので，例えば，裕福な人などに対して，困っている人のために寄付をお願いする非営利団体のメンバーなどにも向いていると言われている。反対に，自己監視性の低い人は，自分の言動が真実で正しいと信じ，自分の行動に対する他者の反応は気にしないことから，他者の心を開かせたり，否定的な本心を引き出すことが得意である。そのため，集団での意思決定における「悪魔の代弁人（あまのじゃく）」役や，組織内の不正を摘発する内部監査を任せることができるタイプである。

　最後に，本節で取り上げたパーソナリティ特性を**図表2-6**に一覧する。いくつかあるパーソナリティ特性のうち，最も有益なものを絞るのではなく，むしろ組織においてどれかを用いてメンバーのパーソナリティ特性を把握し，各人の立場や状況に適した意思決定を促すことが重要である。

図表2-6 パーソナリティ特性の一例

パーソナリティ特性	特徴
5要因（ビッグ・ファイブ）モデル	「外向性」・「神経質性」・「調和性」・「誠実性」・「開放性」の5つの要因でパーソナリティを把握。
統制の所在	自分の行動を自分でコントロールできると思う程度に着目。この程度が高い人を「内的統制型」，低い人を「外的統制型」とする。
マイヤーズ・ブリッグス・タイプ指標（MBTI）	「外向」，「内向」，「感覚」，「直感」，「思考」，「感情」，「判断的」，「知覚的」の組み合わせで16性向に分類。
自己監視性	他者を意識して自分の行動をコントロールする程度に着目。

> 【自分のパーソナリティを知る】
> 　最近では，Web（インターネット）上に数多くの心理テストが見られる。その中でも，本書で紹介したパーソナリティ特性を診断したり，自分に向いた職業（適職）が診断できるサイトも増えてきた。自分のパーソナリティに合った職業・職種について考えるためにも，インターネット上でできる適職診断のサイトをいくつか紹介する。但し，診断結果に過度に捕らわれて，自分の夢や希望を諦める必要はないだろう。
>
> ＜パーソナリティを把握する心理テスト＞
> ●適性診断（毎日コミュニケーションズ）
> 　http://exsv.shlbiz.jp/career/user/exam/test_q.asp
> ●ビッグファイル・モデルの診断テスト（心理テストと性格診断　こころの翼）
> 　http://www.sinritest.com/bigfive01.html
>
> ＜職業適性テスト＞
> ●職業興味検査（リクルートキャリアマトリックス）
> 　http://cmx.vrsys.net/A/CCS_ak_02.php
> ●適職診断（ヒューマンアカデミー）
> 　http://haa.athuman.com/shindan/index.html?code=041039
> ●適職診断テスト（心理テストと性格診断　こころの翼）
> 　http://www.sinritest.com/occhome.htm
> ●適性・適職診断（福島人材派遣センター）
> 　http://www.haken.co.jp/haken/pro_1.asp
> ●職業適性チェック（GoisuNet）
> 　http://goisu.net/cgi-bin/psychology/psychology.cgi?menu=c040
> 　　　　　　　　　　　　　　　　　　　　　　（※2010年3月現在）

第3節　知覚・認知と帰属

（1）知覚・認知とは

　実際には能力や資質がほぼ同じ2人にも関わらず，何故だか一方が他方よりも優秀で万能な人に見えたりはしないだろうか。あるいは，ある会議の結論について，会議終了後にメンバーで話をしてみると，ある人は全ての代替案を考

慮した公平な結論だと思っているのに対して，別の人は一部の人の意思を色濃く反映した偏った結論だと思っていたりする。このように，同じ事柄，あるいは，人物に対する評価や印象がこうも違うのは，事柄や人物に対して人々はそれぞれ異なった方法で見て，解釈するからである。この節では，人々が物事を見て（知覚・認知），そのようになった原因を考えること（帰属）が，意思決定にどのような影響を及ぼすかについて紹介する。何故同じ対象について，上司あるいは部下，同僚は異なった解釈を与えるのだろうか。このような素朴な疑問を解決する糸口を見つけるのが本節の目的である。

あらゆる意思決定は，意思決定者が情報を解釈し，意味づけをする方法，つまり知覚する方法に影響を受けるため，知覚と帰属は，組織の意思決定を理解する上で基本となる要因である。ここで「知覚（perception）」の定義を示すと，「人が感覚器（視覚，聴覚，触覚，嗅覚，味覚）を用いて外界の事象や自己の状態を直接的，直感的に捉える働き，およびその過程」である。知覚を通じて，人々は環境や対象，事柄や他者などに意味づけをする。

ところで，「感覚（sensation）」あるいは，「認知（cognition）」という言葉も同様に外界や自己の状態を把握する働きを意味する。単純な対象について感覚的に把握する場合は「感覚」という語を使用し，複雑な対象について過去の経験などを熟考しながら把握する場合は「認知」という語を使用することが多い。また，行動的な意味や象徴，および時空間的内容を備えている場合には，「感覚」よりも「知覚」が用いられる。

その身近さから，多くの人は知覚が極めて単純な現象だと思っているようである。つまり，観察する人が誰であろうと，感覚器障害（見えない，聞こえない，麻痺しているなど）がない限りは，そこに存在する客観的現実を皆が同じように知覚すると思うのである。しかも，その客観的現実，知覚対象の真の性質を自分は正確に理解できていると信じる人は少なくない。しかし，実は必ずしも常に正確な知覚，つまり対象の客観的特徴の全てを知覚できるわけではない。自分は"客観的"に知覚していると思っているが，自分のこれまでの経験や行動，思考や感情が知覚の背景にあり，これらのフィルタを通じて知覚するため，実は"主観的"にしか知覚できないのである。つまり，知覚は人によって異なるものであり，知覚結果である解釈は知覚者独自の見方に左右されるの

である。【ケース15：異なる解釈】では，最近話題を集めるカフェが重視する"サードプレイス"というコンセプトに対して，2つの店舗が異なる解釈を与えることを示す例である。

　組織メンバーが必ずしも客観的（正確）な知覚を行えないということは，組織メンバーの意思決定や行動に重要な含意をもつ。例えば，マネジメントによる雇用や解雇などをはじめとした意思決定は，求職者や部下社員に対する知覚に基づくものであるため，正確な知覚，つまり彼らのことをできるだけ客観的に認識することが必要条件となる。もし独りよがりの知覚をすれば，評価された社員だけでなく，企業としても不利益を被る可能性がある。

【ケース15：異なる解釈】
カフェの新しいコンセプト「サードプレイス（第3の場所）」に対する2つのカフェの解釈

＜スターバックスのWebサイトより＞

> 日常生活の中で，ほんの少し幸せな気分になれる場所。それがサードプレイス。ご自宅や学校，勤め先とは違うくつろぎの空間。美味しいコーヒーの香りに包まれて，なぜかほんの少し幸せな気分になれる場所……。スターバックスが目指すのはそんな第三の場所，"サードプレイス"です。
> （出所：http://www.starbucks.co.jp/company/third_place.(2009年5月現在)）

↓
「家でも学校・職場でもない第3の場所」

＜CAFE246のサイトより＞

> **This is your other office.**
> **アイデアが生まれるもう一つの仕事場。**
> 自分らしく仕事ができるもう1つのオフィスとして。
> ビジネスミーティングやアイデア収集に。
> 頭を切り替える一杯のコーヒーと共に。
> 　　　　　　　　　　　　（出所：http://www.cafe246.com/）

↓
「家でも職場でもある第3の場所」

（2）知覚の構成要素

知覚は下記の３つの要素によって構成される。
1．知　覚　者（perceiver）：自分の感覚器から得た対象に何らかの解釈を与えようとする者。
2．知覚対象（target）　　　：知覚者が意味づけを行おうとする全てのもの。
3．知覚状況（situation）　：知覚が行われる場所。会議室やオフィスはもちろん，廊下や給湯室も含まれる。

各構成要素の特性により，対象をどのように知覚し，解釈するかが異なってくる（**図表2-7**参照）。

図表2-7　知覚の構成要素の特性

(i) 知覚者の特性	(ii) 知覚対象の特性	(iii) 知覚状況の特性
スキーマ：知覚者の知識ベース	曖昧性：明確，あるいは，確実に対象を認識できる程度。	追加情報：知覚者が対象を解釈するための状況についての情報。
動機づけの程度：知覚者の知覚時の欲求，価値観，願望	社会的地位：知覚対象（者）の社会や組織における地位や位置づけ。	顕著性：周りの人々や物事の中で知覚対象を際立たせる程度。
感情：知覚者の知覚時の気分	印象管理の活用：他者による自分の評価をコントロール。	

(i) 知覚者の特性

人によって異なる解釈がなされるのは，知覚者それぞれのバックグラウンドやパーソナリティなどが知覚にそれぞれ異なる影響を及ぼすからである。我々が対象を知覚するとき，実は対象についての情報を受動的に処理しているのではない。知覚者の経験や知識の枠組みである「スキーマ（schemas）」，欲求や願望などの「動機づけ状態（motivational state）」，そして，「感情（mood）」といったフィルタを通じて対象を知覚するのである（**図表2-8**参照）。

第2章　組織における意思決定に対する「個人特性」の影響

図表2-8　知覚に影響する知覚者の特性

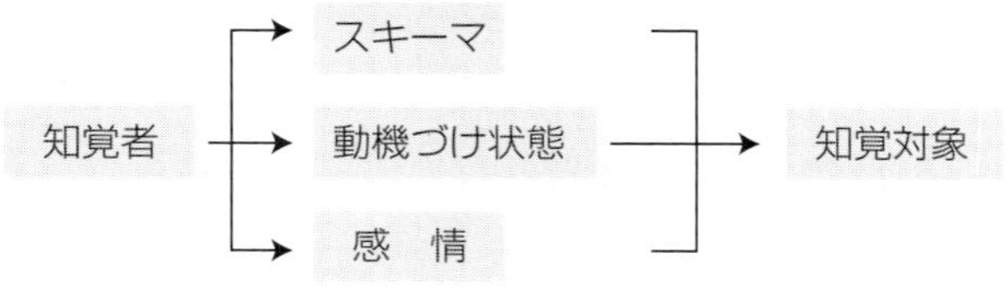

知覚者　→　スキーマ／動機づけ状態／感情　→　知覚対象

＜スキーマ：知覚者の知識ベース＞

「スキーマ」とは，人間がさまざまな経験を通じて身につけ，記憶した情報や知識の，モジュール（交換可能な構成部分）ないし枠組みのことである。世の中には数多くの情報が偏在しており，また我々はこれまでの人生において数多くの事柄を経験してきている。実は，この膨大な情報や経験を我々はバラバラに記憶しているのではなく，関連ある情報をまとめて同じ枠組みに入れて記憶している。"桜"，"入学式" などといえば "春" を連想するのは，"春" という枠組みの中に "桜" や "入学式" を関連付けて記憶しているからである。スキーマは複数の人の間で類似している部分もあるが，人はそれぞれ異なる経験をもつことから，多くの部分は人によって異なっており，故に知覚も個々人で異なるのである（Fiske & Taylor, 1984）。

我々は限られた情報で物事を解釈しなければならないことが多く，その場合にスキーマを用いて新たに知覚した対象に意味づけして解釈する。例えば，大学入学当初，知らない人ばかりの教室に行った時のことを思い出してほしい。どういった雰囲気の人と話そう，あるいは，避けようと思うだろうか。このような場合，特に意識することなく自分のスキーマに頼り，自分にとって話しやすい人とそうではない人を識別し，大学生活で友達を作っていくことができる。このように，我々が知覚した膨大な刺激を整理し，注意を払う必要のある対象を取捨選択し，関連性の有無などに従って解釈を与える支援をするのがスキーマである。そして，組織メンバーにとっては，組織内外の複雑な環境について知覚し，環境に適応していく支援をするのがスキーマとなる。

スキーマを用いて知覚した後，知覚対象に関する情報は新たにスキーマに加えられていく。先の例で言えば，スキーマに頼ってお喋りな人に話しかけたこ

とで，その人と友達になれたという結果が得られたならば，"お喋りな人に話しかけると良い"という情報がスキーマに加わり，次回の知覚の時にもまた同じ行動をとるようになる。つまり，スキーマと知覚は循環しており，スキーマに基づいて知覚が行われ，知覚を基にスキーマが形成されていく。このことは，人がスキーマを利用して知覚を始めると，その後の知覚においてスキーマと一貫した情報ばかりに目が行き，スキーマとは一貫しない情報を無視，軽視してしまうという欠点も含んでいる。このような連鎖により，既存のスキーマはさらに強固なものとなっていく。もともとスキーマ自体，変化を嫌うものである。但し，スキーマは不変ではなく，ゆっくりと時間をかけて変化していくものである。膨大な数の多様な情報によってスキーマは少しずつ変化し，それに伴い対象の知覚方法も変化していく。

　知覚者がこれまで知覚，経験したことのある情報に基づいてスキーマが形成されることは，スキーマが人それぞれで異なる独自のものであり，ある意味，部分的あるいは，偏った情報の集積になっている可能性を示唆している。この点に関しては，後述の知覚の典型的な誤りで取り上げる。

＜動機づけ状態＞
　対象に対する知覚には，知覚者の欲求，価値観，そして，願望によって形成される「動機づけ状態」の程度が影響してくる。知覚者は，自分が見たい，聞きたい，味わいたいと思っているものを積極的に知覚しようとするものである。例えば，空腹のときに知覚したものが食べ物に見えたり，（某深夜番組のあるコーナーのように）洋楽の歌詞が字幕に表示された日本語のフレーズに聴こえる，といったことがあるが，これは願望や潜在意識が知覚に影響している証である。動機づけの状態は時として歪んだ，不正確な知覚をもたらし，ひいては誤った意思決定を促す場合がある（McClelland & Atkinson, 1948）。つまり，見たいものだけを見，聞きたいものだけ聞けば，偏った情報しか手元に集まらなくなり，判断が偏る可能性がある。潜在的な願望や思い込みなどの動機づけの状態によって生じる知覚の誤りを，「選択的知覚」と呼ぶ（後述）。

第2章　組織における意思決定に対する「個人特性」の影響

<感情>

　知覚者の「感情（affect, emotion, mood）」や「気分（feeling）」も業務における知覚に影響する（Thoresen, et al., 2003）。今日は気分が良いから世界がバラ色に見える、というのは大げさだが、我々は相手の機嫌や顔色を見てものを言うことが多いのは、相手の気分によって反応が異なることを、経験上知っているからである。実際、幸福感を抱く人は対象を肯定的に、悲壮感を抱く人は否定的に知覚するといったように、「感情一致モデル：mood-congruent model」と呼ばれる、感情と一貫した知覚が行われる傾向が明らかにされている（Bower & Forgas, 2001）。例えば、笑顔1つをとっても、機嫌がいい人にとっては親しみや協力的と知覚されるのに対して、機嫌が悪い人にとっては嘲笑や冷笑と知覚される。

　感情と一口に言っても誰もが経験しているように多様である。不機嫌、怒り、不安、悲しみ、あるいは、上機嫌、喜び、安堵、楽しみなど、枚挙にいとまがない。これら感情が知覚や意思決定に及ぼす影響を分析するために、多くの研究では感情を肯定的なものと否定的なものに大分している。怒りや不安、悲しみといった感情を抱いている場合は否定的感情状態（negative affect state）といい、喜びや安堵、楽しみを抱いている場合は肯定的感情状態（positive affect state）という。

　知覚に感情がどのくらい影響してくるかは、知覚対象にかなり依存する。知覚対象が極めて曖昧で複雑、不確定要素が多い場合には、人はさまざまな事柄を推測しながら知覚を行う必要があるため、感情が介入しやすい。一方、知覚対象が単純で明快、不確定要素が少ない場合には、ほぼ機械的に解釈を与えられるため、感情はあまり介入しない（Forgas, 1992; 1995）。企業においては、主にトップマネジメントが扱う意思決定問題は複雑で未知なものが多いことから、知覚時に感情が影響しやすい。これに対して、主にロワーマネジメントが扱う意思決定問題は明確で定型的なものが多いことから、知覚に感情が影響することは稀である。

第3節　知覚・認知と帰属

(ii) 知覚対象の特性
＜曖昧性＞
　知覚対象の特性（**図表2-7**）のうちの「曖昧性（ambiguity）」とは，知覚対象が不鮮明で明確に定義づけできない場合を示す。知覚対象の曖昧性が高い場合には，当然のことながら知覚者は正確に知覚することが困難であり，また複数の知覚者間で異なる知覚が行われる原因にもなる。例えば，取引先に納期を依頼する際に，「できるだけ早く」との表現と「2日以内」との表現では，前者の方が曖昧であり，2日以内に納品されるかどうかあやふやで，トラブルが生じる原因にもなりかねない。あるいは，近年，重大な社会問題となりつつある"セクハラ"や"パワハラ"などさまざまなハラスメントに対して，その認定基準が実は曖昧であることが問題の1つと指摘される。明確な基準を設けて防止策を講じる必要がある（【ケース16：知覚対象の基準明確化の必要性】）。

【ケース16：知覚対象の基準明確化の必要性】
うつ病や自殺，労災基準見直し，負荷判断項目追加，「ひどい嫌がらせ」など。
　厚生労働省は19日，うつ病や自殺の労災認定基準を見直すことを決めた。ストレス強度の評価項目を現状の31項目から43項目に増やし，「ひどい嫌がらせ」「違法行為の強要」などを追加する。同日の専門家検討会が了承。来年度から新基準での認定を始める。
　都道府県労働局の労災認定では，うつ病などの精神疾患や自殺が，業務上の心理的負荷が原因かどうかを精神科医3人による合議で決定。その際，従来は「病気やケガ」「重大なミス」「仕事の内容の変更」「セクハラ」などの具体的な出来事の有無を判断材料に，総合判定で弱，中，強の3段階に分類。強の場合，労災に当たるとしている。
　同省は新たな判断基準として▽多額の損失を出した▽ひどい嫌がらせやいじめ，暴行を受けた▽非正規社員であることを理由に差別や不利益扱いを受けた――など12項目を追加。総合判定の方法も明確化し，「職場の現状に沿った労災認定ができるようになる」（同省労災補償部）としている。

（出所：2009/03/20, 日本経済新聞）

第2章　組織における意思決定に対する「個人特性」の影響

＜社会的地位＞
　知覚対象の「社会的地位（social state）」とは，社会や企業・組織における実際の，あるいは，知覚者が知覚した，知覚対象の地位，位置づけのことである。特に対人知覚において，多くの人々は，社会的地位の高い人に対して，賢明で，信用でき，知識があり責任感のある行動をとると知覚する傾向がある。組織ではしばしばこれを利用して，あるメンバーに高い地位を与えることで，組織の内外に対して重要な位置にあることを強調し，信頼を得ようとする。逆に，たとえ膨大な知識や幅広い経験の持ち主であっても，社会的地位が高くない故に信頼されないケースもある。当然のことながら，社会的地位と知覚対象の能力は常に比例関係にあるわけではないが，現実的には多くの人が社会的地位に影響を受けて知覚をする傾向があることが，社会的地位が重視される理由の1つである。社会的地位という1つの側面が対象全体の評価を決定づける傾向は，「光背効果（ハロー効果）」と呼ばれる知覚の誤り（後述）として知られている（【ケース17：社会的地位の悪用】）。

【ケース17：社会的地位の悪用】
詐欺の元社員に実刑，福岡地裁判決。
　架空の株式投資話を持ち掛け，顧客から約2億円をだまし取ったとして，詐欺罪に問われた大和証券北九州支店の元社員に，福岡地裁小倉支部は30日，懲役5年6月（求刑懲役7年）の判決を言い渡した。
　裁判官は判決理由で「大手証券会社の社会的地位と信用を悪用した犯行は，計画的で悪質」などとした。
（出所：2001/01/31，日本経済新聞西部朝刊　一部抜粋）
（下線は筆者が加筆）

「社会的地位悪用」裏口入学詐欺の元指揮者に懲役2年判決-大阪
　私立大学医学部への裏口入学を斡旋すると偽って受験生の親から現金をだまし取ったとして，詐欺罪に問われた元指揮者の判決公判で大阪地裁は20日，懲役2年（求刑・懲役3年）の判決を言い渡した。
　判決によると，元指揮者は2005年10月から06年2月にかけて，医学部への入学を希望する受験生の親に裏口入学を斡旋すると偽り，3回にわたり計約

2,000万円をだまし取った。

裁判官は「元指揮者という社会的地位を悪用して被害者を信用させており悪質。被害は多額だが弁済もされていない」として判決を下した。

(出所：2009/01/20，財経新聞　一部抜粋，加筆修正)

(下線は筆者が加筆)

<印象管理>

知覚対象による「印象管理（impression management）」とは，知覚対象が人である場合，その知覚対象者が知覚者の知覚や自分に対する印象をコントロールする試みである。知覚者が主体的に知覚対象を捉えようとするのと同じように，知覚対象者も自分がどのように知覚されるかを主体的にコントロールできる（Leery & Kowalski, 1990）。特に対人認知（person perception）において，知覚対象者は自分が他者に与える印象を管理することによって知覚者との間に良好関係を築くことができるだろう。自分が人からどのように知覚されるか，人が自分に抱く印象をコントロールできると望ましい。

企業においては，社内で他者に好印象を与えたり，企業として消費者に良いイメージを抱いてもらうことが企業の収益性向上につながる可能性が高い。図

図表2-9　印象管理手法の5つの手法

手法	特徴	例
行動調和	知覚者の行動を対象者の行動に合わせる。	自分の上司は腰が低いので，自分も上司と同じように腰を低くする。
自己宣伝	対象者は知覚者に，自分が明朗であるように見せる。	上司に対して自分の過去の功績や，高い評価を得ている同僚と親しいことを思い出すよう促す。
規範に従う	組織で暗黙的に受け入れられているルールに従って行動する。	自分の仕事は終わっているが，遅くまで仕事を行うのが組織の規範なので，遅くまで会社にいる。
他者を高く評価して褒め称える	知覚者を褒める。むやみに称えるのではなく，タイミングが重要。	部下の揉め事を上手く解決した上司を称える。
一貫的な行動をとる	自分の信念や行動が一貫していることを強調する。言動を一致させる。	誰でも誤りはきちんと正すべきだと強調している課長が，部長の誤りを指摘して正すよう依頼する。

(出所：Snyder, 1977)

第2章　組織における意思決定に対する「個人特性」の影響

表2-9のような同僚や上司，あるいは，部下，そして，顧客や取引先をはじめ社外の人々に対する印象管理手法を参考にするといいだろう。

(iii) 知覚状況の特性

　知覚対象の特性同様，知覚対象が置かれた状況も知覚に影響する。1980年代後半の映画『私をスキーに連れてって』や『彼女が水着にきがえたら』は，ゲレンデやビーチなどでの一目惚れから芽生えた恋を育む内容で，旅先などの非日常的な場所では恋愛が生まれやすいと話題になった。恋が生まれやすいのは，知覚対象（恋愛相手）が普段（日常生活）とは違う特性を備える（スキーウェアや水着を身につけている）と共に，知覚状況が普段とは異なる場所（ゲレンデやビーチ）であることが大きく影響している。いつもとは違う状況で対象を知覚すると，いつもとは違う知覚や解釈を行いやすいため，一目惚れしたり，恋に落ちやすくなったりする。職場での例を挙げると，自分の部下がオフィスにノースリーブと短パンのラフスタイルで現れたならば，部下を不謹慎な者だと知覚するだろうが，休日の会社のイベントに同じようなラフスタイルで現れた時には，不謹慎と思わないはずである。同じ姿（ラフなスタイル）に対して異なる知覚を行う理由は，知覚状況（オフィスかイベントか）が異なるからである。

＜顕著性＞

　知覚状況の「顕著性（salience）」とは，知覚対象が知覚状況において目立つ程度を示しており，当然のことながら，多くの知覚者が一際目立つ対象に注力する傾向がある。"紅一点"というように男性ばかりの中に1人だけ女性がいたり，黒文字の文章の中に赤で書かれた文字があったりといった，異彩を放つものには目が行くものである（Wolman & Frank, 1975）。また，物理的に目立つものだけでなく，初めて見たもの（初対面の人）など新規なものや，他者とは異なる，あるいは，反対の意見を主張している人など周囲から逸脱しているものも顕著性の高い知覚対象となる。知覚対象の社会的地位と同様に，顕著性の高さと知覚対象の能力は常に比例関係にあるわけではなく，目立つ故に優れているとは限らないことに注意したい。対象や対象に関連する情報の顕著性が

影響し、その対象や関連情報を過度に重視してしまうことで時に偏った意思決定を行ってしまうことは、第4章で紹介する利用可能性ヒューリスティックと一貫した傾向である。

(3) 認知スタイル

　対象を知覚し解釈を与えた後に、人はどのように行動するかが次の問題になる。知覚のパターンに伴う行動様式を示すものが「認知スタイル（cognitive style)」である。認知スタイルは、個々人の知的レベルとは異なるものだが、パーソナリティの発達、学習や情報処理に影響を及ぼしてくる。故に、とりわけ教育学分野において児童や生徒の認知スタイルの相違が注目されている。また、認知スタイルは知覚におけるパーソナリティを明らかにする過程で見出されたため、パーソナリティの一環と考えられることもある。ここでは、よく知られている認知スタイルを取り上げる。それぞれの認知スタイルで2つのタイプが挙げられるが、これは人々が2つのタイプのいずれか一方に必ず合致していることを示しているわけではなく、2つのタイプを極とした連続軸上のどこかに位置することを示している。

(i)「場依存型」対「場独立型」

　「場依存型」対「場独立型」（field dependence-independence）はWitkinら（Witkin, et al., 1954）によるパーソナリティと知覚の関係に関する一連の研究を通じて提起されたものである。彼らは、知覚の際には視覚的な場に依存する（場を手掛かりにする）人と、自らの身体や思考に依存する人がいることを見出し、前者を場依存型、後者を場独立型とした。彼らが行った「埋没図形検査（embedded figures test: EFT）」では、複雑図形から単純図形を見つけ出す質問の回答に要した平均時間によって、被験者が場依存型と場独立型のいずれに該当するかを評価した（図表2-10参照）。素早く見つけられる被験者は場独立型に該当し、外的な刺激や視覚的な場の構造に影響されずに、自らで場を再構成する能力が高い。一方、図形を見つけ出すのに多くの時間を要した被験者は場依存型に該当し、他者や外的環境から心理的に分化されておらず、他の情

第2章 組織における意思決定に対する「個人特性」の影響

図表2-10 場依存型_場独立型を調べる「没図形検査」の一例

下記の問題のA～Eの図形は，右にある1と2の図形のどちらに含まれているか。場所も指摘しなさい。　（できるだけ速く解答すること。）

問題　　　　　　　　　　　　　　　正解

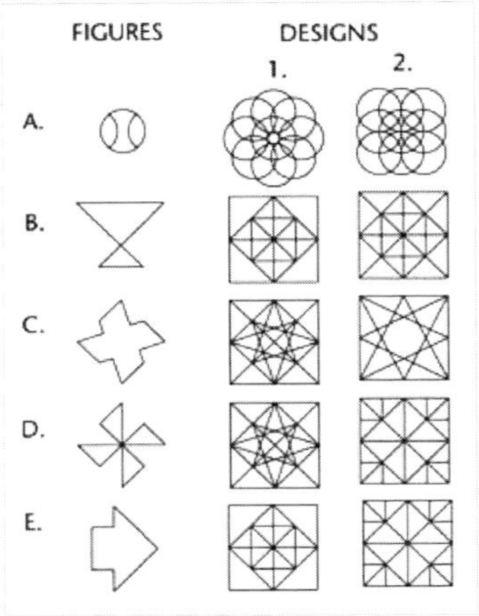

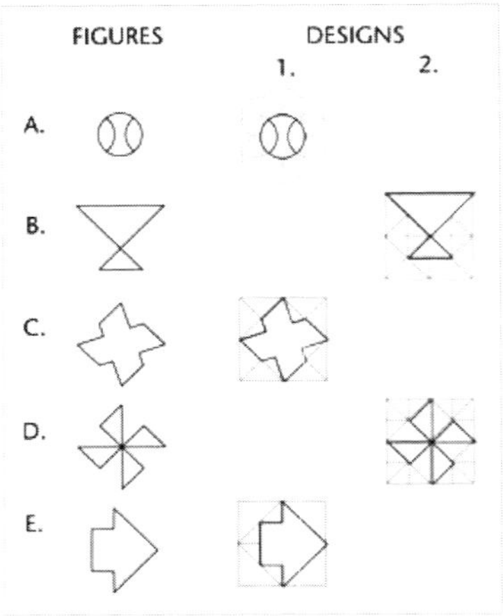

（出所：The Brainwaves® Center　http://www.brainwaves.com）
（2010年4月現在）

報などの知覚状況に大きく影響を受ける傾向がある。

　場依存型と場独立型の情報処理にはそれぞれ以下のような特徴がある。場独立型は未加工の生データを好んで収集し，情報の解釈，処理および決断（代替案の選択）までの時間が短い。また，難しい知覚条件下でも散漫さが少なく正確な情報処理を行う（Witkin, et al.,1962）。知覚対象や周囲の状況を詳細に分析してまとめ上げることができる。一方，場依存型は加工済みの集約的データを好んで収集し，データへの信頼度が高い。また，決断までに時間を要し，知覚状況に影響を受けるために誤った知覚を行ってしまう可能性が高い。難しい知覚条件においては，注意力散漫な傾向が見られ，情報処理の正確性が低い。他人からの支援と手引きを必要とすることから，社会的刺激に注意が行きやすい。多くの場合，場依存型よりも場独立型の方が，知能が高くより正確で優れた知覚を行う傾向がある。

(ii)「熟慮型」対「衝動型」

　「熟慮型」対「衝動型」(reflectivity-impulsivity) はKaganとMoss (Kagan & Moss, 1962) によって提唱された認知スタイルである。彼らは，被験者に「絵合わせテスト (Matching Familiar Figures Test)」を課したところ，反応（判断）が比較的遅いが誤りの少ない被験者と，反応は比較的早いが誤りの多い被験者がいることを見出し，前者を熟慮型，後者を衝動型と呼んだ。文字通り，熟慮型は時間がかかっても構わないので，さまざまなことを幅広く，かつ深く入念に考えて結論を出す傾向がある。一方，衝動型は考えることに時間を費やすことを嫌い，迅速に結論を出したがる傾向がある。主にトップマネジメントが扱う不確実性の高い複雑な問題に取り組む際に，熟慮型と衝動型の違いが表に出るという。実際，熟慮型の者がトップマネジメントに就くケースも見受けられる（【ケース18：熟慮型のトップマネジメント】）。情報処理においては，熟慮型の方がより正確な知覚および処理をする傾向がある。

【ケース18：熟慮型のトップマネジメント】
小糸製作所社長　大嶽隆司氏──熟慮型，海外戦略引っ張る
　1970年代に「ランプの小糸」の礎を築いた大嶽孝夫元社長の長男。「オヤジというより経営者として尊敬する」と敬意を表するが，「市場が右肩上がりの当時に比べ，今の方が経営のかじ取りは，はるかに難しい」。立ち向かう相手は父の後ろ姿ではなく，厳しい市場環境ということは百も承知している。
　社内きっての国際派。83年の米国進出に始まり，東南アジア，中国，欧州と海外戦略を引っ張ってきた。社長就任前は1年の3分の1を海外出張に充て，海外事業を連結売上高の3分の1を占める柱に育てた。
　豊富な海外経験から苦しい立場に追い込まれたこともある。89年の株主総会。中国に初の合弁会社を設けた途端，天安門事件が起きた。「また何か起きたらどうする」と詰め寄る株主に「仮定の質問には答えられない」と返すのがやっと。先の読めない海外事業を率いる厳しさを味わった。
　<u>性格は熟慮型。よく通る声，歯に衣（きぬ）を着せない話しっぷりから「私の下では人材が育たないと言う人もいたようだ」と明かすが，難しい判断を下すときは黒板に課題や意見を書き並べ，納得いくまで部下と議論を重ねる。</u>

（出所：2003/08/09，日本経済新聞　一部抜粋）
（下線は筆者が加筆）

> **阪急百貨店専務執行役員　新田信昭氏——熟慮型，難局に白羽の矢**
>   <u>一貫して営業畑を歩み，現場の従業員や顧客の声を地道に積み上げてから意思決定する熟慮型。時間は掛かっても，自分の信じた考えは曲げず着実に結果を出す</u>。椙岡俊一現社長は「私はトップダウンで即決するが芯がぶれたり方向転換も多い。彼は正反対」と評する。派手さはないが，こうした信頼感から難局を担うトップとして白羽の矢が立った。
>   梅田本店の建て替え工事で，阪急百貨店の集客や売り上げは6年にわたり痛手を被る。「その間も収益を確保するのが(自分の仕事の)最優先課題」。影響を最小限に抑える方策を探り出すため，時には深夜や未明まで会社に残って知恵を絞る。
>   10年前の阪神大震災では当時店長だった川西店(兵庫県川西市)が被災。「自分の家も大変なのに，パートまで売り場を心配して自発的に出勤してきてくれた」と現場の結束の大切さを身にしみて知った。三越の進出や大丸梅田店の増床を控えて競争が一段と激化する今，新社長として本店建て替えという難事業に向き合う。「この数年間を通じて社員も会社も必ず強くなる」と自信をみせていた。
>
> 　　　　　　　　　　　　（出所：2005/03/26，日本経済新聞地方経済面）
> 　　　　　　　　　　　　　　　　　　　（下線は筆者が加筆）

　制限時間のない状況で，熟慮型の人は衝動型よりも回答候補となる代替案を論理的に導き出し，より包括的な見方で問題を捉え，綿密な分析を行い，粘り強く問題に取り組む傾向がある。一方，衝動型の人は，ブレインストーミング（第3章第3節）などのグループディスカッションにおいて，創造力を発揮して素早くアイデアを提案し，場を盛り上げることができる。企業に新しい発想をもたらして次期の収益源を作り出していくためには，衝動型の発言は貴重であると言える。2タイプの成長傾向としては，衝動型から熟慮型に少しずつ移行していくケースが多いようだが，文化的な相違に影響を受けながら変化することが多い。

(iii)「全体型」対「順序型」

　人間とコンピュータの共生（human-computer interaction）の研究において，Packら（Pack, 1976; Pack & Scott, 1972）はさまざまな状況における人々の学習および理解について分析調査を行い，「全体型」対「順序型」（holism-serialism）を提起した。全体型は最初に全体の概要を把握しようとし，情報をひとまとま

りとして知覚し,関連ある情報を一時に全体として捉えて蓄積したり検索する。一方,順序型は情報を単なる項目の系列として断片的に捉え,逐次的に学習して記憶する傾向がある。

情報処理においては,全体型の人はいくつかの目標を満たすことを念頭に置いて,組織内のさまざまな階層に働きかける。また,複数の複雑な情報の関連性を考えながら同時に処理することを好み,情報の重要度を認識すると,トップダウン的な方法で物事を進める傾向がある。比喩や事例や逸話などを通じて知覚した情報を好み,細かい点よりも全体に目をやって把握しようと努める傾向にある。これに対して,順序型の情報処理傾向は,全体よりもむしろ手元にある作業に気を配り,詳細や手順を重視する傾向がある。ボトムアップ的に物事を進めることを好み,狭い範囲内で段階的に情報を処理し,客観的,論理的に物事を知覚しようと心掛けるが,重要な情報を見落としたり,先見の明に欠ける傾向にある (Cegarra & Hoc, 2006; Jonassen & Grabowski, 1993)。

一般的には,順序型よりも全体型の方が効率的で優れていると考えられている。殊に組織やチームの個々のメンバーが生み出した成果を全体として統合させる必要のあるマネジメントは,全体型の認知を行うことが重要だろう。しかし,共に厳格な時間制約がある場合には,全体型の人は根拠なしに結論を出してしまう傾向も指摘されている。"木を見て森を見ず"という諺のように,些末な一面にこだわり過ぎて本質や全体を捉えられないタイプが順序型だろう。しかし逆に,"森を見て木を見"られない全体型にも,詳細で綿密な事柄を把握できないという欠点がある。

因みに,全体型＝右脳型思考／順序型＝左脳型思考と分類されることもある。前者は直観的・感覚的に物事を捉えるタイプであり,後者は分析的・秩序的に物事を捉えるタイプである (Levy, 1974)。物事の緻密な分析には左脳の働きが重要であり、会話等の言語のやり取りには右脳の働きが重要であることも明らかにされている (Brownell, et al., 1997)。

(4) 知覚の典型的な誤り

同じ知覚対象でも人によって知覚・解釈が異なるように,知覚には必ず人の

主観が介在する。人によって多様な主観は，時として誤った知覚をもたらすこともある。しばしば指摘される典型的な知覚の誤りを5つ挙げる。

(i) **ステレオタイピング**

　「ステレオタイピング（stereotyping）」とは，知覚対象を過度に一般化された型（先入観や先行イメージ）に当てはめて一把一絡げに解釈することである（Fiske & Taylor, 1984）。人の性格を4種の血液型のいずれかによって把握したり，アニメや芝居・ドラマで人相が悪いキャラクターを悪役と決めつける，といった具合である。対象を知覚する際に，そのおおまかな特徴を把握する方法としてステレオタイピングは有益であり，真実を突くこともあるが，厳密には粗略な仮説に過ぎない。しかも，知覚者本人が気づかないほど無意識で自動的に行われることが多く，ステレオタイプに合致しない特徴を見出したとしても，それを例外としてサブタイプ化してしまうため，既存のステレオタイプはそのまま保存されてしまう。組織においては，例えば，あるグループ（スポーツに強い大学）に属している知覚対象（学生）を見た時に，知覚者はそのグループに典型的な特徴（多くの学生が体育会に所属）を知覚対象も備えている（体育会学生）と解釈してしまう。知覚対象に一意的な解釈を与えてしまうことは，偏見や差別といった言葉で示されるように，弊害をもたらす場合が少なくない（e.g., Steel & Aronson, 2004）。この傾向は，利用可能性ヒューリスティック（第4章第5節）と一貫する。

(ii) **光背効果（ハロー効果）**

　「光背効果（ハロー効果）（halo effect）」（または「後光効果」）とは，知覚対象がある一側面で望ましい，もしくは望ましくないなどの際立った特徴を備えている場合に，その特徴に関する評価を知覚対象の全体的評価にまで広げて知覚する誤りである（Fisicaro, 1988）。知覚対象に対して印象を抱く際に，対象に関する1つひとつの個別情報よりも，全体を示すような概要情報に目を向ける傾向から来ている。テレビのワイドショーなどで，専門家による専門分野についてのコメントに説得力を感じるのは当然だが，専門分野とは関係ない事件などについてコメントすることもある。この時，一概に「さすが専門家だか

ら良いことを言う」と思うのは，光背効果の現れである。あるいは，例えば上司が部下を見る場合，業績の良い部下は性格や行動面でも高く評価されがちであるのに対して，業績の芳しくない部下は他の面でも問題があるかのように見られやすいこともある。

【ケース19：一事件の波紋】では，ライブドアによる事件（ライブドアショック）の影響で，それまで盛んに行われていた企業合併・買収（Merger and Acquisition: M&A）に対するイメージが悪化し，縮小してしまったことが紹介されている。記事にもあるように，M&A自体は企業の成長，拡大を促す悪い行為ではない。しかし，ある事件をきっかけにイメージが極端に悪くなったことは，人々が光背効果に陥っていることを示唆している。

【ケース19：一事件の波紋】
ライブドア・ショック１年　市場は変わったか（４）M&A，目覚めた大企業。
　新興は停滞，株安も影響
　　新興企業のライブドアがニッポン放送買収劇を繰り広げた2005年が「M&A（企業の合併・買収）時代」の幕開けを告げたとすれば，06年はM&Aが経済界の保守本流である大企業に広がる１年となった。
　　北越製紙に対するTOB（株式公開買い付け）は不発に終わったが，王子製紙の篠田和久社長には今も後悔した様子はない。「持続的成長を考えるとM&Aは重要な手法。原則は友好的手法だが(敵対的TOBも)選択肢として排除しない」と語る。
　　――中略――
　　「M&A自体は悪くないはずなのに」。東京証券取引所へのくら替えを準備していたある新興上場企業の経営者は憤る。数十件に上る同社の過去の買収について「不備がなかったか」を取引所に子細に聞かれたまま数カ月が経過，くら替えを認める言質がなかなか得られなかった。「ライブドア事件の影響で印象が悪い」。計画をいったん断念したのは，M&A戦略には否定的なイメージが強いとみたからだ。
　　　　　　　　　　　　　　　　（出所：2007/01/19, 日本経済新聞　一部抜粋）

(iii) **プライミング効果**

　「プライミング効果（priming effect）」とは，先行刺激（プライム（prime））が後続刺激の知覚や学習に無意識的に促進や抑制の効果を促すことである。平

たく言えば,何かを知覚する際に,直前の情報に影響を受けて次の情報を知覚したり,思い出すことである。有名な例では,「ピザ」という単語を数回言わせ,直後に「ひじ」を指して「ここは？」と尋ねると,多くの人が「ひざ」と答えてしまうひっかけクイズがある。直前のピザという単語に影響されて,誤った答え（情報）を記憶から取り出してしまうのである。未だ科学的に証明されてないと言われる,人の潜在意識を刺激することによりその行動や意欲を操作する手法に「サブリミナル（subliminal）」[12]があるが,これはプライミング効果と一貫したものである。プライミング効果は,第4章で紹介するアンカリング・アンド・アジャストメントヒューリスティックと一貫した現象である。

(iv) 投影

人は誰しも自分でも認めたくないような望ましくない特性を持っているものである。実際,不安や抑うつ,罪悪感や恥といった何らかの不快な感情を抱いたことがない人はいないだろう。そして,人は無意識的にも不快感情を避けたり受け流すことで自分を防衛し,心理的な安定を保とうとする。この防衛機能の一種で,受け入れ難い感情や衝動,観念を自分の中から排除して,あるいは,逆に故意に誇張して,知覚対象（他者など）にあてはめることを「投影（projection）」という（Freud, 1915）。自分は抱いていないが,他者は否定的な考えや感情を抱いていると決めつけることである。例えば,深層心理では昇格を望んでいるが,その望みは満たされそうもないため,"仕事にはやりがいを求めるべきだ"と公言する人がいるとする。この人が残業している同僚を目にすると,その同僚はやりがいを感じながら仕事をしているにもかかわらず,昇格のために残業する嫌な奴だと思い込むことが投影である。あるいは,自分が潜在的に嫌っている上司がいる場合,自分の思いは棚に上げて,その上司が自分のことを嫌っているために,良好関係が保てていないと思うことも投影である。自分が（無意識のうちに）抱いている否定的な考えを他者に映す現象で

---

[12] 視聴者が気づかぬうちに商品などの情報を映像（テレビのコマーシャルや番組）に含ませることによって購買意欲を高める手法は,「サブリミナルアド（subliminal-ad）」と呼ばれる。但し,この手法は人が無意識のうちに何らかのものに操作されてしまう可能性を含むため,テレビ放送では1990年代半ばから使用が禁止されているという。

あることから，投影は人間関係にダメージを与える可能性の高い誤りである。

人間関係に限らず，企業関係においても投影は生じる可能性がある。【ケース20：企業行動に見られる投影】では，楽天とTBSの資本・業務提携交渉が破談に終わったことが記されている。2005年当時，楽天に先駆けて，ライブドアがニッポン放送株の無断取得を行ったが，そのやり方は多方面から批判を買っていた。楽天はライブドアと類似の方法でTBS株を取得したため，楽天自身，ライブドアと同様に相手企業に受け入れられないことを想定しただろう。このような楽天が抱いたマイナスの感情は，反対にTBSが自分たちに対してマイナス感情を抱いていると知覚させた，つまり投影を促したと考えられる。反対にTBS側も，当初から他社との合併や提携は想定しておらず否定的だっ

【ケース20：企業行動に見られる投影】
楽天，TBSに株買い取り請求，攻防3年半，無念の退却

　楽天は31日，保有するTBS株の買い取りをTBSに請求することを決めた。2005年10月に株式を大量取得して以来，「放送とネットの融合」を掲げて交渉を進めてきた資本・業務提携を断念。1,200億円を投じた3年5カ月の攻防は，三木谷浩史楽天社長の敗北で決着した。

——中略——

　株式取得以来，楽天は「放送と通信を融合した新たなビジネスモデルが急務」と激しくTBSに迫ったが，壁は厚い。真剣に交渉に応じない相手に，三木谷社長は「あかんわ，あれは」と本音を漏らす場面もあった。

——中略——

　TBSとの提携は頓挫したが，楽天はテレビを積極活用する姿勢を変えていない。ケーブルテレビや地方局との連携を模索し，今月からはテレビ通販大手のショップチャンネルと組み，初の冠番組をテレビと楽天市場のサイトで同時放映する。

　もっとも，これらの取り組みは，力ずくでTBSを取り込もうとしたかつての手法とは大きく異なり，地道に販路を広げていくオーソドックスな方法といえる。ネット通販国内トップのプライドを持ちながら，身の丈に合った経営で足場を固める。TBSとの攻防が楽天に残したものは，「本業回帰」の重要性の再認識といえるかもしれない。

（出所：2009/04/01，日経産業新聞　一部抜粋）

たため，そのマイナス感情を楽天に投影し，相手は友好的な折衝を行うつもりはないだろうと思い込んでいたのではないか。つまり，両社とも，相手に対して抱いていた不信感を相手に投影させたことが，このような結果を招いた一因であったと思われる。

(v) **選択的知覚**

　我々は，喧騒の中で隣にいる人と話ができたり，誰かが呼んだ自分の名前を聞きとることができる。"カクテルパーティ効果（cocktail party effect）"と呼ばれるこのような聞き分け能力は，人が多くの情報の中でいくつか特定の情報に意識を払う「選択的注意（selective attention）」を行うことができるからである（Cherry, 1953）。便利な能力である反面，無意識のうちに自分のスキーマや動機づけ状態（願望）と一貫した情報ばかりに注意を払ってしまうこともしばしばある。選択的注意から派生した，複数の情報の中から自分が知覚したい情報だけを知覚する傾向は「選択的知覚（selective perception）」と呼ばれる，一種の知覚の誤りである（Bruner & Postman, 1949; Hastorf & Cantril, 1954）。自分の欲求や期待に従って対象を知覚して解釈を歪ませてしまう誤りであり，自分の都合のいいように物事を知覚，解釈してしまう現象である。

　ここで紹介した一連の知覚の誤りの特徴は**図表2-11**のようにまとめられる。具体的な例を思い浮かべながら，それぞれの誤りのタイプについて理解を深めることが望ましい。

図表2-11　知覚の誤り

誤りのタイプ	特徴
ステレオタイピング	ある先入観によって，一般化された型に当てはめて対象を知覚すること。
光背効果	知覚対象が持つ望ましい（望ましくない）一面を，対象の全体評価に反映させること。
プライミング効果	（無意識的にも）知覚の直前の情報の影響を受けて，知覚対象を解釈すること。
投影	自分にある否定的感情を払拭するために，知覚対象が否定的感情を抱いていると知覚すること。
選択的知覚	自分の動機づけ状態，願望に沿った知覚をすること。

(5) 帰属理論

　人は知覚対象に解釈や意味を与えようとするわけだが，解釈や意味づけだけでは対象を理解することができない場合がしばしばある。例えば，同僚が勤務時間中に仕事もせずにデスクに伏せっていたならば，伏せっているという事実を知覚するだけでなく，何故伏せっているのかといった理由も考えるだろう。この"何故"という問いに答えるために，人が知覚対象の原因を推論し，説明することを「帰属（attribution）」といい，帰属に関する一連の理論を「帰属理論（attribution theory）」という。

　人は本質的に，自分や他者の行動の原因を説明したい，知りたいと思っているものである。説明のつかない行動は腑に落ちず不快に思うものであり，何とか理由を探って不快感を取り除こうとする。帰属理論とは，このような不快感をなくすために，知覚対象者の現状の原因を推論し説明する過程，そして，原因推論を通じて知覚対象者の内的な特性・属性を推論し，説明する過程に関する諸理論である（Heider, 1958; Kelley, 1967）。多くの企業では，上司が部下の仕事の様子や成果を評価して人事考課を進めるが，部下は上司が何故自分をそのように評価したのか，評価基準を明示してほしいと思うようである。なぜならば，上司による自分に対する評価の理由を知ることで，上司が自分をどのように見て，何を期待しているかが理解でき，それを踏まえて次期の仕事のやり方を考えたり，モティベーション向上を促すからである。ここに帰属理論の重要性が見えてくる。

　人は一般的に，他者の行動の原因を，内的原因か外的原因のいずれかに帰属する。内的原因への帰属は「内部帰属（internal attribute）」，外的原因への帰属は「外部帰属（external attribute）」と呼ばれる。

　内部帰属とは，知覚した他者の行動原因はその人のパーソナリティ，能力ややる気にあり，行動の評価，あるいは，責めはその人自身が負うものと考えることである。自分の部下の成果が芳しくない原因を内的帰属する場合，①部下の能力がもともと低い，②部下はMBTIの思考型のパーソナリティであり，熟考のために時間がかかりなかなか成果が上がらない，③部下はモティベーションが低い，といったように考える傾向がある。

一方，外部帰属とは，他者の行動原因はその人がコントロールできない外部要因によるものと考えることである。具体的には，①意思決定の問題自体が難しい，②たまたまツイていた（いなかった），といった具合である。例えば，飛び込み営業で訪問した企業の担当者がたまたま自分と同じ大学出身で，意気投合できて契約に漕ぎつけたり，悪質なクレーマーによる法外な要求の対応を迫られたり，といった場合は，本人自身が直接的にこのような事態を招いたとは言い難いだろう。知覚対象者の行動原因を内部と外部のいずれに帰属させるかは，その知覚対象者の次の行動に影響するため，とても重要になる。特に企業では，上司が部下を評価する際や，取引先や顧客とのやり取りの際に誤った原因帰属をしてしまうと，帰属結果が相手の名誉や感情を傷つけたり，モティベーションや信用を損なう可能性もあるため，十分に注意を払う必要がある。

他者の行動だけでなく，自分の行動に対する知覚および帰属も行われる。自分の行動原因を何に帰属したかは，その後の行動にも影響する。例えば，仕事で失敗し，その原因は自分の能力不足によると内的要因に帰属した社員は，自分の能力の低さを上司に知られて評価を下げられたくないために，今後は同じタイプの仕事を避けたりする。あるいは，自分のモティベーションの低さに原因を帰属した場合は，今後はさらに努力を重ねて精進することもある。反対に，自分はたまたまツイていなかった，あるいは，仕事の内容が自分には難し過ぎると外的帰属を行った場合には，何の対処もせずに流してしまうこともある。特に失敗原因を自分以外の原因に帰属した場合には，自省の念に駆られることなく，また自分の努力不足を悔やんだりしないため，同じような失敗を繰り返してしまう可能性がある。本章第2節で紹介したパーソナリティ特性の1つに，自分自身をどのように捉えるタイプであるかを示す「統制の所在」があった。自分の行動原因の帰属は，自分自身（の行動結果）の捉え方であることから，統制の所在と自分の行動帰属は一貫することが多い。

行動原因を内部と外部のいずれに帰属させるかは，その行動やそこから生じた結果に対して本人がどの程度責任をとるかを決めるための重要な要素となる。例えば，運や仕事の容易さといった外的要因によって利益をあげた部下に対して，上司が成果の原因を部下の能力といった内的要因に帰属したならば，この部下は他の人々より能力が低いにもかかわらず高く評価される結果となっ

てしまう。そこで，帰属の原因を見極めるための基準が必要になろう。**図表2-12**にある①〜③の3点の度合いによって，行動原因を内的要因と外的要因のどちらに帰属すればいいかが分かる（Kelley, 1980）。

　一貫性が高い，あるいは，同意性と弁別性が低い行動を知覚した場合には，その原因は得てして内的要因にあり，反対に，一貫性が低い，あるいは，同意性と弁別性が高い場合には，その原因は外的要因にあるものである。また，各側面の程度が混在している場合（例えば，一貫性と弁別性が高く同意性は中位），内的要因に帰属する傾向がある。一連の研究から，一般的に，多くの人は他者の行動の原因を内部要因に帰属して過大評価し，外部要因の影響を過小評価する傾向があることが分かってきた。このような傾向は「根本的帰属の誤り」（後述）と呼ばれている。

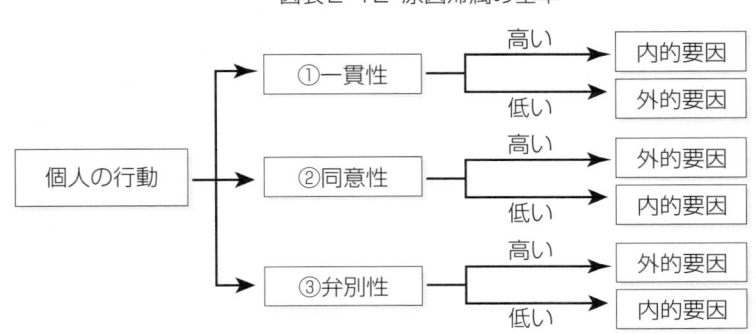

図表2-12　原因帰属の基準

個人の行動
- ①一貫性　─　高い → 内的要因
　　　　　　　低い → 外的要因
- ②同意性　─　高い → 外的要因
　　　　　　　低い → 内的要因
- ③弁別性　─　高い → 外的要因
　　　　　　　低い → 内的要因

①一貫性：時間を超えても，同じ状況下で同じ方法で行動する程度。
　　例1：部下はいつも昼休みの時間が過ぎてからデスクに戻る。
　　例2：自分はいつも，指示された時間内に仕事を終えることができない。
②同意性：他の人が同じ状況下で同じ方法で行動する程度。
　　例1：部下の周囲全員が，昼休みの時間を過ぎてからデスクに戻る。
　　例2：同僚も時間内に仕事を終えていないようである。
③弁別性：他の状況下で異なる行動をとる程度。
　　例1：部下は毎日昼休みの時間が終わってからデスクに戻るが，出社時間に遅れることや退社時間前にデスクを離れることはない。
　　例2：別の仕事ならば，速く終えることができる。

(6) 帰属の典型的な誤り

　自分や他者の行動の帰属とその後の思考や行動には関連性があるが，このことは，誤った帰属を行うことによって誤った行動が促されることを示唆している。知覚対象の帰属をなるべく正確に行うことが望ましいわけだが，知覚における典型的な誤りが生じるように，帰属の誤りが生じることもしばしばある。

(i) 根本的帰属の誤り

　一般的に，多くの人は他者の行動の帰属において，内的要因を過大評価し，外的要因を軽視する傾向がある。つまり，他者の内面を過度に重視し，周りの状況の影響力を考慮しないのである。これを「根本的帰属の誤り（fundamental attribution error）」という（Harvery & Weary, 1984; Heider, 1958）。同僚が風邪をひいた時に，気候の変化のせいではなく健康管理ができていないからと考えたり，部下が遅刻してきた時に，電車の遅延ではなく寝坊だと考える場合である。この誤りが生じる場合，例えば部下の仕事の成果が低いと知覚した上司は，それが仕事の難易度や量といった外的要因によるものではなく，部下の能力の低さといった内的要因に帰属する傾向がある。逆に部下からみると，自分を叱る上司を知覚した時に，夫婦喧嘩をした，あるいは，上司自身の上司からプレッシャーがかかっているといった外的要因ではなく，上司が部下（自分）を正当に評価できない，上司の管理能力が低いといった内的要因に帰属する傾向がある。**図表2-12**にあるように，内的，あるいは外的要因への帰属には，一貫性，同意性および弁別性といった基準が目安になる。だが，他者の行動に対しては，得てしてその人自身に原因を帰してしまう傾向がある。

(ii) 自己奉仕バイアス

　根本的帰属の誤りは他者の行動に対する帰属の誤りだが，自分自身の行動，特に自分の成功と失敗の帰属に誤りが生じることがある。何かうまくいった時，その理由は自分自身の功績（スキルが高い，努力を重ねた等）によるものと考え，失敗した時は自分以外のこと（仕事が難し過ぎると，ツイていなかった等）が原因と考えるのではないか。当然と思うかもしれないが，実は「自己奉仕バ

イアス（self-serving bias）」と呼ばれる偏った帰属である（Miller & Ross, 1975）。「バイアス（bias）」とは，"偏り"という意味であり，とりわけ自分に対して偏った奉仕（サービス）をする，つまり自分に都合よく解釈することである。「自分に限って，（悪いことや間違いは）あり得ない」，「自分だけは（根拠はないが）特別」と思い込んでしまうため，大きなトラブルのもととなることがある。例えば，昇進したいと思っている時に，自分の上司が自分の同僚を昇進させた場合，本人はどのように考えるだろうか。自己奉仕バイアスに陥ると，自分ではなく同僚が昇進した原因は，上司による不公平な評価であったり，同僚が上司に不当な働きかけをしたと思い，自分の努力や能力のせいだとは思わなくなる。失敗の原因が自分にあると自省できるのは，自分が努力を重ねたり，今後，事が上手く運ぶ段取りがついたり，将来のことをある程度コントロールできると思える時である（Fiske & Taylor, 1984）。また，自己奉仕バイアスは，自分自身に関する帰属に限らず，自分の配偶者（恋人）や自分の勤める会社など，自分が"身内"と感じる対象に対しても生じる。つまり，自分の身内に関連する良いことは身内自身の功績であり，悪いことは周りに原因があると考える。

　ここ数年急増している"振り込め詐欺"犯罪に対して，さまざまな機関やメディアで消費者に注意を呼びかけているにもかかわらず，被害数はなかなか減少しないと報じられている。その１つの原因に，自己奉仕バイアスが挙げられよう。多くの人が，まさか自分に限って騙されるはずはない，自分だけは大丈夫と思い，振り込んでしまうのである（【ケース21：自分に限って…】）。

【ケース21：自分に限って…】
振り込め詐欺:「自分は大丈夫」7割ーー県警の被害者アンケ　　／青森
◇「思った以上に巧妙，悪質」
　振り込め詐欺の知識があって「自分は大丈夫」と自信を持っていながら，被害者の多くが事件に巻き込まれている実態が，県警の振り込め詐欺被害者アンケートで浮き彫りになった。県警生活安全企画課は「被害者が思っている以上に，手口が巧妙で悪質なのが分かる」としている。
　アンケートは１～７月，県内の被害者94人を対象に行い，78人が回答した。

> 　振り込め詐欺を「知っていた」のは74人で，全員が「自分が被害に遭うと考えたことはなかった」と答えた。理由は「自分は大丈夫との自負」が74.3％で，次いで「だまされにくいタイプ」（10.8％）だった。「冷静沈着な性格」「振り込め詐欺の知識が豊富」と回答した人もいた。
> 　同課によると，今年に入り9月末までの振り込め詐欺の被害者は124人で，被害総額は1億2,455万円。昨年同期より47人，5,860万円増えた。このままいけば，最大の被害を記録した04年の147人，2億1,800万円を超えるとみられ，同課は「心に響く被害対策を強化していきたい」としている。
>
> （出所：2008/10/28，毎日新聞地方版　一部抜粋）
> （下線は筆者が加筆）

(iii) 行為者＝観察者効果

　「行為者＝観察者効果（actor-observer effect）」とは，上記「根本的帰属の誤り」と「自己奉仕バイアス」が組み合わさったもので，同じ行動にも関わらず，他者の場合にはその原因は内的要因にあり，自分の場合は外的要因に原因を帰する誤りである（Jones & Nisbett, 1972）。つまり，「自分に甘く，他人に厳しい」である。人には，自分の周りの状況（条件）が自分に影響すると考える傾向がある。加えて，自分が直接味わったり被った事柄の印象は強く感じるものだが，他者が周りの状況から受ける影響はあまり想像しない（できない）傾向がある。この2つの傾向が相俟って，行為者＝観察者効果による帰属の誤りが生じる。故に，当然のことだが，他者の気持ちを考え，相手の立場に立って行動することが大切であり，またそのような人が高く評価される。

　ここでは3つの帰属の誤りを紹介した（**図表2-13参照**）が，何故これら帰属の誤りが生じてしまうのだろうか。その理由を3つ挙げることができる（Nisbett & Ross, 1980）。1つ目は，対人知覚の際に，人は知覚対象（者）そのものばかりに着目してしまうからである。知覚者は知覚対象の特徴や動き（行為）を理解しようと対象を知覚し帰属するわけだが，その原因が対象そのものにあるとは限らないことに留意する必要があろう。2つ目の理由は，1つ目の理由の裏返しだが，知覚対象の周囲の状況に目が行かない，あるいは，気づかないという知覚者の認知能力の制約がある。対象自体を知覚しているため，まさかその周りの事柄が知覚対象の行動を決定づけているとは思わないのであ

図表2-13 帰属の誤り

誤りのタイプ	特徴
根本的帰属の誤り	他者の行動の原因を内的要因に帰し，外的要因を軽視すること。
自己奉仕バイアス	自分や自分の周りの人（もの）の成功原因を内的要因に，失敗原因を外的要因に帰すこと。
行為者＝観察者効果	同一の行動にも関わらず，自分の行動の原因を外的要因に，他者の行動の原因を内的要因に帰すこと。

る。3つ目の理由は，人は潜在的にも，自尊心を傷つけたくない，自分を守りたいという動機づけを持っているからである。成果の上がらない部下の業績評価を行う上司は，まさか自分の指導力や部下評価能力が低いとは思わないものである。そこで，特に人事考課などの対人認知の際には，帰属の誤りが生じる可能性を念頭に置くことが望ましいだろう。

第4節　態度・感情

(1) 態度とは

　先にパーソナリティについて取り上げたが，実際，パーソナリティと態度を明確に区別することは難しいとも言われている。上司が仕事以外のことで訳もなく自分を叱った時に，神経質性が高いという上司のパーソナリティによるものか，それとも自分を嫌いだという態度によるものか，判断つきかねることもあるだろう。しかしいずれにせよ，パーソナリティや知覚同様，態度も組織の人々の行動に影響を及ぼす要因の1つである。

　「態度（attitude）」とは，「関連するある特定の対象（物・人）や状況に対する個人の反応に対して直接的かつ力動的な影響を及ぼす，経験に基づいて組織化された神経的（準備）状態」のことである（Bem, 1970）。より一般的には，対象に対する好意的，あるいは，非好意的な評価（好き・嫌い），および対象

に対する反応と言える。パーソナリティなどと異なる点は、態度はある特定の対象に抱く心的要因という点である。

　態度の特徴としては、①合理的に一貫している、②ある特定の人物や物事、アイデアに対して抱く、③ある対象に対する態度と行動には関連性がある、といった点が挙げられる。①については、例えば、今日ジャズ音楽が好きな人は、好きでなくなる決定的な理由がない限り、明日も恐らく好きであるというように、比較的一貫したものである。他方で、態度はパーソナリティと比較してより変化しやすいものでもある。これまではジャズ音楽が好きだったが、音楽を聴いている時にとても嫌な出来事が起きた場合、ジャズ音楽を聴くと嫌な出来事を思い出すので嫌いになることもあり得る。つまり、一貫している一方で、変化しやすいものが態度である。②については、態度は、例えば、"あの上司"、"コピー取り業務"、あるいは、"同僚が提案した企画案"といった特定の人物や物に対して抱くものであるため、"あの上司"に対する嫌いという態度が理由で、別の、あるいは、全ての上司に対しても同じ態度を抱くことはない。つまり、ある対象に対する態度が別の対象に対する態度に拡張ないし伝染することは滅多にない。③については、ジャズ音楽に対して抱く"好き"という態度が、ジャズクラブに行ったり、ジャズ音楽のCDを買ったりという行動を導くことを示している。あるいは、コピー取り業務に対する"嫌い"という態度が、仕事を休んだり手を抜いたりする行動を招くわけで、もしその人がコピー取り業務に励むようになった、つまり行動が変化したならば、それはその業務に対する態度も変化した可能性を示唆している。

　社会心理学の研究において、態度は「建物における中心的な石柱」（Allport, 1954）と称されるほど、人を理解する上で重視されてきたが、その主な理由は2つある。第1に、少なくとも民主的な社会では、人々は自分の態度について多く語るからである。同時に、他者の態度についてもよく尋ねる。例えば、映画鑑賞後に連れに発する最初の言葉は「（映画）どうだった？」である場合が少なくない。あるいは、内閣府による、消費者の景気に対する意識を把握する指標が「消費者態度指数」と呼ばれるように、態度がここでも注目される。

　第2に、人の行動は態度に影響を受ける場合が多いため、態度を把握することによって人々の行動をある程度予測できるからである。簡単に言えば、人の

好き嫌いがあらかじめ分かれば，その人がどのような行動に出るか，推測できる。逆に，人の行動を変化させたいと思うならば，その人の態度を形成する要因を探り，態度を変える試みから始めるべきだと言える。但し，同時に，我々の行動は動機づけ状態や状況などの態度以外の他の要因にも影響を受けるため，自分の態度だけで行動を決めかねる場合もある。例えば，恋人とデートしたいと思っても（＝好きという態度），宿題や課題が山ほど残っている（＝状況要因）ために行けない（＝行動）こともあるだろう。第2の理由のように，態度が行動に影響することに関しては，**図表2-14**の概念図として示すことができる。

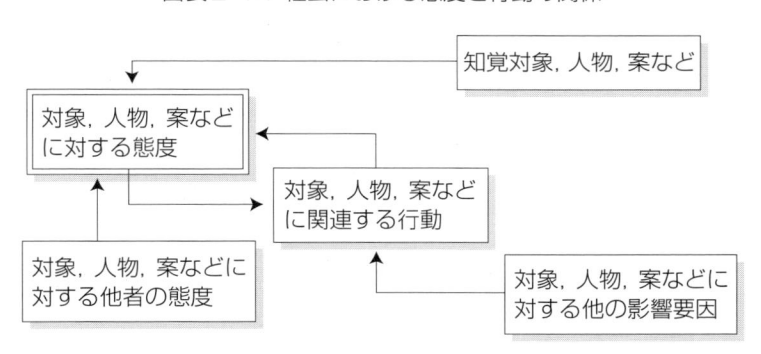

図表2-14 社会における態度と行動の関係

```
                    ┌─ 知覚対象，人物，案など
                    ↓
  ┌──────────┐
  │対象，人物，案など│
  │に対する態度    │←──┐
  └──────────┘    │
        │        ┌──────────┐
        └───────→│対象，人物，案など│
                 │に関連する行動   │
  ┌──────────┐ └──────────┘
  │対象，人物，案などに│  ↑
  │対する他者の態度   │  │  ┌──────────┐
  └──────────┘  └──│対象，人物，案などに│
                       │対する他の影響要因 │
                       └──────────┘
```

（2）態度形成

態度がどのように形成されるか（態度形成；attitude formation）を理解することは，業務上の意思決定に態度がどのように反映されるかを知る初めの一歩である。仕事に対する満足度や，組織に対するコミットメントといった，仕事に対する態度（work attitudes）を形成する重要な要素として，①認知的要素（cognitive component），②感情的要素（affective component），③行動的要素（behavioral component）が挙げられる（Katz & Stotland, 1959; Fishbein & Ajzen, 1972）。

①認知的要素とは，人々が直接知覚した対象（人，代替案）に関する情報に基づいて態度が形成されることである。同じ対象でも知覚者，対象および状況の特性によって解釈が異なることから，異なる知覚を経て形成される態度も，自ずと人によって異なるものである。つまり，知覚の前提となるスキーマや動機づけ状態などの影響を受けて知覚が行われ，対象に対する態度を抱くようになる。②感情的要素とは，対象に対する喜怒哀楽などの感情が態度を形成することである。勤めている会社に肯定的な感情を抱くが，仕事に対しては否定的感情をもつとか，同僚には好意を抱くが，上司は煙たいといった一時的な感情の積み重ねが態度を形成し，その人の行動に反映されることが多い。しかも，淡い好意または嫌悪よりも，強い好意または嫌悪のように，その度合いが強い方が，より強く行動にも反映される。③行動的要素とは，ある対象に対して行動を起こそうという意図が態度を形成することである。また，実際に行動に移したこと自体，あるいは行動内容から，対象についての態度を抱くようになることもある。態度は，多くの場合，人々の内面に保持され，時には自分が抱いている態度を認識していない場合もある。特にこのような時に，自分の行動を振り返ると，実はある対象に対する態度が改めて認識されることがある。

　これら3つの要素が互いに，そして，複雑に影響を及ぼし合いながら態度が形成されていくわけだが，さらに態度形成に影響してくる要素として，「価値観（value）」や「信念（belief）」がある。価値観とは，物事を評価する際の基準となる考え方であり，"正しい"，あるいは，"誤っている"という正誤，可否の感覚を反映するものである。態度よりもより一般的なもので，特定の対象に抱くものではない。"全ての人々に平等な権利を！"とか，"一所懸命に働けば成功する"などの表現の根拠となるものである。例えば，"経済的な富"に価値があると考える人は，相応の報酬が得られる仕事に就くことを重視するだろうし，"家族との団欒"に価値を置く人は，休暇の取りやすい会社で働くことを望むだろう。価値観が定まると，次に価値観と一貫した信念が形成される。信念とは，態度の中の思考部分と言われており，対象に対する"好き"とか"嫌い"ではなく，確固とした認識，考え方である（Fishbein & Ajzen, 1972）。"信念を持って行動する"という場合は，行動に先駆けて自分の明確な考えが定まっていることを示している。但し，信念は常に客観的事実を反映した正しいも

のというわけではなく，それぞれの人が独自の信念を抱いていることから，誤っている，あるいは，偏っている場合もある。日々の生活や仕事の中での見聞や体験が価値観や信念に影響し，これらの要素の総合的な影響を通じて態度が形成される（**図表2-15**参照）。

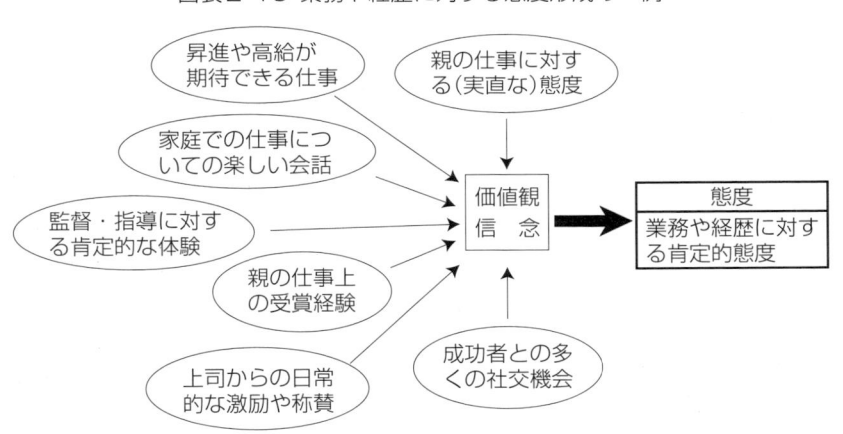

図表2-15　業務や経歴に対する態度形成の一例

```
昇進や高給が          親の仕事に対す
期待できる仕事        る（実直な）態度

家庭での仕事につ
いての楽しい会話
                    ┌─────┐      ┌─────────┐
監督・指導に対す  →  │価値観│  ⇒  │  態度   │
る肯定的な体験       │信 念│      │業務や経歴に対す│
                    └─────┘      │る肯定的態度│
        親の仕事上                └─────────┘
        の受賞経験

上司からの日常        成功者との多
的な激励や称賛        くの社交機会
```

（3）態度と認知の関係（態度一貫性と認知不協和）

　これまで見てきたように，態度は知覚・認知や感情と無関連の独立的なものではなく，人の欲求，知覚や行動と一貫したものと考えることができる。例えば，仕事に対して好意的な態度を持つ人は仕事をしたいという欲求を持ったり，仕事に関連する事柄を好意的に知覚して積極的に仕事に取り組む，というように，態度と認知，そして，行動は，言わば"ひとまとまり"になって同じ方向を向くことが多い。

　対象に関連する知覚や感情，態度が関連かつ一貫しているのは，人は元来矛盾を嫌い，潜在的にも同じ対象に対しては一貫した知覚や態度を持ち，バランスを保ちたいと思うからである。このような人の欲求の体系化を図る一連の理論は「認知的斉合性理論（cognitive consistency theory）」と呼ばれる。その

第2章　組織における意思決定に対する「個人特性」の影響

代表はハイダー (Heider) が提唱した「バランス理論 (balance theory)」(Heider, 1946; 1958) とフェスティンガーが提起した「認知不協和理論 (cognitive dissonance)」(Festinger, 1957) である。バランス理論は自己 (p) と他者 (o) と事象 (x) のハーモニーを扱うため，「p-o-x 理論」とも呼ばれる。人は複数の対象間の関係が均衡状態にあることを好むもので，もしバランスが崩れたならば不快な緊張状態に陥ってしまう。(p) と (o) と (x) の関係は，符号（正または負）で定義される。例えば，"自分が好意的に思っている同僚が自分よりも先に昇格した"という状況を考えてみる。"自己 (p)" と "同僚 (o)" と "昇格 (x)" の間には，①正の心情 ($p \rightarrow o$)；好意的，②正の単位 ($o \rightarrow x$)；昇格できた，③負の心情 ($p \rightarrow x$)；まだ昇格できずに不満，の3つの関係が生じる（**図表2-16**参照）。

ハイダーは，3つの関係が全て正，または2つが負で1つが正の場合をバランス，1つでも負がある場合をアンバランス（不均衡）と定義した。多くの人は不均衡を解消したいと思うもので，実際，3つの関係の中のどれか1つの関係の符号を変化させることで解消される。この場合，同僚に先に昇格されて悔しいという気持ちを改めて同僚の昇格を心から祝ったり，自分もすぐに昇格できると思うことにより，昇格に対する心情を負から正に変化させて不均衡を解消する。

図表2-16　バランス理論
～自分(p)が好意的に思っている同僚(o)が自分よりも先に昇格(x)した場合～

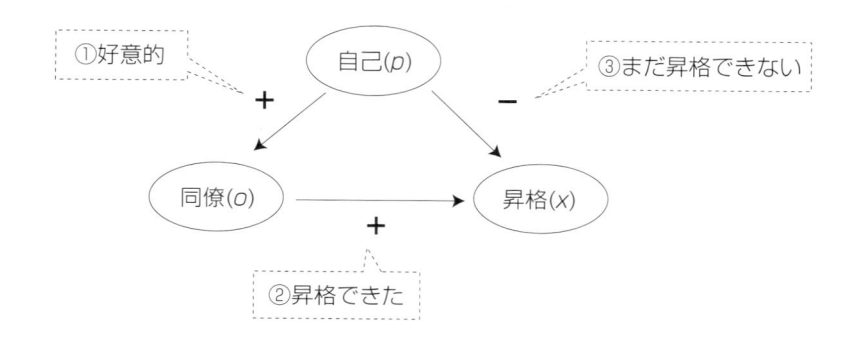

さらに認知不協和理論では、バランス理論における不均衡を"不協和"と呼び、不協和が生じやすい状況と不協和を低減する方法を挙げて、バランス理論よりも包括的な体系を提起している。図表2-17の不協和が生じやすい状況や低減方法の具体例を自分で挙げてみるとよい。

図表2-17 認知不協和が生じやすい状況とその低減方法

不協和が生じやすい状況
①意思決定を行った後
②強制的に承諾した場合
③情報に偶発的、無意図的に接触した場合
④社会との不一致を感じる場合
⑤現実と信念・感情との食い違いを感じる場合
不協和を低減する方法
①不協和関係にある一方の要素を変化させる。
②不協和の原因を過小評価する、あるいは、協和要素を過大評価する。
③協和要素を新たに追加する。
④不協和の発生や増加をもたらす状況や情報を回避する。

（4）感情の影響

知覚への感情の影響（本章第3節）のみならず、意思決定への感情の影響についても研究が進んでいる。組織の業務に関わる意思決定は、できる限り合理的に行われることが重視されるため、"感情的になるべきではない"、"意思決定から感情を完全に排除すべき"と考えられがちである。しかし実は、脳科学者であるダマッシオ（António Rosa Damásio）ら（Damasio, 1994; Damasio, et al., 1991）による一連の研究から、人間は感情なしに的確な判断ができないという衝撃的な事実が明らかにされた。

事故により脳の「大脳辺縁系」と呼ばれる、感情を育む上で重要な脳構造の一部に損傷を負った患者は、スケジュール管理や書類整理などの単純な作業ですら遂行できなくなった。また、いわゆる感情に訴えるような写真を見ても、喜怒哀楽を含め、何の反応も示さない。ダマッシオたちは、人間の肉体（somatic）と感情（affect）はつながっており、五感を通じて知覚した対象が感情にも影

響し，感情を通じて（何かを感じながら）思考，判断が行われることを見出したのである。

組織メンバーの日常的な業務活動において，感情はどのような形で影響してくるのだろうか。1995年のゴールマン（Daniel Goleman）の著書"*Emotional intelligence: Why It Can Matter More Than IQ.*"（邦訳『EQこころの知能指数』）により，「EQ（emotional quotient）」が話題になった。EQとは"感情指数"のことであり，従来から用いられてきた人の能力を測定する"知能指数（intelligence quatient: IQ）"と対峙する指標である。知的能力に限らず自分の感情をコントロールしたり，他者の感情を過敏に汲み取る能力も重要であることが示された。ゴールマンは，人々の日常生活における思考や価値観の礎の1つが感情であるものの，感情は時として我々にマイナスの影響をもたらすこともあるため，感情を理解し，コントロールすることが大切であると説いている。日常生活に限らず，仕事の出来，不出来もEQの高さに影響を受けるという。そこで近年では，日本でもいくつかの企業でEQを活用した企業研修などが展開されており（【ケース22：企業におけるEQ活用】，感情をうまく活かして組織内外の人間関係の円滑化を図ろうとする試みが進められている。

【ケース22：企業におけるEQ活用】
企業で，EQ（感情指数）人気，研修・講演で感性みがく
　　——中略——
　EQ向上を掲げた研修を取り入れる企業も出ている。スリーマインド教育センター（東京・港）は，ここ2カ月の間に，金融関係や化粧品会社などへEQを取り入れた研修や講演を約30回実施した。「営業や接客など『ノー』と言われることが多い職場や企業で，社員にいかにやる気を持たせ，維持させるかを模索している」と同センター所長の岡田昭一氏は言う。
　その1つ，近畿日本ツーリスト東京営業本部は，今年1月から平成入社の社員向けにEQ向上のための1泊2日研修を行ってきた。「業務上の知識や技術は，日々の仕事や社内教育で身につけることが出来る。しかし，契約を断られた際，自分のやる気を立て直し，再び客の要望をくみ取っていい関係を築いていくのは，本人の性格にかかわる問題。これまで指導してこなかった」と同本部管理部能力開発課長の兼高均氏。

第4節　態度・感情

　バブル期のいい時代を知っている社員の中には，壁にぶつかると立ち直りに時間がかかる社員が多い。研修では高飛車な客や，1度の商談では「うん」と言わない客などに社員がふんし，互いに相手とのコミュニケーションや自分の感情を制御することを体験する。

（出所：1996/10/15, 日本経済新聞夕刊　一部抜粋）

　EQを高めるためには，まず自分のEQの高さを知ることが重要であるため，下記のようなEQを測定するチェックシートも開発されている（図表2-18）。作成したレーダーチャートを見て，自分はどの部分が最も低いかを認識することが，EQ能力の向上につながるという。

図表2-18 EQ自己チェックテスト

　以下の項目について，自分はどの程度できると思うか，1〜5の中から当てはまる数字を選び〔　〕に記入して下さい。終わったら，各質問の点数を合計し，さらに4つの構成能力の合計を算出して下さい。最後に，構成能力ごとの合計点をレーダーチャートに転記し，チャートを作ります。

1：ほとんどできない　2：あまりできない　3：普通　4：できるほうだ　5：よくできる

【質問】

<感情の識別>
1. 自分が何を感じているかを，いつも理解することができる。　　　　〔　〕
2. 自分の気持ちに変化が生じた時，それを敏感につかむことができる。　〔　〕
3. 話をしている相手の表情の変化にすぐ気づくことができる。　　　　〔　〕
4. 表現や態度から，その人の気持ちを察することができる。　　　　　〔　〕
5. しぐさや表情で自分の感情を伝えることができる。　　　　　　　　〔　〕
6. 話をしていて，相手が自分に何を言っていほしいか分かる時がよくある。〔　〕
　　　　　　　　　　　　　　　　　　　　　　　　　　　　合計〔　〕

<感情の利用>
1. 集中して物事を行うために，自分の気持ちをコントロールすることができる。〔　〕
2. 課題解決のために，その場のムードを適切に変えることができる。　〔　〕
3. 物事を始めるとき，積極的な気持ちを作り出すことができる。　　　〔　〕
4. 新しい業務に就いても，何とかやっていけると思える。　　　　　　〔　〕
5. 相手が感じていることを，自分のことのように感じることができる。〔　〕

6. 映画やドラマの登場人物と一緒に泣いたり笑ったりすることがよくある。〔　〕
合計〔　〕

<感情の理解>
1. 相手が怒っている理由は何かが分かる。〔　〕
2. 相手の感情がどのように変化していくかが予測できる。〔　〕
3. 相手がなぜそのような言動を取るのか，その動機を理解できる。〔　〕
4. 「苛立ち」と「怒り」の違いを説明できる。〔　〕
5. 嬉しいと感じた時，なぜそのように感じているかを説明できる。〔　〕
6. 感情がどのように変化するかの基本的な形を知っている。〔　〕
合計〔　〕

<感情の調整>
1. 自分が感情的になった時，どのように対処したらよいか考え，実行できる。〔　〕
2. 人間関係のトラブルを，相手の気持ちに配慮しながら解決できる。〔　〕
3. 相手や状況に応じて，自分の感情をコントロールできる。〔　〕
4. 人間関係で問題が起こった時，一方的に相手を責めるようなことはしない。〔　〕
5. 感情が高ぶっている相手に働きかけて落ち着かせることができる。〔　〕
6. どれだけ感情が高ぶっても，感情のまま行動することはない。〔　〕
合計〔　〕

【あなたのEQ能力のバランスは？(EQバランスシート)】

感情の識別
感情の調整　　　感情の利用
感情の理解

（出所：高山，2007）

人の感情には，喜怒哀楽に限らず"幸せ"，"悲しみ"，"憎しみ"，"恐怖"，"好き"などの多種多様な感情があるわけだが，その影響を分析する際には，「肯定的感情（positive affect）」と「否定的感情（negative affect）」の2つに大別することが多い（本章第3節）。一般企業や病院などのさまざまな組織の従業員を対象に行った実験では，感情のタイプ（肯定または否定）ごとに，能率や業績，モティベーションが高まる業務が異なることが明らかにされてきている（図表2-19参照）。イメージでは，肯定的感情を抱く方が望ましいと思われるが，否定的感情は研究開発や企画など，ゼロから新しい物を作り出すために不可欠な創造力を要する業務における意思決定を促す効果がある。

図表2-19 組織活動，意思決定に対する感情の影響

感情のタイプ	組織メンバーの業務への影響
肯定的感情	現場監督の作業員監督成果が向上（Staw, et al.1994）。
	販売業務のモティベーションおよび成果が向上（George,1991）。
	メンバーの職務満足度が向上（Fisher, 2000）。
	管理者による部下の人事評価の効率性向上（Robbins & Denisi, 1994）。
	協働作業，組織保護活動，建設的提案，自己啓発を促進（Forgas, 1998）。
	グループ内に肯定的感情がある場合，販売業務における顧客に対するサービス精神が向上，無断欠勤が減り，メンバー間の信頼度も高まる（George,1991）。
否定的感情	研究開発活動のモティベーションと成果が向上（George & Zhou, 2001）。
	創造力を要する業務（研究開発，企画等）を促進（Forgas, 1998）。
	否定的感情をもたらす代替案を回避する（Ritov, 1996）。

（出所：山崎，2005を基に作成）

【参考文献】

<洋文献>

Allport, G. H. (1954) *The nature of prejudice.* Reading, MA: Addison-Welsley.

Antonides, G. (1996) *Psychology in Economics and Business.* Kluwer Academic Publishers.

Bem, D. J. (1970) *Beliefs, Attitudes, and Human Affairs.* Belmont, CA: Brooks-Cole.

Bower, G. H. & Forgas, J. P. (2001) "Mood and Social Memory," In J. P. Forgas (ed.), *Handbook of affect and social cognition.* NJ, LEA (pp. 95-120).

Brownell, H. H., Pincus, D., Blum, A., Rehak, A. & Winner, E. (1997) "The effects of right-hemispheric brain damage on patients' use of terms of personal reference," *Brain and Language*, 57, pp. 60-79.

Bruner, L. & Postman, L. (1949) "On the perception of incongruity: A paradigm," *Journal of Personality*, 18, pp. 206-223.

Cegarra, J. & Hoc, J. (2006) "Cognitive styles as an explanation of experts' individual differences: A case study in computer-assisted troubleshooting diagnosis," *International Journal of Human-Computer Studies*, 64-2, pp. 123-136.

Cherry, E. C. (1953) "Some experiments on the recognition of speech, with one and with two ears," *Journal of the Acoustical Society of America*, 25, pp. 975-979.

Damasio, A. R. (1994) *Descartes' error: Emotion, reason, and the human brain*. New York: Harper Perennial.（田中三彦訳『生存する脳―心と脳と身体の神秘』講談社, 2000年.）

Damásio, A. R., Tranel, D. & Damasio. H. (1991) "Somatic markers and the guidance of behaviour: theory and preliminary testing," In H. S. Levin, H. M. Eisenberg and A. L. Benton (eds.), *Frontal lobe function and dysfunction*. New York: Oxford University Press (pp. 217-229).

Digman, J. M. (1990) "Personality structure: Emergence of the Five-Factor Model," *Annual Review of Psychology*, 41, pp. 417-440.

Festinger, L. (1957) *A Theory of Cognitive Dissonance*. Stanford University Press.（末永俊郎監訳『認知的不協和の理論』1965年.）

Fisicaro, S. A. (1988) "A reexamination of the relation between halo errors and accuracy," *Journal of Applied Psychology*, 73, pp. 239-244.

Fishbein, M. & Ajzen, I. (1972) "Attitudes and Opinions," *Annual Review of Psychology* 23, pp. 487-544.

Fisher, C. D. (2000) "Mood and emotions while working: missing pieces of job satisfaction?" *Journal of Organizational Behavior*, 21, pp. 185-202.

Fiske, S. T., & Taylor, S. E. (1984) *Social cognition*. Reading, MA: Addison-Wesley.

Forgas, J. P. (1992) "Mood and the perception of unusual people: Affective asymmetry in memory and social judgments," *European Journal of Social Psychology*, 22, pp. 531-547.

Forgas, J. P. (1995) "Mood and judgment: The affect infusion medel (AIM)," *Psychological Bulletin*, 117-1, pp. 39-66.

Forgas, J. P. (1998) "On feeling good and getting your way: Mood effects on negotiation strategies and outcomes," *Journal of Personality and Social Psychology*, 74, pp. 565-577.

Forgas, J. P. (ed.) (2000) *Feeling and thinking: The role of affect in social cognition and behavior.* New York: Cambridge University Press.

Freud, S. (1915) "Instincts and Their Vicissitudes," *The Standard Edition of the Complete Psychological Works of Sigmund Freud,* Vol.14. New York: The Hogarth Press.

George, J. M. (1991) "State or trait: Effects of positive mood on prosocial behaviors at work," *Journal of Applied Psychology,* 76, pp. 299-307.

George, J. M. & Zhou, J. (2001) "Understanding when bad moods foster creativity and good mood ones don't: The role of context and clarity of feelings," *Paper presented at the Academy of management Annual Meeting, Washington, DC.*

Goleman, D. (1995) *Emotional intelligence: Why It Can Matter More Than IQ.* Bantam. (『EQ—こころの知能指数』土屋京子訳,講談社,1996年.)

Harvery, J. H. & Weary, G. (1984) "Current issues in attribution theory and research," *Annual Review of Psychology,* 35, pp. 428-432.

Hastorf, A. H. & Cantril, H. (1954) "They saw a game: A case study," *Journal of Abnormal and Social Psychology,* 49, pp. 129-134.

Heider, F. (1946) "Attitudes and Cognitive Organization," *Journal of Psychology,* 21, pp. 107-112.

Heider, F. (1958) *The Psychology of Interpersonal Relations.* New York: Wiley. (大橋正夫訳『対人関係の心理学』1978年.)

Hirsh, S. K. & Kummerow, J. M. (1998) *Introduction to type in organizations: individual interpretive guide* (3rd ed.). Mountain View, Calif: CPP. (園田由紀訳『MBTIタイプ入門 職場編』金子書房,2008年.)

Jonassen, D.H. & Grabowski, B. L. (1993) *Handbook of Individual Differences, Learning, and Instruction.* Lawrence Erlbaum Assoc. Inc.

Jones, E.E. & Nisbett, R.E. (1972) "The Actor and the Observer: Divergent Perceptions of the Causes of Behavior," In E. E. Jones, D. E. Kanouse & H. H. Kelley, (eds.), *Attribution: Perceiving the Causes of Behavior.* Morristown, NJ: General Learning Press.

Jung, C. G. (1936) *The Integration of the Personality.* New York: Farrow and Rinehart.

Kagan, J. & Moss, H.A. (1962) *Birth to Maturity: a Study in Psychological Development.* New York: Wiley.

Katz, D. & Stotland, E. (1959) "Preliminary statement to a theory of attitude structure and change," In S. Kock (ed.), *Psychology: A study of science* (3rd ed.). New York: McGraw-Hill.

Kelley, H.H. (1967) "Attribution theory in social psychology," In D. Levine (ed.),

Nebraska symposium on motivation. Lincoln: University of Nebraska Press.

Kelley, H.H. (1980) "Attribute theory and research," *Annual Review of Psychology*, 31, pp. 457-501.

Leery, L.L. & Kowalski, R. M. (1990) "Impression Management: A Literature Review and Two-Component Model," *Psychological Bulletin*, 107, pp. 34-47.

Levy, J. (1974) "Psychobiological implications of bilateral symmetry," In S. Dimond & S. Beaumont (eds.), *Hemispheric functions in human the brain.* New York: Halstead Press.

McCrae, R.R. & Costa, P. T. (1992) "Discriminate Validity of NEO-PIR Facet Scales," *Education and Psychological Measurement*, 52, pp. 229-237.

McClelland, D.C. & Atkinson, J.W. (1948) "The projective expression of needs: The effect of different intensities of the hunger drive on Perception," *Journal of Psychology*, 25, pp. 205-222.

Miller, D.T. & Ross, M. (1975) "Self-Serving Biases in Attribution of Causality: Fact or Fiction?" *Psychological Bulletin*, 82, pp. 213-225.

Myers, I. B. (1962) *Manual: The Myers-Briggs Type Indicator.* Princeton, NJ: Educational Testing Service.

Nisbett, R. E. & Ross, L. (1980) *Human Inference: Strategies and Shortcomings of social judgment.* Prentice Hall.

Pack, G. (1972) "Styles and strategies of learning," *British Journal of Educational Psychology*, 46, pp. 128-148.

Pack, G. & Scott, B. C. (1976) "Learning strategies and individual competences," *International Journal of Man-Machine Studies*, 4, pp. 217-253.

Ritov, I. (1996) "Probability of regret: Anticipation of uncertainty resolution in choice," *Organizational Behavior and Human Decision Processes*, 66, pp. 228-236.

Robbins, T. & Denisi, A. (1994) "A closer look at interpersonal affect as a distinct influence on cognitive processing in performance evaluations," *Journal of Applied psychology*, 79, pp. 341-353.

Rotter, J. B. (1954) *Social learning and clinical psychology.* New York: Prentice Hall.

Rotter, J. B. (1966) "Generalised expectancies for internal versus external control of reinforcement," *Psychological Monographs*, 8 (1, Whole No. 609).

Schneider, B. (1987) "The people make the place," *Personnel Psychology*, 40, pp. 437-453.

Snyder, M. (1974) "Self-Monitoring of Expressive Behavior," *Journal of Personality and Social Psychology*, 30, pp. 526-537.

Snyder, M. (1977) "Impression Management," In L.S. Wrightsman (ed.), *Social Psychology in the Seventies*. New York: Wiley.

Staw, B. M., Sutton, R. I. & Pelled, L. H. (1994) "Employee positive emotion and favorable outcomes at work," *Organization Science*, 5, pp. 51-71.

Steel, C. M. & Aronson, J. A. (2004) "Stereotype threat does not live by Steel and Aronson (1995) alone," *American Psychologist*, 59, pp. 47-48.

Tellegen, D.T., Lykken, T.J. & Bouchard, T. J. (1988) "Personality similarity in twins reared apart and together," *Journal of Personality and Social Psychology*, 54, pp. 1031-1039.

Thoresen, C. J., Kaplan, A. P. & Chermont, K. (2003) "The affective underpinnings of job perception and attitudes: A meta-analytic review and integration," *Psychological Bulletin*, 129, pp. 914-945.

Witkin, H. A. (1954) *Personality through the perception*. New York: Harper and Row.

Witkin, H.A., Dyk, R.B., Goodenough, D.R. & Karp, S.A. (1962) *Psychological differentiation*. Wiley, New York.

Wolman, C. & Frank, H. (1975) "The sole woman in a professional peer group," *American Journal of Orthopsychiatry*, 45, pp. 164-171.

＜邦文献＞

上田泰（2003）『組織行動研究の展開』白桃書房.

山崎由香里（2005）「組織におけるリスク意思決定に対する感情の影響」『成蹊大学経済学部論集』第35巻第2号, pp.75-99.

第3章

組織における意思決定に対する「集団・組織特性」の影響
～行動科学，集団力学，組織論からのアプローチ

---●本章のポイント●---

　人は得てして，独りよりも他者や仲間と共に居たいと思う傾向がある。また，仲間と共に何かに取り組むことで，独りの時よりも強いやる気や達成感を味わうこともできる。今日の社会では数多くの企業や団体などの組織が存在するが，人々が集まり敢えて組織という形態をとるわけだから，単独の時よりも優れた成果を出すことができると思われる。だが，果たしてそうだろうか。

　本章では，人が集まるということに焦点を当てて，集団の特徴（第1・2節），集団化することの意義と弊害，および，集団化によってより高い成果をあげるテクニック（第3節）を紹介する。さらに，企業などの組織の特徴を理解するために，組織構造，組織設計，そして，組織文化について，実際の企業の意思決定事例を紹介していく（第4・5節）。普段はあまり意識することのない，自分が属する集団や組織について，この機に改めて考えてみるといいだろう。

第3章　組織における意思決定に対する「集団・組織特性」の影響

第1節　集団・組織の視点の重要性

　100年以上も前から，社会科学分野では人々が集まりどのような相互作用を及ぼし合うかについて研究されてきた。人間は社会的動物であるため，相互に影響を及ぼすことを望むのである。このような人間の願望が，人の集まり，すなわち「集団（group）」を作り，そして，「組織（organization）」を構成する根底にある。現代では，組織において業務を遂行するためには，必ず組織内の他のメンバーとの協働（cooperation）が必要であり，他者との相互作用の内容次第で成果や業績の成否が決まることも少なくない。また近年では，コラボ（コラボレーション（collaboration）），つまり分野の異なる人や組織が協力して活動し，優れた成果を生み出すことが話題になっている。【ケース23：コラボで躍進】にあるように，他の組織と協力することで成長を志向する企業もある。

【ケース23：コラボで躍進】
本選び，コーヒー片手に，喫茶店併設の書店広がる――異業種連携，付加価値競う。

　　コーヒー店と書店の共同出店増加の背景にあるのが，都心を中心に広がる大規模再開発ラッシュだ。続々と誕生するオフィスビルや商業施設。都市に生まれる新たな空間が，異業種と連携し，相乗効果を引き出す「コラボレーション」型店舗の需要を後押ししている。

　　開業と同時に一躍，東京の人気観光スポットになった六本木ヒルズ。独自ブランドを強調する店が多数そろう中，スターバックスの店舗だけは3店もある。多様なテナントを誘致して集客を競い合う大規模再開発では，異例のケースだ。

　　3店同時出店を可能にしたのが「『TSUTAYA』とのコラボレーションによる付加価値の創造」（スターバックス）。目新しいスタイルを提案したことで，六本木ヒルズを運営する森ビルの理解を得られた。

　　　　　　　　　　　（出所：2003/07/12，日本経済新聞夕刊　一部抜粋）

フルーツジュース，カゴメ，スタバと開発――都心の若者へ販売強化。
　　カゴメとスターバックスコーヒージャパンは28日，共同開発したフルーツジュース「be juicy!（ビー・ジューシー）」＝写真＝を発表した。カゴメは都心在

住の20—30歳代の男女にジュースの販売強化を狙っており，こうした層の利用が多いスターバックスと連携することにした。
　カゴメはナショナルブランド飲料や業務用原料を飲食チェーンへ供給した例はあるが，特定チェーン向けの最終商品は初めて。同日会見したカゴメの西秀訓取締役は「スターバックスは価値観を共有できる相手で，このコラボレーションに期待している」と語った。

（出所：2007/05/29，日経産業新聞　一部抜粋）

アップルとスターバックス，音楽ビジネスの提携を発表
スターバックスの店舗で，ワイヤレスに曲を検索，購入
　2007年9月5日，サンフランシスコーアップルとスターバックスは本日，スターバックスの一部店舗において，お客様がiPod® touchやiPhone™，またはiTunesが稼働するWindows PCやMac®からiTunes® Wi-Fi Music Storeを通じて，ワイヤレスで楽曲をブラウズ・検索・試聴・購入・ダウンロードすることが可能となる，提携関係を結んだことを発表しました。
——中略——
　「この提携により，デジタルミュージックにおけるアップルのリーダーシップを単にスターバックス店舗にもたらせるだけでなく，お客様が世界一流のデジタルミュージックを楽しめるというスターバックスならではの体験へと昇華させることができます。このサービスの導入は『お客様が新しい音楽を発見し，その場で手に入れるお手伝いをすることで，コーヒーショップでの体験を広げる』という弊社の音楽ストラテジーの自然な延長線上にあるものです」と，Starbucks Coffee Company会長であるハワード・シュルツ氏は述べています。

（出所：http://www.apple.com/jp/news/2007/sep/06starbucks.html）
（2008年5月1日現在）

　さらに，企業の「組織構造（organizational structure）」（実務では，組織形態，組織体制とも言う）を見てみると，多くの企業には，仕入部，生産部，物流部，営業部，経理部，総務部といった職能ごとに分化（differentiation）した部門（部署），あるいは，ネットワーク事業部，オーディオ事業部，モバイル事業部，家電関連事業部といった目的別に分化した事業部門などが存在しており（【ケース24：2社の組織構造】），これら個々の部門の活動の集大成が1つの企業を構成していると言える。第1章第2節で紹介した「構造化モデル」にもある

第3章 組織における意思決定に対する「集団・組織特性」の影響

ように，組織では従業員を部門などの集団に配置し，集団単位で意思決定を行うことが基本である。このように，企業活動においては人と人とのお互いのやり取りは不可欠である。本章では，"人が集まる"ということ自体，どのようなことなのか（集団化の影響），人が集まって行う意思決定にはどのような特徴があるか（集団意思決定の特徴），そして，集団および組織の特性が，組織の意思決定に及ぼす影響について取り上げていく。第1章の最後に挙げた図表1-9にある「集団・組織特性」の影響である。

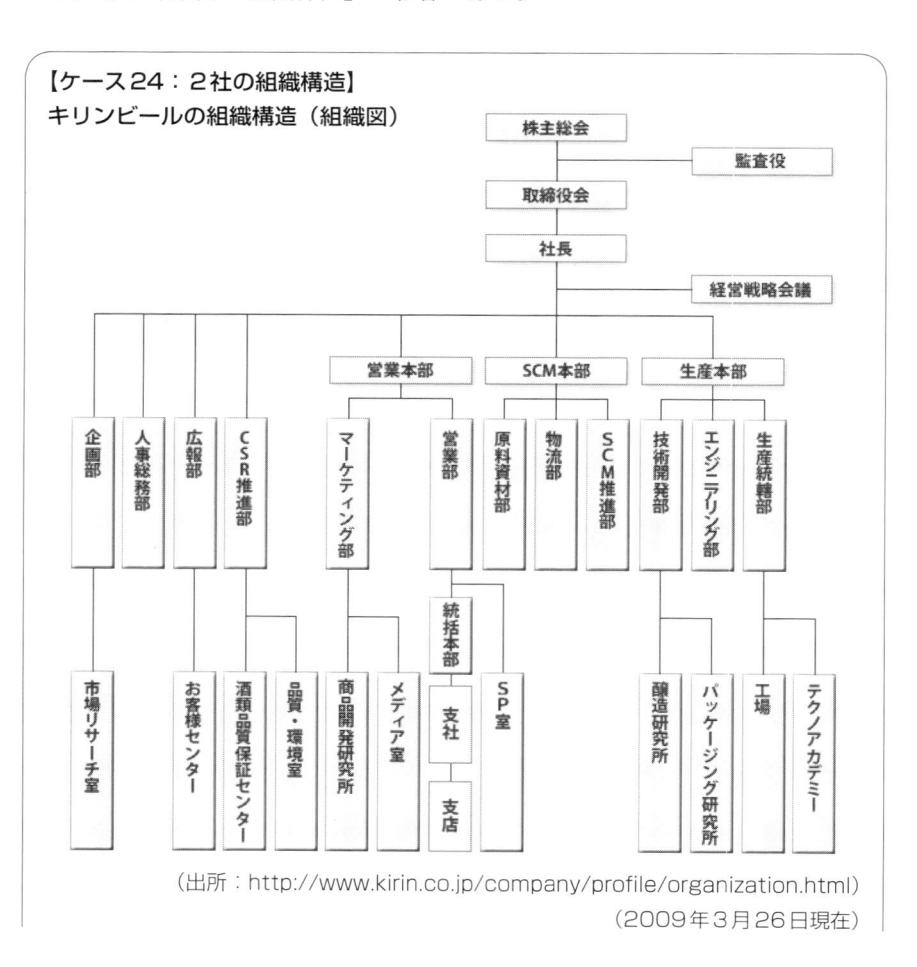

【ケース24：2社の組織構造】
キリンビールの組織構造（組織図）

```
                株主総会
                   │────監査役
                取締役会
                   │
                 社長
                   │────経営戦略会議
   ┌──────┬──────┬──────┼──────┬──────┬──────┐
                       営業本部    SCM本部    生産本部
 企画部 人事総務部 広報部 CSR推進部 マーケティング部 営業部 原料資材部 物流部 SCM推進部 技術開発部 エンジニアリング部 生産統轄部
   │                           │                              │
 市場   お客様  酒類品質  品質・ 商品開発 メディア室 統括本部 SP室  醸造  パッケージング  工場  テクノ
 リサーチ室 センター 保証センター 環境室 研究所           │         研究所  研究所            アカデミー
                                                    支社
                                                     │
                                                    支店
```

（出所：http://www.kirin.co.jp/company/profile/organization.html）
（2009年3月26日現在）

Sonyの組織構造（組織図）

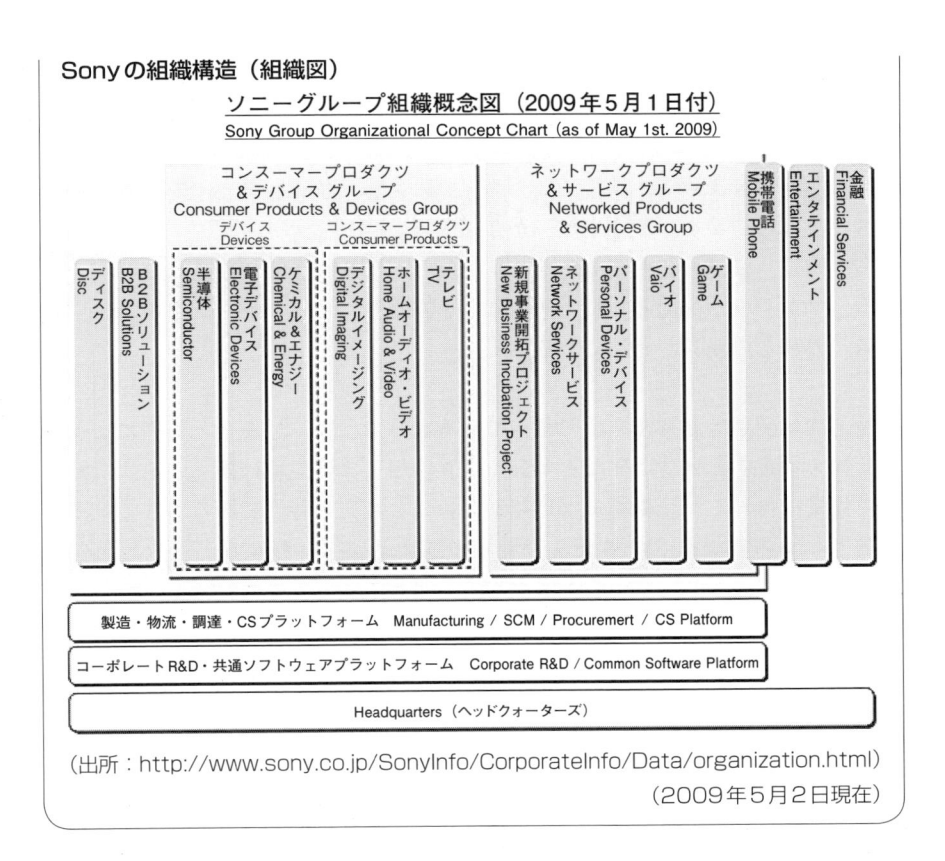

ソニーグループ組織概念図（2009年5月1日付）
Sony Group Organizational Concept Chart (as of May 1st. 2009)

コンシューマープロダクツ&デバイス グループ Consumer Products & Devices Group		ネットワークプロダクツ&サービス グループ Networked Products & Services Group	携帯電話 Mobile Phone	エンタテインメント Entertainment	金融 Financial Services
デバイス Devices	コンシューマープロダクツ Consumer Products				

- ディスク Disc
- B2Bソリューション B2B Solutions
- 半導体 Semiconductor
- 電子デバイス Electronic Devices
- ケミカル&エナジー Chemical & Energy
- デジタルイメージング Digital Imaging
- ホームオーディオ・ビデオ Home Audio & Video
- テレビ
- 新規事業開拓プロジェクト New Business Incubation Project
- ネットワークサービス Network Services
- パーソナル・デバイス Personal Devices
- バイオ Vaio
- ゲーム Game

製造・物流・調達・CSプラットフォーム　Manufacturing / SCM / Procuremert / CS Platform

コーポレートR&D・共通ソフトウェアプラットフォーム　Corporate R&D / Common Software Platform

Headquarters（ヘッドクォーターズ）

（出所：http://www.sony.co.jp/SonyInfo/CorporateInfo/Data/organization.html）

（2009年5月2日現在）

第2節　集団化の影響

（1）集団の定義

　単に人が集まれば，それは「集団（group）」になるわけではない。集団と呼べる人の集まりと，そう呼べない集まり（いわゆる「群衆（crowd）」）がある。集団とは「目的や欲求を達成するためにお互いに影響し合う2人以上の人々の

第3章　組織における意思決定に対する「集団・組織特性」の影響

集まり」であり，下記の6つの諸特性が見受けられる（e.g., Mills, 1981）。

1．集団のメンバーが共通の目的を持ち，協力し合いながら目的を追求する。
2．集団のメンバーが持続的に，お互いに影響，依存し合う（＝相互作用）。
3．集団の規範やイデオロギーが存在する。
4．地位，役割分化が明確化され，全体として統合されている。
5．メンバーが集団の一員であることを自覚し，コミットメントを持つ。
6．外部との境界が認識できる。

全ての集団が上記特性を全て備えているわけではなく，また，集団によって各特性を保有する程度は異なる。2の相互作用と3の規範は多くの集団で共通して見受けられるが，組織では見られないこともある特性である。5の集団の一員としての自覚や6の外部との境界の認識とは，いわゆる"ウチ""ソト"意識に表れるように，自己の所属する内集団とそれ以外の外集団を分類し，内集団を身内のように捉える傾向である（Sumner, 1906）。

複数の人が集まり集団を形成することは，太古の昔から見られるごく自然のことである。その理由を挙げると，①個人では成し遂げることが困難な課題を可能にし，より多くの報酬を得ることができる，②共同，分業によってより能率的に課題を処理できる，③独りでいることの不安を低減し，親和欲求を充足できる，④社会的比較を行い，社会的リアリティを得ることができる，などがある。いずれの理由も納得いくものである中で，人が集まって集団を作り，企業といった形態で営利活動を行うのは，主に①や②の理由からだろう。

近年の企業では，「チーム（team）」という言葉がしばしば用いられ，普及してきている。チームとは，特定的，限定的な目的や課題を持って共同作業を進め，集団よりもより高いメンバーのコミットメントが見られる人々の集まりである（Katzenback & Smith, 1993）。但し，多くの研究者や書籍はこの2つを明確に区分せずに捉えているため，本書においても同様に，2つを特に区別なく使用する。

（2）集団・チームの特徴

集団の特徴は，**図表3-1**のような体系図を用いて理解することができる。

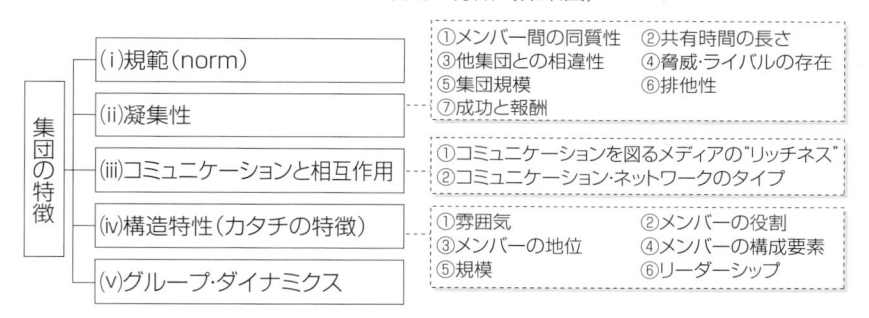

図表3-1　集団の特徴（体系図）

集団の特徴		
(ⅰ)規範(norm)	①メンバー間の同質性 ②共有時間の長さ ③他集団との相違性 ④脅威・ライバルの存在 ⑤集団規模 ⑥排他性 ⑦成功と報酬	
(ⅱ)凝集性		
(ⅲ)コミュニケーションと相互作用	①コミュニケーションを図るメディアの"リッチネス" ②コミュニケーション・ネットワークのタイプ	
(ⅳ)構造特性(カタチの特徴)	①雰囲気 ②メンバーの役割 ③メンバーの地位 ④メンバーの構成要素 ⑤規模 ⑥リーダーシップ	
(ⅴ)グループ・ダイナミクス		

(ⅰ) 規範

「規範（norm）」とは，集団内の大多数のメンバーが共有する行動や判断の基準となる模範のことである。メンバーの価値観や思考，行動パターンを示唆するものであり，尚かつ，集団内の個々人の関係を規定するものともなる。"新人や若手社員は部内で一番に出社するものだ"といった職場の日常的な側面から，社内での対人関係や接客方法や，上司とのコミュニケーションの頻度や密度に至るまで，規範は集団メンバーがとるべき行動やその方向性をある程度示すと同時に，行動を統制するものである。規範は集団メンバーの反復的，継続的な相互作用を通じて形成され，集団の発達とともに徐々に変容していく一方で，急激に変化するとメンバーは抵抗を感じるものである。公式的な「規則（rule）」とは違って明文化されておらず，"暗黙の了解"，"不文律"といったニュアンスも持ち，規範を守らないことで公式的に罰せられることはないのが一般的である。しかし一方で，規則よりも強く集団メンバーの行動に影響する場合もある。規範を無視したり，従わない場合には集団からの逸脱者とみなされ，規範に従うようにプレッシャーをかけられたり，集団での居心地の悪さを感じる場合も少なくない。近年では，集団に限定せず，企業などの組織の規範

第3章　組織における意思決定に対する「集団・組織特性」の影響

を敢えてアピールするケースや，規範に従わないことで大きな問題を引き起こすケース（【ケース25：規範逸脱による被害】）が見られるため，集団や組織においての規範の重要性が高まっている。

【ケース25：規範逸脱による被害】
NECのカード情報盗難被害，保守担当者が社内規範を守らず
　NECは4月8日，神戸市内の小売店が管理していたクレジットカード情報が，NECの社有車から盗難されたと発表した。NECはPOSレジの保守サービスをこの小売店に提供していた。
　盗まれたのは，POSレジに内蔵するハードディスク。このハードディスクに売り上げデータの一部として，202件のクレジットカードの番号と有効期限のデータを保存していた。クレジットカード会社の数にすると，10社以上になるという。
　――中略――
　「NEC社内の規範では，顧客（小売店）からの預かり品を電車の棚や自動車内などに放置してはならないことになっている」（NEC広報）が，守られていなかった。なお，小売店のPOSレジはデータの移行が完了しており，現在は問題なく稼働しているという。

（出所：2004/04/09，日経コンピュータニュース
(http://itpro.nikkeibp.co.jp/free/NC/NEWS/20040409/142689/)）

　集団内に規範が存在することには一長一短がある。利点としては，同集団のメンバーが次にとる行動をある程度予測することができる点が挙げられる。また，他のメンバーの行動が集団メンバーとして許容範囲内であるかどうかを判断する基準となる。メンバーは集団の一員としてのアイデンティティを持つことができる点や，多くのメンバーが規範を順守していることで倫理的な集団であることを集団内外に示すことができる点なども利点である。これに対して，規範は時間をかけて構築され，早急には変化しない特徴から，急な環境変化に対応する際に規範が邪魔をして行動の新奇性が失われる点や，提携や合併といった他の組織との適合を阻害する原因になりかねない欠点がある。

(ii) 凝集性

「凝集性（cohesiveness）」とは，「集団メンバーを自発的にその集団に留まらせ，コミットメントを抱かせる力の総体」のことであり，自分の属する集団に留まりたい，離れたくないと思うメンバーが多い集団は，凝集性が高い集団と言える。集団に留まり，コミットメントを抱くということは，集団自体が魅力的であり，メンバーが集団の価値観や信念，目的に同意していることを意味している。凝集性が高い集団では似通った思考や価値観，態度が普及しており，同時にメンバーが互いを認め，理解し，受容し，惹きつけ合っている。凝集性の高い集団のメンバーは，集団の目標達成に対する動機づけが高く，長時間共に過ごすことを厭わない傾向がある。そのため，生産性がより高く，優れた成果，業績を上げることができる（Moorhead & Griffin, 2004）。高い凝集性をもたらし，持続させるコツ（要因）には**図表3-2**のようなものがある。

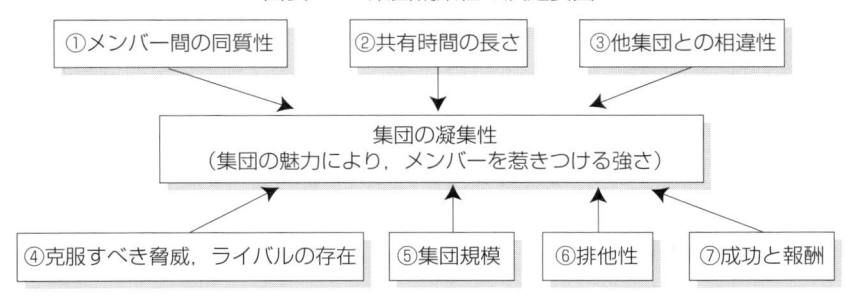

図表3-2 集団凝集性の決定要因

①メンバー間の同質性　②共有時間の長さ　③他集団との相違性

集団の凝集性
（集団の魅力により，メンバーを惹きつける強さ）

④克服すべき脅威，ライバルの存在　⑤集団規模　⑥排他性　⑦成功と報酬

(iii) 相互作用とコミュニケーション

集団の特徴を把握する3つ目のポイントは「相互作用（interaction）とコミュニケーション（communication）」である。同僚や友人と話をしていると，1人の時には浮かばないような考えが思いつく，といった経験がある人は少なくないだろう。この時，相互作用が働いている。相互作用とは，「2つ以上の事象が互いに影響を及ぼし合うこと」であり，他者の存在自体が自分の行動に影響することもあるように，会話に限らず何らかのコミュニケーションによって促される。組織での業務遂行において相互作用が機能すれば，1人では難し

い問題を解決できたり，これまで表に出てこなかった自分の潜在能力が引き出され画期的なアイデアが提案される可能性もあり，意思決定の成果につながる。

組織内でコミュニケーションを促進させるためには，どのような方法で，どの程度（頻度・分量）コミュニケーションを行うかを検討する必要がある。コミュニケーションとは人と人とが自分の意思や感情，思考などの情報を伝達し合うことであり，伝達に必要になるものが「メディア（media, medium）」である。メディアとは，人同士の情報伝達を仲介するものであり，電話でのコミュニケーションでは"電話"が，また，面と向かって話をするコミュニケーションでは"対話（face-to-face）"と"口頭（oral）"が，それぞれメディアとなる。このように厳密に捉える理由は，用いるメディアによって伝達できる情報の量や深さが異なるからである。また，近年の情報化に伴い，電子メール（electronic mail（e-mail））などの電子メディア（electronic media）が普及し，利用するメディアが多様化していることや，情報があふれる社会の中で各メディアが果たす役割を理解する必要性が高まっているからでもある。コミュニケーションを図るメディアの機能に着目すると，**図表3-3**のように分類できる。これらメディアは常に単独で用いられるわけではなく，複数のメディアを組み合わせてコミュニケーションが行われることも，しばしばある。

図表3-3 メディアの種類

言語（会話などの言葉）
非言語（ジェスチャーや場の雰囲気など）
対面
電話
電子メディア（電子メール，電子会議システムなど）
文書（手紙，ノート，メモなど）
公式的文書（報告書，文書，議事録，広報誌，公示など）

これらのメディアのうち，必要に応じてよりふさわしいメディアを選択することがコミュニケーションを円滑に行う糸口になる。メディア選択の意思決定で重視されるのが，各メディアが情報を伝達できる程度を示す「メディア・リッチネス（media richness）」と呼ばれる概念である（Daft & Lengel, 1986）。

リッチネスの高いメディアは、より多くの情報を相手に伝達できるため、不確実性（uncertainty）や曖昧さ（equivocality）を軽減することができる、望ましいメディアである。リッチネスを高めるメディアの要件は、下記の5つである（Sheer & Chen, 2004）。

① 相手に伝達可能な情報量。
② （相手の反応等の）フィードバックがすぐに入手できる。
③ 相手を理解するためのさまざまな手がかり（cue）を伝達できる。
④ 多様な言語を用いることができる。
⑤ 情報を自分の目線で捉え、理解を促す。

5つの要件を総合すると、**図表3-3**の7種のメディアのうちリッチネスが最も高いメディアは言語と対面の組み合わせである（山崎, 2002）。最近多くの人が利用する電子メールは、主に文字・数値や記号、顔文字や絵文字などの画像を用いることができる、非対面型のメディアである。機能面では、即時性（瞬時に相手に情報を送信できる）や非同時性（相手が不在であっても情報を送信できる）などの利便性が着目されている。しかし、"メールのトーンから、相手が怒っているのかと思った"、"電子メールではこちらの意図するニュアンス、詳細が伝わらない"などの声を時々耳にする。こういった不満は、基本的に文字や記号を送るメディアであることが原因の1つである。つまり、リッチネスの高いメディアとは言い難いのである。これに対して、直接相手と対面し、言語に加えて身振り手振りなどの「非言語（nonverbal）」を用いながらコミュニケーションを図る方が、相手に自分の考えなどを理解してもらえることが多い。また、手ぶりなどのジェスチャー（ボディランゲージ）に加えて、対面時の服装、声のトーン、表情なども、相手に何らかの印象（情報）を与えるコミュニケーション言語である。この種の非言語は、対人コミュニケーションにおける言語の60〜90％を占める、コミュニケーションを円滑化させる要素として重視されている（e.g., Mehrabian, 1968 ; Davis, et al., 2002）。高度な技術を活用した画期的なメディアが登場しているが、あらゆるコミュニケーションに万能なわけではなく、状況に適したメディア取捨選択の意思決定が大切である。

的確なコミュニケーションを促すためには、「コミュニケーション・ネットワーク（communication network）」を確保することも重要である（e.g., Leavitt, 1951）。**図表3-4**にあるコミュニケーション・ネットワークは、基本的には2方向、つまりお互いのやり取りを想定しているが、1方向のやり取りもあり得る。ネットワークの形は、集団内の集権（centralization）／分権（decentralization）の度合いを反映していることが多く、"ホイール型"、"チェーン型"と"Y型"は、主に集権的な集団に共通して見受けられる、トップからの命令やロワーによる報告などである。このタイプは、トラブルや問題などが迅速に解決でき、やり取りの回数が少ない分ミス（誤配）が少ない、といった特徴がある。ネットワークの中心にいる人に最も多くの情報が集まるため、リーダーとしての役割を担うことになる。一方、"サークル型"や"全連結型"は主に分権的な集団に見られる。この場合、ミスが生じやすいが、全ての人が情報を共有でき、メンバーが公平感を抱くことができる。コミュニケーション・ネットワークは、集団や組織が扱う問題や置かれた状況に適合させる必要がある。

図表3-4 コミュニケーション・ネットワークのタイプ

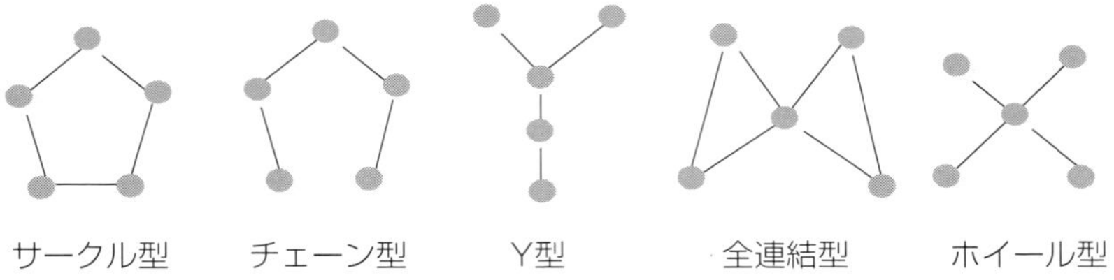

サークル型　　チェーン型　　Y型　　全連結型　　ホイール型

(iv) 構造特性

部門などの集団ごとに活動する場合、集団の"カタチ（構造）"は個々のメンバーの行動に影響する。そこで、集団を把握する4つ目の特徴である「構造特性（structural trait）」、つまり集団のカタチの特徴を理解する必要がある。集団のカタチを決める要素には、主に下記の6つが挙げられる。

第2節　集団化の影響

① （職場の）雰囲気（atmosphere）
② メンバーの役割（role）
③ メンバーの地位（status）
④ メンバーの構成要素（composition）
⑤ 規模（size）
⑥ リーダーシップ（leadership）

　①の雰囲気は文字通り，働く際の職場の空気である。これは集団の規範とも関連するもので，数多くの規範があり，規範を守る縛りが厳しい集団は，居心地が悪く雰囲気もギスギスしていることが多い。逆に，新奇で多様な考え方や意見，挑戦を歓迎し，受容するような革新（inovation）を促す雰囲気は有機的（organic）な集団を作り上げ，変化に対して柔軟に対応できる能力が高まる傾向がある。また，いわゆる"風通しのいい職場"と言うように，忌憚ない意見を出し，お互いを認め合える雰囲気も，多くの人々に望まれる集団のカタチだろう。

　②のメンバーの役割は，集団において各メンバーがどのように行動するかを規定するものである。意思決定に対する役割の影響を理解するために，「役割曖昧性（role ambiguity）」と「役割コンフリクト（role conflict）」という概念を紹介する。役割曖昧性とは，「役割を果たす上で，"義務"，"責任"そして，"権限"の3つが明確でない状態」を示す（Rizzo, et al., 1970; Peterson, et al., 1995）。例えば，マクドナルドをはじめとする複数の外食企業や小売業で蔓延していた「名ばかり管理職」問題に対して，厚生労働省は管理監督職の判断基準を明示した。この基準で重視されている点は，「職務内容，責任と権限」や「勤務態様」そして，「賃金等の待遇」についての判断基準である。名ばかり管理職問題では，権限を与えずに「課長」や「店長」といった役割を任せて少額の管理職手当を支払うことに多くの従業員が不服を感じた，つまり権限や責任が曖昧であり，自分の役割が明確でない役割曖昧性が問題の原因の1つだったと言える（【ケース26：「名ばかり管理職」問題における「役割曖昧性」是正】）。

第3章 組織における意思決定に対する「集団・組織特性」の影響

【ケース26：「名ばかり管理職」問題における「役割曖昧性」是正】
「名ばかり管理職」解消へ厚労省通達，バイト採用権など11基準，企業の対応加速へ。

　厚生労働省は9日，小売業や外食業の店長を想定した管理職（労働基準法では管理監督者）の判断基準を都道府県労働局長へ通達した。アルバイトやパートの採用に責任と権限がないなど，管理職と認められない要素を列挙。これを受けて管理職としての権限や待遇を与えていないのに，残業代を支給しない「名ばかり管理職」の解消に動く企業が増えそうだ。

　通達はチェーン展開する小売業や外食業などを対象とした。管理職は労働基準法の労働時間などに関する規定が適用されず，時間外労働や休日労働をさせても残業代を払う義務を負わない。これを利用し店長を名ばかり管理職に仕立て，残業代を払わない例があることに対する措置といえる。

　通達では管理職とは認められない11の判断基準を明記した。「職務内容，責任と権限」については，アルバイト・パートの解雇や部下の人事考課が職務内容に含まれないほか，実質的にも関与しないことなどが該当するとした。

——中略——

　東京地裁は1月，店長を管理職とし残業代を支払わなかった日本マクドナルドに約755万円の支払いを命じた。判決を受けて小売・外食関連企業は名ばかり管理職の解消に取り組んでいた。具体的な基準が記されたことで，この動きが加速するとみられる。

（出所：2008/09/10，日経産業新聞　一部抜粋）

　役割コンフリクトとは，「組織メンバーが2つ以上の役割を果たさねばならない時に，一方の役割を果たすと他方の遂行が困難になること」である（Rizzo, et al., 1970; Peterson, et al., 1995）。元プロ野球選手の古田敦也氏が，選手と監督を兼任する"プレイングマネージャー"を担っていたことが，例として挙げられる。彼は選手と監督という2つの役割を担った反面，双方を全うする苦労も語っていた。世の管理者の多くが少なからず彼の気持ちに同感したのではなかろうか。例えば，取引先との折衝や顧客対応といった現場での日常的業務の遂行という役割に加えて，部下の管理という役割も抱えているからである。当然のことながら，全ての人の1日は等しく24時間である。限られた時間の中で現場業務と管理業務を遂行する中で，一方に多くの時間を割かなければなら

ない場合や，他方を犠牲にしなければならない場合が出てくるだろう。

　企業の業務で生じる役割コンフリクトは，**図表3-5の5つのタイプに分類で
きる**（Rafaeli, 1989；Brenner & Molander, 1977；Jackson & Schuler, 1985）。

図表3-5　役割コンフリクトのタイプ

コンフリクトのタイプ	内容	例
(1) 役割内コンフリクト (intra-role conflict)	自分が抱える1つの役割内で生じるコンフリクト	数多くの顧客に対応しなければならない一方で，1人ひとりの顧客に時間をかけ丁寧に対応したい場合。
(2) 役割間コンフリクト (inter-role conflict)	自分が抱える複数の役割間で生じるコンフリクト	デキの悪い部下の成果を高める役割と，この部下の業績評価をしなければいけない役割が混在する場合。
(3) 情報発信者によるコンフリクト (intra-sender conflict)	発信者による情報から生じるコンフリクト	上司から，自分の成果を高く評価しており，昇格を期待してもいいと言われていたにも関わらず，自分の同僚が先に昇格した場合。
(4) 不適合役割コンフリクト (person-role conflict)	不適合，不適切な役割を与えられた時に生じるコンフリクト	・自分の能力や適性とは合わない役割を与えられた場合。 ・携わっている業務が，企業に利益をもたらすが，倫理的ではない場合。
(5) 役割過負荷 (role overroad)	自分の役割を超えた活動を強いられた時に生じるコンフリクト	与えられた業務が自分の専門外であったり，本来の業務を阻害するような場合。

　役割曖昧性と役割コンフリクトは組織メンバーのストレス（stress）の原因
につながることが多く，長期的には集団・組織からの離脱を招く恐れもあるた
め，組織として何らかの策を講じる必要がある。例えば，役割過負荷が生じる
前に業務範囲をある程度規定しておくべきであり，実際に過負荷を感じたメン
バーは，規定された業務範囲に照らし合わせて自己の役割を他のメンバーと確
認したり，時には役割の再分担を検討することが望ましい。あるいは，役割コ
ンフリクトが生じないために，集団や組織の倫理規定を明文化したり，各自の
価値観を再考する機会を設けるべきだろう。さらに，役割内コンフリクトに対
しては，集団・組織の全般的な立場から業務の優先順位を吟味したり，周囲の
メンバーに相談するといいだろう（e.g., Hodgetts, 1991）。

　③の地位とは，「集団や組織の中で占める"位置"に基づいて個人に付され

た社会的な順位」である。年齢，職格，給与，権力など，地位を決める要因はさまざまあり，概ね複数のメンバーとの協議によって個々のメンバーの地位が決まる。地位によって，自分が組織・集団からどのように扱われるかが決まるため，多くの人が地位に何らかの関心を払うものである。

組織における地位の意義は，個々のメンバーが組織における地位を与えられることで，メンバー1人ひとりの位置づけが決まり，組織の階層が形作られることである。"営業部の主任"，"人事部の部長"，"財務部の最高責任者（Chief Financial Officer: CFO）"といった個々人の地位があるからこそ，組織内の部門や階層の数（集権度）が決まるのである。また別の意義として，組織内の地位の強弱関係を暗示することも挙げられる。"人事部の部長"と"製造部の部長"は部門が異なるものの，基本的には同格の地位と認められる一方で，集団によっては，非公式には"人事部の部長"の方が実質的な力を握っており地位が高い，といったことがあり得る。こういった非公式の地位の上下関係が，時として不公平感を招くこともある。

④のメンバーの構成要素とは，集団メンバーの同質性（homogeneity）と異質性（heterogeneity）の度合いによって決まる。同質性の高い集団は，メンバーの特性（年齢，経験，教育，専門性，出身，文化など）が類似しており，異質性の高い集団はこれら特性がメンバー間で異なっている。但し，例えば，医薬品や化学製造業社のように，年齢や出身はバラバラだが，専門性や受けた教育は類似している集団の場合は，業務で重視される事柄は年齢よりも専門性であるため，同質性の高い集団と言える。近年では，同質性の程度を測る特性として，「デモグラフィ（人口統計学）」（年齢，性別，人種，教育水準，勤続年数など）が取り上げられている。

メンバーの異質性の高い（年齢および勤続年数などが異なる）企業では，メンバーの離職率が高い傾向が見られる（O'Reilly, et al., 1989）。世代や経験レベルが異なる者ばかりの職場では，コミュニケーションの困難性，コンフリクトや権限争奪が生じやすく，メンバーは集団に魅力を感じなくなり，離脱したいと思うようになるからである。また，権力闘争の敗者も，その集団に居づらくなるだろう。しかし一方，異質性が高い集団の場合，複雑で創造性を要する業務においてより生産性が高く，メンバーは異なる専門性や技術力を相互に引

き出す傾向もある（Moorhead & Griffin, 2004）。また，人種や出身国など文化的な背景が異なる集団については，多様な見解や価値観を意思決定に取り入れることができるため，新たなものが生み出される反面，メンバー同士が相互に理解し合ったり，母国語の異なるメンバーがコミュニケーションを図るなど，より時間を要する局面が出てくる（Watson, et al., 1993）。一方，メンバーの同質性が高い企業では，凝集性が高まりやすく，また複数のメンバーで行う単純でルーチンな業務での生産性が高い傾向も見られる。

　⑤の規模に関して，規模の小さな，つまりメンバーの少ない集団・組織では，メンバー間のコミュニケーションや相互作用が頻繁に図られ，また意見に対する合意が形成されやすい。一方，規模の大きな，メンバーの多い集団・組織では，公式的なコミュニケーション経路や官僚的な手続きが構築されているため，メンバーは規定業務をスムーズに遂行できる。また，個々のメンバーが組織全体に及ぼす影響は小さいかもしれないが，体力および余剰資源が豊富であるため，提案したアイデアやコンセプトなどを商品化しやすい環境が整っている。但し，規模が拡大した組織では，数多くのメンバーの行動を統制する必要があることから，重要な会議や議論への参加などが制約されたり，アイデアを提案する機会が少ないなどの欠点もある。その他，規模の大きい集団・組織の特徴として，トップダウン的（指示，上意下達的）リーダーシップばかりが奨励される，小規模集団よりもメンバーが仕事に対する満足度を感じにくい，上位集団（部門など）の中に下位集団（課など）がある場合に，2集団の目標や情報が一致しないことがある，社会的手抜き（本章第3節）が生じやすい，などの欠点も挙げられる。

　リーダーシップ論（leadership theory）が注目されているほど，⑥のリーダーシップは組織にとって重要な要素である。研究者の間では，リーダーシップを的確に定義することは難しいと言われている中で，共通して持たれているリーダーシップの特徴は以下の2つである。1つは，リーダーシップは集団や組織のメンバーに影響を及ぼす力を示していることであり，もう1つは，リーダーシップは集団や組織が目的を達成する手助けをすることである（Yulk, 1989）。リーダーシップには，公式的な側面と非公式的な側面がある。公式的なリーダーシップとは，集団・組織内で正規に与えられた職格を備えた者が，

権限をもって他者に影響を及ぼすことである。上司が部下に指示や業務命令を与えたり，人事考課の面接を行ったりする場合，公式的リーダーシップを発揮していると言える。これに対して，非公式的リーダーシップとは，集団・組織のメンバーから信頼され，共感を持たれ，従いたいと思われる者が自然とリーダーシップを発揮する場合である。公式的な権限は持たないが，メンバーから慕われるため，予想以上に強いリーダーシップを発揮することが可能である。1人の人物が，公式的・非公式的の両方のリーダーシップを発揮することは，可能だが稀だと言われている。このことから考えると，管理職や上司はリーダーではあるが，必ずしも有効的なリーダーシップを常に発揮しているとは限らず，管理職に就任した者にリーダーシップが備わっているとは限らない場合がある（e.g., Kotter, 1990 ; Zaleznik, 1986）。

(v) **グループ・ダイナミクス**

集団の特徴を示す5つ目（**図表3-1参照**）は「グループ・ダイナミクス（集団力学）（group dynamics）」である。「ダイナミクス」という言葉には"力学"，"原動力"といった意味がある。グループ・ダイナミクスとは，「個々のメンバーが感じる，集団・組織の居心地の良さ，忠誠心，グループ内でのアイデンティティなどの感情的側面の相互作用によって集団を動かしていくこと」である。特に，個々のメンバーが潜在的，無意識的に抱いている，他者に対する3つの感情が影響する（Bion, 1960）。第1に"逃走と闘争"感情である。集団のメンバーは意識下で，他者に委ねて自分は逃げたり，ライバル意識が高じて他者を打ち負かしたいという気持ちを持つ傾向がある。集団や組織内の対立の雰囲気や人々が抱く不安や不穏感は，どこからともなく生じるわけではなく，無意識的な"逃走と闘争"感情によるものだという。第2に"相互依存"感情である。各メンバーは，お互いに頼り合い，安心感を抱きたいと思うものである。メンバーが継続的な安心感や充足感，自己満足感を求める原動力が"相互依存"感情である。そして，第3に"相手を求める"感情である。メンバーは相方を求め，2人でペアを組むと一方がリーダー的な存在に，もう片方は用心深く物事にあたるようになり，相互に親近感を抱くようになる。メンバーが罪悪感を抱くのは，相方に対して悪いという気持ちを抱くからである。

第2節　集団化の影響

　グループ・ダイナミクスの研究では，人々が集まる空間である「場（field）」に着目し，場の中に存在するメンバーの振る舞いの影響を分析対象としている。場の概念を心理学に援用したレヴィン（Lewin, K.）は，メンバーの行動を引き出し，方向づける作用を持つのが場であると考え，場に関連するさまざまな事象はバラバラに存在するのではなく，相互作用をもってメンバーの行動に影響を及ぼして「社会的雰囲気（social atmosphere）」を形成し，メンバーの行動を規定すると説いた（Lewin, 1951）。その他，グループ・ダイナミクスの研究では，主に集団凝集性，集団規範，集団意思決定，集団構造，リーダーシップなどの影響分析が行われている。

（3）集団のタイプ

　企業や会社は１つの組織であるが，その中には複数のサブ組織である集団やチームが存在する。近年では，多様なタイプのチームが増え，チームとして意思決定を行うことが多いため，以下，いくつかの集団やチームを挙げる。

(i) 公式的集団

　「公式的集団（formal group）」とは，組織や社内の"部門（部署）"や"課"のように，組織メンバーが公然のものとして認識している集団である。組織全体の目標を達成するためには組織のメンバー同士が協力する必要があり，組織の中の複数の人々が集団を形成し，力を合わせて産み出した成果が組織を盛り上げることにつながる。そのため，各メンバーが遂行すべき業務を定め，メンバーの調整を行う管理者を設け，メンバーが協働していくために形成される集団が公式的集団である。公式的集団・チームには，「タスクフォース（task force）」，「プロジェクトチーム（project team）」，「クロスファンクショナルチーム（cross functional team：CFT）」，「自律チーム（self-managed team）」などがある（図表3-6参照）。

　「タスクフォース」とは，共同作業を通じて特定の目的を達成するための人々の集まりであり，目的が達成されると解散し，各自が従来のグループに戻る特徴を持つ集団・チームである。少人数にて結成されることが多く，目的達成の

ために長期間にわたって継続する場合もある。そのため，本来所属している集団(部門等)での業務を遂行しながら，タスクフォースの課題にも取り組む必要がある。例えば，消費財製造業にある，製品の品質をチェックしたり，新製品開発の機会を模索するための常任委員会などがタスクフォースにあたる。

「プロジェクトチーム」とは，タスクフォースと同様に特定の目的，特命を達成するための集団・チームであるが，タスクフォースよりも多人数にて結成されることが多い。目的を達成するために不可欠な人員を集めてチームを結成することに主眼が置かれており，同一部門のメンバーによって結成されることもあれば，一部の異なる部門のメンバーが集まることもある。

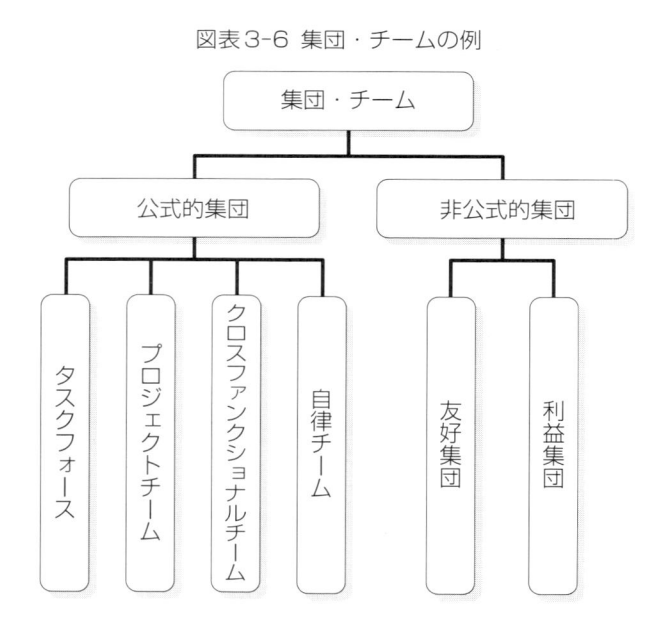

図表3-6 集団・チームの例

```
                    集団・チーム
                   ／        ＼
              公式的集団        非公式的集団
          ／  ／  ＼  ＼         ／    ＼
    タスク  プロ  クロス  自律    友好    利益
    フォース ジェクト ファンク チーム   集団    集団
          チーム  ショナル
                 チーム
```

「クロスファンクショナルチーム」とは，部門（ファンクション）をまたがる（クロス）ことに主眼を置いて結成される部門横断的チームである。特定の目的を達成するタスクフォースやプロジェクトチームとは異なり，さまざまな部門のメンバーの交流を重視し，縦割り硬直的な組織に新たな風を取り入れ，

第2節　集団化の影響

新発想にて製品を企画したり開発を進めるために形成されることが多い。特に有名なものが，日産自動車㈱のカルロス・ゴーン氏により1999年に発表された「リバイバルプラン」の一環として実施された事例であり，その後，日産に業績向上をもたらした一因とも言われた（【ケース27：企業におけるチーム】）。

【ケース27：企業におけるチーム】
<タスクフォース>
コカ・コーラ 猪俣学氏──清涼飲料「450ミリリットルスリムボトル」
　厚み3分の2，持ち運びやすく
　　最近のコンビニエンスストアの清涼飲料の陳列棚で少し変わった並び方をする商品を目にしたことがないだろうか。"かばんに入れやすく""持ち運びに便利"をコンセプトにコカ・コーラグループが開発，4月中旬に発売した「450ミリリットルスリムボトル」だ。
　　同グループの1社，コカ・コーラ東京研究開発センターの猪俣学シニアマネジャーがこの扁平（へんぺい）な形の容器を着想したのは2004年にさかのぼる。同年夏に実施した消費者調査で容器を選ぶ際に奇をてらったデザインより，コンパクトさや保存性など身近な機能に着目していることがわかり，「携帯に便利な薄型のペットボトルが受け入れられるのではないか」と思いついた。
　　商品化のきっかけは05年9月の大手コンビニエンスストアによる清涼飲料の店頭価格の引き下げ。コンビニに価格以外の付加価値を提案し，納入価格維持につなげようと考えた。
　　商品化に向け10人で結成した「CVSタスクフォース」はコンビニに来店する消費者の属性や購入する商品，どこで飲むかなど約1,500人を対象に調査した。その結果，コンビニで清涼飲料を購入する消費者の多くが学校や会社など目的地まで商品を運んで飲む，という飲用形態をとっていることがわかった。猪俣氏は「04年のアイデアと実際の消費行動を結びつけられる」と直感した。
　　　　　　　　　　　　　（出所：2007/05/18, 日経流通新聞　一部抜粋）
　　　　　　　　　　　　　　　　　　　　　　（下線は筆者が加筆）

<プロジェクトチーム>
百貨店各社，調達で「共闘」，地方店，抜本改革が急務──連携効果は限定的。
　　百貨店各社が業界をあげた連携に乗り出している。日本百貨店協会に加盟する全87社が参加し，年内にもコピー紙など備品の共同調達を実施。10月には販

促キャンペーンも手掛ける。過去最悪の売り上げ不振が各社の背中を押した格好だが，単独での経営立て直しが困難になりつつある地方百貨店を支援する側面が強い。ゆるやかな"共闘"が将来の再編の呼び水になる可能性もある。
──中略──
　まずは三越伊勢丹ホールディングスや高島屋，Ｊ・フロントリテイリングなどの<u>大手や地方の有力百貨店計９社で構成したプロジェクトチーム</u>が，今月29日にコピー紙とレジ用ロール紙で実施。仕組みを確立したうえで年内にも全社で行い，対象品目も蛍光灯や包装紙などにも広げる。
　販促キャンペーン「百貨店を遊ぼう！」は10月から１カ月間実施する。全国約260店舗が対象で，衣料品ブランドのクーポン券や「デパ地下」の食品などが抽選で当たる。10月は冬物衣料品の本格商戦が始まるのに加え，今回の消費不況が一巡する時期でもある。集客策で売り上げを大幅に伸ばし「百貨店復活」をアピールする狙いだ。

（出所：2009/07/24, 日経流通新聞　一部抜粋）
（下線は筆者が加筆）

＜クロスファンクショナルチーム＞
ゴーン日産社長が会見，部門横断チーム，好業績に貢献──再建に自信，ただ道のりは遠い。
　日産自動車のカルロス・ゴーン社長は31日，日本経済新聞などのインタビューに応じた。
──中略──
　──日産は従来，十分な改革に踏み切れず，赤字が続いた。
　「再建策リバイバルプランではトップから従業員まで達成すべき目標がある。責任を果たせば報われる。言い訳なしにやっている」
　──従業員の潜在能力を改めてどう評価するか。
　「能力の高い従業員が多い。経営陣も能力発掘に時間を割いている。ただ，<u>部門ごとでなく，クロスファンクショナル（部門横断的）な行動が重要だ。リバイバルプランの策定には部門横断チームが貢献した。</u>彼らの力なくして業績向上は不可能だった」
　──会社全体を変えるのか。
　「マーケティングや販売，生産，デザイン，財務など様々な部門が一体化してこそ大きな力を発揮する。異なる背景や技能を持った人材が協力しなければならない。<u>セクショナリズムという言葉を日本で覚えたが，これを排除する薬がクロ</u>

スファンクショナルだ」

（出所：2000/11/01, 日本経済新聞 一部抜粋）
（下線は筆者が加筆）

　「自律チーム」（「自己管理型チーム」とも呼ばれる）とは，チーム内に管理者やリーダー役の者が存在しないチームのことである。そのため，メンバー各自がチームの成果を高め，目標を達成するための責任を強く持っている。全てのメンバーが目標達成のためにチームがなすべきことを認識し，公平に力を出し合って各自の努力を調整する。そして，お互いの実績を評価し合い，時には当チームへの参加や離脱を自分たちで決めていく。このタイプのチームは新鮮で前例も少なく，組織（のトップ）にとっては衝撃的なチームに感じられるだろう。だが実際，近年では個人の意識改善やモティベーションおよびコミットメントの向上を図るために，アメリカのいくつかの企業で導入が進んでいる（Dumain, 1990）。

(ii) **非公式的集団**

　組織のメンバーは何らかの公式的集団に属している。他方，各業務を遂行するにあたり，限られたメンバーが自主的に集まることもあれば，他の組織のメンバーと主体的にやり取りを重ねることもあろう。あるいは，業務に関連なく，メンバー同士がコミュニケーションを図ることもある。このような場合は，管理者や組織から公式的には命じられていないものの，自主的に「非公式的集団（informal group）」を形成しているのである。

　非公式的集団は主に2タイプある。1つは「友好集団（friendship group）」であり，もう1つは「利益集団（interest group）」である（図表3-6参照）。前者は，業務や社会活動を楽しもうと思う人々の集まりであり，昼食を共にしたり，仕事時間外に部門のメンバーで出かけるようなケースである。多くの人は他者と社会的交流を持ちたいという欲求を持っており，たとえ業務外でも友好集団への参加を通じて欲求が満たされれば，メンバーとの連帯感や組織へのコミットメントを高めることができる。後者は，共通の目標を通じて利益を獲得するために結成される集団で，一部の組織のメンバーに共通する関心事などが

きっかけになる場合が多い。育児休暇取得を促す活動や，環境保全活動，高齢者支援活動など，ボランティアで行われるものなどである。非公式的集団のメンバーは，多くの場合，興味や価値観やアイデンティティを共有しており，そのメンバーの一員であることが公式的に評価されるわけではないが，個人的にメンバーでいたいと思う。

次に，公式的集団の一環であるが，殊に近年，組織においてより重要な役割を担う集団を紹介する。

(iii) トップマネジメントチーム

「トップマネジメントチーム（Top Management Team：TMT）」とは，文字通り，CEO（Chief Executive Officer：最高経営責任者），日本企業でいう代表取締役会長，あるいは，社長をはじめとする企業のトップマネジメントによって構成されるチームである。TMTのメンバーは取締役会およびCEOなどによって選任され，TMTは企業の中長期的な方針や経営戦略，対外政策などに関する戦略的意思決定を遂行する，企業にとって重大な意思決定機関である。その意思決定内容は複雑であるため，TMTメンバーは相互依存の関係にある場合が多い。このような性格から，まずはTMTのメンバーを比較的少なく（5～8名程度），ある程度固定化させること，次に個々人の意見や行動がTMTや企業全体の成否を左右するという意識を持つこと，そして，メンバーが相互にコミュニケーションを公然かつ誠実に図ること，最後に組織内の他のグループメンバーの要求に対して何時でもTMTの活動を公開できるよう努めること，の4点が重要である。

TMTメンバーによる企業の重要な意思決定の質は，TMTメンバーのパーソナリティ（第2章第2節）やバックグラウンド（年齢，性別，勤続年数，学歴，社会的地位などのデモグラフィ）にある程度影響を受ける（e.g., Finkelstein & Hambrick, 1990）。例えば，メンバーの多様性や異質性が高いと優れた意思決定を遂行できる傾向があるため，異なる部門でキャリアを積んだメンバーを集めることが望ましい。メンバーには，自分の秀でた技術力，知識，専門性や経験をもって組織全体のことを考慮に入れることが求められる。また，各メンバーが異なる視点で多様な情報をTMTに提供することにより，「集団思考」（本

章第3節）と呼ばれる集団の病理現象を回避することができる（Janis, 1982）。

(iv) **研究開発（R&D）チーム**

　医薬品や化学産業，コンピュータや機械・電気機器製品等の製造業から，近年では情報通信（ネットワーク）サービスを提供するサービス業に至るまで，数多くの企業が新たな技術を開発して従来品よりも優れた製品・サービスを提供していくことを重視している。「研究開発チーム（research and development（: R&D) team)（以下，R&Dチーム）」は，組織内の1つの部門として設けられている企業もあれば（例：【ケース24】のキリンビールにおける"商品開発研究所"や"醸造研究所"），「クロスファンクショナルチーム」のように部門横断的にメンバーを集めて構成される企業もある（図表3-7参照）。【ケース28：クロスファンクショナルR&Dチーム】のように，R&Dチームの各メンバーは新製品開発に必要な自分の経験や知識を出し合うことで，多様な意見・アイデアが反映された製品を提案することができ，尚かつ，各部門に順次承諾を得る必要性等から時間がかかっていた作業を，1つのチームに集結することによって迅速に進めることが可能となる。

図表3-7　横断的R&Dチーム

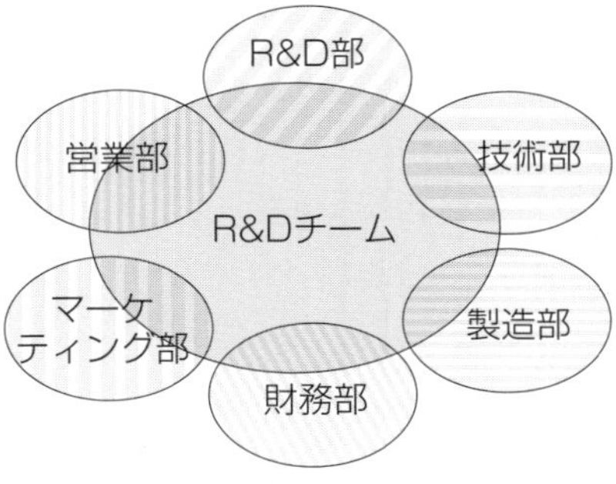

【ケース28：クロスファンクショナルR&Dチーム】
化粧品開発期間を短縮，資生堂・コーセー，ブランド別にチーム
　資生堂とコーセーが相次ぎ化粧品の開発期間の短縮に乗り出した。研究開発や生産，販売などの部署が順番に業務を受け継ぐ手法を見直し，ブランド別に社内

第3章　組織における意思決定に対する「集団・組織特性」の影響

横断的なチームが新商品の企画から発売までを手掛ける体制を構築。平均1年かかっていた開発期間を数カ月程度短縮する。最新の流行を反映させた商品を機動的に投入し，少子化などで頭打ち傾向の市場のテコ入れにつなげる。

　資生堂は第1弾として化粧品「マキアージュ」「アクアレーベル」，ヘアケア商品「ツバキ」の3ブランドで来春発売する商品から新体制を導入する。<u>ブランドごとに企画，研究開発，生産の担当者による組織横断型の専門チームを設けた。</u>

　コーセーは現在販売中の「雪肌精シュープレム」など2ブランドで，<u>マーケティング，研究開発，生産，販売会社の担当者によるチームを組織</u>。開発期間の短縮のほか，従来は発売2カ月前から始めていた販売担当者による取引先との商談が，同半年前から可能になった。効果的な販促活動に役立てる。対象ブランドを順次拡大する。

（出所：2008/12/11，日本経済新聞　一部抜粋）

（下線は筆者が加筆）

　研究開発活動においては，イノベーション，すなわち新奇で自由な発想，アイデアや意見を集約し，製品化を実現することが重要になる。しかし，あまりにも奇抜な発想は，組織においてなかなか受け入れられない現実もある。アメリカでは「スカンクワークス（skunk works）」と呼ばれる活動を敢えて設けている企業が見られる。"密造酒を作っていた場所"という語源から，秘密裏に進められる新製品研究，開発プロジェクトを示す。日本企業ではトヨタ自動車㈱で行われている（【ケース29：スカンクワークス】）。組織や企業は，常に将来のことを考え，新しい製品やサービスを生み出して社会に提供し，新たな利益源泉を模索していくことを1つの使命とする。そのためにも，スカンクワークスをはじめとするR&Dチームの活動は，企業の将来を見据えた重要な役割を担っている。

【ケース29：スカンクワークス】
第5部　人を生かす（3）異端者たち──新陳代謝担ってこそ（成長を考える）
　<u>トヨタ自動車には「スカンクプロジェクト」と呼ばれる極秘の社内チームが存在する</u>。悪臭を放つことで嫌われるスカンクのように，強い個性ゆえに嫌われ者の人材を集める。基礎研究や開発を委ねる専門家集団でもある。

> 「孫悟空が乗る雲のような車を考えられないか」。彼らにＳＦ映画のような注文を出す経営陣は，その独創性が技術の蓄積や車づくりに役立つと期待する。だが，号令一下，業務の効率化にまい進する軍隊組織のトヨタではあまりに異質で，内部では存在そのものが否定されることもある。
> 　独創性に富むが，協調性に欠ける。自己主張が強いが，時に際立った業績を上げる。どんな組織にもそんな異端がいる。
> 　組織は「規律」を重んじるが，異端は「自由」を好む。多くの日本企業は規律重視で成果を上げてきたこともあり，異端を使いこなすのに苦労してきた。
> 　　　　　　　　　　　　（出所：2007/04/12，日本経済新聞　一部抜粋）
> 　　　　　　　　　　　　　　　　　　　　　　（下線は筆者が加筆）

(ⅴ) 仮想チーム

　「仮想チーム（virtual team）」とは，各メンバーの異なる技能，専門分野の知識や経験をお互いに共有し合って目標を達成することを主眼に置いたチームのことである。このチームのメンバーは，多くの場合，プロジェクトチームやクロスファンクショナルチームと同様に，別のメインの部門に所属しているため，メンバー間には時間や空間等の隔たりが存在する。この隔たりを埋めるために，情報技術（information technology: IT）を用いて電子的にコミュニケーションを図って技能等の共有化を進めるのがこのチームの特徴である（e.g., Mittleman & Briggs, 1999）。情報化社会の進展に伴い，組織の多くのメンバーが数多くの業務を抱えて時間に追われることが多くなった。また，利便性の高いシステムが比較的安価に入手できるようになった。このような背景から，移動時間や労力，費用等のコストを節減するためにも，仮想チームの必要性は高まりつつある。仮想チームのコミュニケーション時に用いられる情報技術・電子メディアには**図表3-8**のようなものがある。

　新たな情報技術を活用することにより，仮想チームのメンバーは比較的短時間で，時には同期的に情報を共有でき，共有した情報を電子的に保存することも可能である。また，面と向かっては出しにくい意見やアイデアを，自由気軽に提案することができる場合もある。しかし，実際には，同じ場所で対面によりコミュニケーションを図るチームの方がより高い成果をあげることができるという報告もある（Furst, et al., 2004）。その理由としては，頻繁に情報交換

図表3-8 仮想チームが活用する情報技術

音声電話会議
遠隔地コミュニケーションシステム（会議室間，コンピュータ間）
同期的電子コミュニケーション（チャット等）
異時間電子コミュニケーション（電子メール，電子会議システム，電子掲示板等）
キーボード等による投票システム
集団プロジェクト管理ソフトウェア
ワイヤレスコミュニケーション機器（BlackBerry®やiPhoneなど）

(出所：Mittleman & Briggs, 1999)

を行うことができる反面，コミュニケーションの内容は常に電子的に保存されるため，メンバー間で非公式的なコミュニケーションがとられにくいことがある。また，メディア・リッチネスの低いメディアでのコミュニケーションが多く，非言語に含まれる微妙なニュアンスを伝えられなかったり，時には誤解を招いたりすることもある。さらには，メンバー間の規範が形成されにくく，ルーズなつながりになってしまうことや，直接相手の姿が見えないためにコミットメントが湧きにくく，「ただ乗り」（本章第3節）する者が現れ，メンバーの士気（モラール：morale）が低下する懸念がある。実際，仮想チームの成果を高めるには，対面コミュニケーションの機会を持つ頻度を増やしたり，上司が仮想チームのメンバーに権限委譲することでメンバーが主体的にチームに参加し，従来以上の力を発揮する「エンパワーメント（empowerment）」が鍵となると指摘されている（Kirkman, et al., 2004）。

　仮想チームが奏功すれば，特にコスト面で組織にメリットがもたらされる。アメリカの企業事例として，マリオットホテルで有名なMariiott Corporationでは，仮想チームに情報技術を導入することで従業員の労働時間短縮と，年間約100万ドルの節減を実現した。また，IBM. Incでは，仮想チームの設置により1つのプロジェクトに要する時間が約92％節減され，労働時間も約55％短縮された。さらに，Hewlett-packard Campanyでは，同期的電子コミュニケーションシステムと遠隔会議システムを導入し，世界各国に点在する関連会社の仮想チームメンバーによる同期プレゼンテーション会議が実現された（Mittleman & Briggs, 1999）。

第3節　集団意思決定

(1) 組織における集団意思決定の重要性

　数多くの組織では，たとえトップマネジメントが極めて有能で，取締役員が切れ者揃いだとしても，重要な意思決定は個人（独断）ではなく会議等の集団で行うことが多い。組織は，重要会議に出席する重役に限らず，多くの組織メンバーの協力（貢献）があってこそ存続することができるためであり，複数のメンバーの意見を反映させた意思決定を行うことが重視されるからでもある。実際，トヨタ自動車㈱やパナソニック㈱，近年ではIntelやMicrosoft等の優秀かつ著名な経営者も，重要な局面では必ず会議を開いて意思決定を行っている。言うまでもなく，組織の意思決定を理解するためには，組織メンバーが単独で行う意思決定のみならず，集団で行う意思決定についても理解する必要がある。

　何故，多くの組織では集団で意思決定を行うことが一般的なのだろうか。集団意思決定に関する初期の研究（Lewin, 1958）において，同一の題目に対して行われた個人と集団の意思決定を比較したところ，個人で意思決定を行った場合には他者の意見などの追加情報を受けても，自分の考えを変えようとしない傾向が見られた。これに対して，集団での議論を通じて意思決定を行った場合には，1人ひとりの考えは他者の意見によって変化していく傾向が見られた。意思決定を行った集団メンバーの様子を見ると，自分の意見と異なる意見でも，根拠がしっかりしていれば認め，尊重する傾向が見られ，単独で意思決定を行ったときとは異なり，自分の意見を変更することに対する拒否反応は見受けられなくなった。次第に，議論を経て導かれた結論はその集団の規範となり，メンバーの行動にまとまりすら見られるようになった。これが，個人の行動に影響を及ぼすことのできる"集団の力"である。個人が自分の行動を自由にコントロールできる状況よりも，集団の規律に従って一員として行動する状況の方が望ましいと考えられるようになっていった（Lewin, 1958）。

第3章　組織における意思決定に対する「集団・組織特性」の影響

図表3-9　意思決定を個人または集団で行うケース（理由）の比較

要因	個人	集団
問題のタイプ	創造性や能率が求められる問題	多様な知識や技術が求められる問題
意思決定の受容性	他者への受容性は重視されない場合	グループメンバーの受容性に価値がある場合
解決方法の質	最適任者が指名できる場合	複数の方がより適した解決方法を導ける場合
意思決定者の特性	意思決定者が協働に向かない場合	意思決定者が協働の経験を持つ場合
意思決定風土	競争的な風土	集団による問題解決を支援する風土
利用可能な時間	比較的急を要する場合	時間をかけられる場合

（出所：Gordon, 1991を基に作成）

　単独または集団のどちらで意思決定するかを検討する際には，意思決定問題，意思決定者，そして，その場の状況に着目する必要がある（**図表3-9**参照）。決定後に複数の人々の協力が得られないと実行困難な場合には，意思決定の受容性に価値を置くべきであるし，協働に不慣れな人々が多い場合には，意思決定者の特性を考慮する必要もある。

（2）集団意思決定（集団化）の利点

　第1は，情報処理能力の向上である。「三人寄れば文殊の知恵」というように，意思決定者の頭数（頭脳）が増えれば単純にその能力も高まる。その上，"1＋1＞2"という「シナジー効果（synesy effect）」により，単なる個人の集まりではなく，意思決定者の人数以上の能力が発揮されることも期待できる。実際，いくつかの研究では集団の方がより正確に意思決定を遂行できることを検証している（e.g., Michaelson, et al. 1989）。また，意思決定問題の把握や解釈を，独りで行う場合よりも複数者で行う場合の方がさまざまな角度から多面的に捉えることができ，より創造力豊かな案が提起されることも検証されている（Miner, 1984）。

　第2の利点は，多くのメンバーの意見や考え方（情報）を共有し，活かしていけることである（情報共有（information sharing））。複数の人々による意思決定は，経験や知識の異なる人々が集まり，意見の交換を通じて行われる。異

なる技能や知識，経験や専門性を備えたメンバーを集結させ，意見交換やディスカッションを促すことにより，意思決定問題に対してさまざまな可能性を見出し，独りでは思いつかないアイデアを生み出すこともできよう。つまり，メンバーの「多様性（diversity）」を高めて組織の成長を促すのである。加えて，1人ひとりの経験や頭の中にある知識を埋もれさせることなく他者に伝達・提供し，そして，組織の経験・知識として蓄積していく知識創造および知識管理（ナレッジマネジメント）（knowledge creation and management）も重要である（野中他，1996）。個々のメンバーが持つ知識等を集団としての知識として共有して活用していくことで，単独で行う意思決定以上の成果を追求することができる。

　第3の利点は，メンバーの「経営参加（participation）」を通じて，人々のモティベーションが高まることである。多くの人には，自分の意見や提案が他者に認められたいと思う「社会的欲求（social need）」（Maslow, 1943）ないし「社会的動機づけ（need for approval）」（e.g., Murray, 1938）がある。そこで，メンバーに組織の意思決定への参加を促し，関与を高めることで，仕事における懸念，ストレスや脅威などが軽減する傾向があり（Tosi, 1971），また，技能や成熟度が高く，有能なメンバーを意思決定に参加させることで，よりモティベーションを高めることも可能である（Hersey & Blanchard, 1982）。

　第4の利点は，組織メンバーの決定結果の「受容性（acceptance）」が高まることである。例えば，組織のトップマネジメントが下した判断は，ミドルおよびロワーマネジメントに伝えられて実行に移される。この時，経営者1人だけの意見よりも，決定に複数の人々が携わり議論を経て導かれた意見の方がより民主的であるため，多くの人が正当なものと考え，納得するだろう。逆に，トップの独断が思わぬ事態を招き，他の首脳陣から強い批判を受けたり大きな問題に発展する場合すらある（【ケース30：独断のツケ】）。

【ケース30：独断のツケ】
ソニーBMG，統合効果遠く――CEOと会長入れ替えるが…
トラブル続き，CDシェア下落
　レコード世界2位のソニーBMGが近く，アンドリュー・ラック最高経営責

第3章　組織における意思決定に対する「集団・組織特性」の影響

者（CEO）とロルフ・シュミットホルツ会長の肩書を交換する見通しとなった。同社の内紛が深刻になる中で，50％を出資するソニーのハワード・ストリンガー会長兼CEOが"ストリンガー裁定"を下した格好。だが，これで内紛が収束するかどうか不透明なうえ，離陸から1年半経過した同社は問題山積のままで経営のかじ取りを迫られる。

内紛のツケ回る

「ブルース・スプリングスティーン事件」──

　内紛の原因は，ソニー側から送り込まれたラックCEOの独断的な経営手法に，ベルテルスマン出身の役員らが不満を募らせたこと。特に問題となったのは「ラックCEOが取締役会の承認を経ずに人気歌手のブルース・スプリングスティーンさんと1億ドル超の契約を結んだ」（関係者）ことだ。ベルテルスマン側は昨夏から同CEOの退任を要求し始めた。

（出所：2006/02/10，日経産業新聞　一部抜粋）

（下線は筆者が加筆）

（3）集団意思決定（集団化）の欠点

　第1の欠点は，意思決定に時間がかかる点である。殊に，意思決定を行うために会議を設定する場合，メンバーの都合調整から始まり，会議中にも個々のメンバーが議案を理解し，考え，意見を出すために時間がかかり，会議後には議事要録の内容をメンバーに確認する必要もある。あまりにも時間がかかるために，時には入念な議論や検討を行わず，望ましくない妥協や早計な結論に至ってしまう可能性もある。

　また，日本企業の意思決定において頻繁に利用される「稟議制度」も，集団で行うものである。稟議とは，意思決定に関係するメンバーをわざわざ集めて会議を開くほど重要ではない案件について，「稟議書」と呼ばれる文章を回覧して，メンバーの承認を得て物事を決める意思決定方法である。ボトムアップ的に意思決定を進める方法としても知られている。稟議制度による意思決定では，ある人の机の上で稟議書が停滞したり，別の人は承認サイン（押印）を忘れていたり，といったことがしばしば生じるため，物事がなかなか決まらず，

多分の時間を要する場合が少なくない。

　第2の欠点は，メンバー間で画一的な思考や方法をとることが重視され，意図せざる「同調（conformity）」が生じることである。集団ではメンバー間の凝集性が高まることを好ましく思う傾向があり，実際，凝集性が高い集団の業績が高い傾向も検証されている（e.g., Moorhead & Griffin, 2004）。しかし，凝集性の高さを維持することに執心するようになると，異なる考え方や見方をするメンバーに対して，直接的，あるいは，間接的に圧力をかけてしまう可能性もでてくる。すると，他のメンバーと異なる意見を持つメンバーは，自分の意見を言いにくくなり，意に反して周囲と同調するようになる。

　同調は，周囲のメンバーとの凝集性が高くない場合ですら作用することがある。例えば，授業内で先生に回答を求められた場合に，自分の答えが周りの人の答えと違っていた時，自分の答えに自信があっても，他者の答えに合わせてしまうことがあるだろう。同調の影響を調べた実験（アッシュ実験（Asch experiment））では，見ず知らずの7名を1組とした被験者に，視覚実験と称して3つの線分の中から，既に示しておいた線分と同じ長さのものを選ぶという，極めて単純な課題を与えた。実は，7名中6名の被験者は，誤った回答をするように指示された"サクラ"であり，真の被験者は回答順番が最後の1名であった。実験の結果，真の被験者123名中，37％の被験者に誤答が見られた（Asch, 1951）。他者との凝集性が高くなく，しかも単純な問題の場合ですら，同調は生じるのである。

　第3の欠点は，「一部の者による支配」である。「長いものには巻かれろ」と言うように，多数派（dominant members）の意見に流されてしまう場合や，リーダーの主張に不本意ながらも従ってしまう場合がある。いずれの場合も，異なる意見を持つ人々の考えの是非が議論されることなく，一部のメンバーが恣意的に集団を操作してしまうこととなる。このような場合，意思決定後の実行段階で他のメンバーの合意や容認を得られなくなり，停滞もしくは中断してしまいかねない。あるいは，不満を感じる人が出て意思決定成果自体の質が低下することも懸念される。

　第4の欠点は，意味もなく議論の"勝ち負け"を重視してしまうこと（無用な勝負心）である。自分の意見が採用されることは嬉しく，できれば棄却され

たくはない。また，議論が白熱してくると，相手を説得するのではなく打ち負かすことに力を注いでしまう人も出てきてしまう。この傾向は，集団や組織内に無用なコンフリクトや不穏な空気をもたらしかねない弊害となる。

　第5の欠点は，「社会的手抜き（social loafing）」（または「ただ乗り（free rider）」）である（e.g., Latane, et al., 1979）。集団意思決定の特徴の1つとして，殊に役割分担が明確に規定されていない人々が集まって意思決定を行う際に，意思決定結果の成否の責任が誰にあるのか，明示，あるいは，言及し難い点がある。つまり，責任の所在が曖昧（diffusion of responsibility）になりやすい（Darley & Latane, 1968）。このような特徴が波及して，複数の人々が共同で作業をする際に，各メンバーの投下努力度が明確に測定，把握できない故に，各々が単独で作業をする時よりも投下する努力の程度を低下させる現象が社会的手抜きである。

　社会的手抜きが生じる原因は，1つは個々のメンバーの貢献が正当に識別できないことである。"綱引き"のように複数の人々の力が集結して成果となる場合，力を入れているフリをしていても周囲には気づかれないため，人の力にただ乗りする者が出てくる。2つ目は，複数のメンバーの中での自分の努力や貢献がそれほど重要ではないと考えられることである。他のメンバーがやるから，自分は手出ししなくてもいいと思うのである。例えば，メンバーでの会食の席で汚れたテーブルを自分が拭かなくてもいいと思ったり，新参者で知識のない自分が意見を述べても仕方がないなどと思ったりする。殊に，メンバーの人数が増えるにつれて，自分の貢献は不要と思う傾向がある（Latane, 1986）。社会的手抜きが深刻な問題となる理由は，単に集団の成果や有効性を低下させるからだけでなく，1人の社会的手抜きが他のメンバーの行動に波及して，他の者も手抜きをし始め，集団全体のモティベーションを低下させるからである。

　第6の欠点は「集団極性化（group polarization）」である。極性化とは一方に極端に偏ることだが，この場合，過度に急進的になる「リスキー・シフト（risky shift）」と過度に保守的になる「コーシャス・シフト（cautious shift）」の2方向がある。意思決定問題について感じる懸念や不安，あるいは，革新や前進を促す（抑える）気持ちなどが，単独よりも集団で考える場合には強まるからであり，集団での議論や討論の時間が長くなり白熱していくにつれて，極性化が

進む傾向がある（Myers, 1982）。

　第7の欠点として紹介するものは「集団思考」と呼ばれる，一種の集団病理現象である。これは，さまざまな要因が相互に影響することで，集団として客観的かつ道徳的な意思決定ができなくなる現象である。集団思考については，その影響力の重大性から節を改めて詳述し，ここでは紹介した集団意思決定の利点と欠点をまとめておく（**図表3-10**参照）。

図表3-10　集団意思決定の利点と欠点

利点	欠点
1．情報処理能力の向上	1．時間を要する
2．情報共有	2．意図せざる同調
3．経営参加	3．一部の者による支配
4．受容性の向上	4．無用な勝負心
	5．社会的手抜き，責任所在の曖昧性
	6．集団極性化
	7．集団思考

（4）集団思考

　「集団思考（groupthink）」（または「グループシンク」）とは，1972年にアービング・ジャニス（Irving Janis）が提唱した集団意思決定における，一種の病理現象を示す概念である。集団の特徴を把握する1つの要因に凝集性の高さがある。凝集性の高い集団は，メンバー間の考え方や価値観が類似しており，凝集性が高いこと自体を誇りに思い，より凝集性を高めたいと思うようになる傾向がある。しかし，過度にメンバーの凝集性を高めることに注力すると，本来の集団の目的達成を忘れて，誤った方向に進んでいく懸念がある。

　具体的には，一致団結して凝集性を高め，満場一致で結論に至ることを過度に重視するようになることで，異なる意見や発想を排除したり，議論の活性化を図ろうとする者に圧力をかける動きが出てくる。すると，一部のメンバーの意見しか受け入れなくなったり（一部の者による支配），自分が意見を述べても意味がないと思う者（社会的手抜き）や，異議を唱えるに憚られると思う者（同調）が出てくる。終いには，冷静に考えれば分かるような判断すらできな

第3章 組織における意思決定に対する「集団・組織特性」の影響

図表3-11 集団思考の概要

【先行要因】
- 強い同調圧力
- 構造的要因
  - 断絶的集団
  - 党派心的リーダーシップ
- 非手続き的慣習
- 思想的同質性
- 状況要因
  - 外部からの圧力
  - 抑圧的状況
  - 意見の欠如
  - 低い自己評価

【兆候】
＝集団価値の過大評価＝
1. 不敗神話
2. 内集団の道徳重視
＝閉鎖的な思考態度＝
3. 集団合理化
4. 外部集団の紋切型解釈
＝一律化に対する圧力＝
5. 自己監視
6. 満場一致の幻想
7. 逸脱に対する圧力
8. 意見防御

集団思考
（過度の一致幻想）

【意思決定の特徴】
1. 意見の限定的検討
2. 限定的目標の設定
3. 費用-便益の限定的評価
4. 専門知識の限定的利用
5. 不当な情報の無視
6. 意見の限定的評価
7. 状況適合的計画の欠如

（出所：Janis & Mann, 1977）

図表3-12 集団思考の事例（アメリカ・日本）

1961年	米アイゼンハワー大統領と側近	ピッグス湾事件における敵への挑発発言
1964-1967年	米ジョンソン大統領と側近	ベトナム戦争への介入
1972年	米ニクソン大統領と側近	ウォーターゲート事件に関する捜査妨害
1986年	NASAとモートンサイオコール社	スペースシャトル チャレンジャー号爆発事故
2000-2001年	三菱自動車	リコール隠し ～20年以上にわたり，クレーム隠蔽のための対応マニュアルを作成
2006年	岐阜県庁のほぼ全部署	組織ぐるみの裏金問題（約4億6,000万円） ～職員は「必要悪」との意識
2007年	不二家	期限切れ原料使用 ～上司が使用を指示し，組織ぐるみで認識

チャレンジャー号爆発直後
（出所：NASAオフィシャルサイト
(http://grin.hq.nasa.gov/IMAGES/SMALL/GPN-2004-00012.jpg）より）

くなり，過度に危険，あるいは，保守的な意思決定をしたり（集団極性化），時には集団全体で不道徳な，倫理に悖る意思決定を行ってしまう現象が集団思考である。つまり，これまで紹介した集団意思決定の欠点が複合的に生じてしまう現象と言える。

　何故このような恐ろしい傾向に陥ってしまうのか。**図表3-11**には集団思考を招く先行要因，集団思考に陥る兆候，陥った時の意思決定の特徴が示されている（Janis & Mann, 1977）。

　図表3-12に集団思考と考えられる事例を挙げたが，いずれの事例も，そのまま邁進すればうまくいかずに失敗する懸念があらかじめ指摘されていたと言われている。にもかかわらず，その指摘を黙止ないし隠滅し，悲惨な結果を招いたものである。

　集団意思決定の利点および欠点をいくつか挙げてきた。長短を比較すると欠点の方が数多く，しかも対応が厄介なものばかりである。だが，この欠点に余りある利点を期待して，組織では日々会議が開かれ意思決定が行われるのである。次に，これら欠点を克服し，集団意思決定を活性化させる技法を紹介する。

（5）集団意思決定の技法

(ⅰ) ブレインストーミング

　会議のような集団で意思決定を行う場において，情報収集や代替案設計の段階で，多様な視点から新規な考え方やアイデアを引き出すことは極めて重要である。数多くの意見が出ることにより，見落としがちな大事な側面について気づくこともできる。また，提案したアイデアが直ちに商品などに採用されないとしても，時間が経ってから何らかの形で反映されることも，しばしばある。

　しかし逆に，自分が提案したアイデアが無下に批判されるかもしれないならば，人々は口をつぐんでしまうだろう。「ブレインストーミング（brainstorming）」とは，集団意思決定において，数多くのメンバーから数多くのアイデアを収集し，他者の意見を反映させてさらにアイデアを集約する技法であり（Osborn, 1957），次のようなプロセスで行われる。

第3章　組織における意思決定に対する「集団・組織特性」の影響

---

1. メンバー全員がテーブルに着いたところで，座長があるテーマについて自分たちが直面する問題や機会について，どんなものでも構わないのでアイデア・意見を出すよう促す。
2. どのようなアイデアであれ，メンバーから出された意見を決して批判しないというルールのもと，メンバーはお互いにできるだけ多くのアイデアを出し合う。
3. メンバーの1人が必ず，出されたアイデアの内容を正確にホワイトボードやフリップなどに記録する。
4. 他者の意見を聞きながらさらなるアイデアを探ってアイデアを発展させ，これ以上新しい，優れたアイデアが出ないと確認できるまで，アイデアを出し続ける。

　シナジー効果に見るように，2人以上の考えが交わることで3人以上の力を発揮でき，優れたアイデアを提案できることが多い。実際，例えばアメリカ・シリコンバレーにあるデザイン会社アイディオ社（IDEO Inc.）は数多くの優れた商品を，ブレインストーミングを用いて生み出してきたことで知られている（Thompson, 2003）。また，日本企業でもブレインストーミングの効果が報告されている（【ケース31：ブレインストーミングによりアイデア創出】）。

【ケース31：ブレインストーミングによりアイデア創出】
老舗ミツカンは納豆業界の新星——常識破り商品，瞬く間にシェア2位。
　ミツカンの「納豆」事業が勢いづいている。1804年（文化元年）創業以来，酢の生産で培った「菌の技術」を応用したからだけではない。無臭タイプや骨を強化する機能を備えた商品など，業界の常識を覆した新商品を次々と生み出す。新参者にもかかわらず2位の座を不動のものにできたのは，異分野組織の間に生まれる壁を越えて自由に意見交換できるプロセスがあるからという。
　「今，ちょっとこっちに来られる？　ブレストするから」。愛知県半田市にあるミツカンの小さな会議室に向かう廊下で，マーケティング本部の新美佳久課長は携帯電話で参加者を募っていた。ブレストとは意見を出し合う会議「ブレインストーミング」のこと。家庭用チルド（冷蔵）商品の企画などを指揮する新美課長は，アイデアを思いつくとすぐ，関係者を集めてブレストに入る。
　この時は納豆商品の開発担当，商品企画担当，マーケティング担当の3人が集まった。みな30代前半だ。新美課長は，会議室奥にあるチルド（冷蔵）商品専

用の小型陳列棚から納豆のパックを1つ取り，ふたを開けて納豆を割りばしでぐるぐるとかき回す。そこに新開発のタレを加え，またかき混ぜる。
　「どう？」。新美課長が差し出した納豆の試食が始まる。参加者は，ネバネバした納豆の糸が絡みつくのも構わず，思いつくままに話し出す。
　「何か足りなくない？」
　「何？」
　「酸味が強いよね？」
　「うーん，ちょっと酸っぱいかな」
　「ほかに何か入れたらどうかな」
　「梅なんかどう？」
　「もっと酸っぱくならない？」
　「よし，梅肉ちょっと入れてみよう」——。
　商品企画のきっかけは，納豆需要が夏場に落ち込むこと。「さっぱりした味わいならば売れるかもしれない……」。新美課長は思った。そこで，カツオや昆布だしなどが主流の納豆タレに，業界で初めて黒酢や梅肉を採用し，「酸っぱくないさっぱり感を実現した」。
　3月に発売した新製品「金のつぶ　梅風味黒酢たれ」は，こうしたブレストから生まれた。1セット（40グラム入り3個）の希望小売価格は158円。同社の既存商品より割高だが，発売から4カ月で累計2,200万食を突破し，ヒット商品となった。
　ミツカンの原動力となるブレスト。いまではブレストメンバーは，「15人はいる」という。

（出所：2005/07/26，日経産業新聞　一部抜粋）

　しかし他方で，複数のメンバーではなく，"1人ブレインストーミング"を行う方が，より優れた数多くのアイデアを捻出できるケースも報告されている（e.g., Mullen, et al., 1991; Diehl & Stroebe, 1987）。理由はいくつか考えられるが，その1つに，他者には批判されないルールはあるものの，他のメンバーが口に出さないが批判的な考えを抱いている，あるいは，馬鹿にしているに違いないと思ってしまうことがある。別の理由として，数多くのアイデアに対して，何人かのメンバーはアイデアの多さや白熱した雰囲気などについて行けず，取り乱してしまうことも挙げられる（Thompson, 2003）。

これらの問題点を克服する方法としては，例えばアイデアを口頭で言いあうのではなく，各自が紙に記して提出し，メンバーの1人が用紙の内容をホワイトボードなどに書き出す「ブレイン・ライティング（brain-writing）」がある。この方法は匿名にもなるため，よりアイデアを出しやすい雰囲気をつくることができる（Thompson, 2003）。別の方法としては，同じ場におり，意見を迫られることによる威圧感等の雰囲気を改善させるために，「電子ブレインストーミング（electronic brainstorming）」も可能である。メンバーはコンピュータの前に座り，できるだけ多くのアイデアを入力していく。全てのメンバーの入力が終わったところで，全員が見られる大型スクリーンに全員のアイデアを表示させる。匿名性が保たれ，発言の必要性がないために，対面時に感じるプレッシャーなく参加できる反面，大型スクリーンに表示されるまで他者のアイデアは分からないため，重複等の無駄が生じるデメリットもある。

(ii) ノミナル集団技法

　他者から感じるプレッシャーを克服する別の集団意思決定技法として提案されたのが「ノミナル集団技法（nominal group technique）」である。この技法は，先のブレイン・ライティングと電子ブレインストーミングを組み合わせたものである（Van de Ven & Delbecq, 1974）。下記のような4つの手続き上のルールがある。

---

1. メンバー全員はテーブルに着き，会議のテーマについて自分のアイデア・意見を黙って紙，あるいは，コンピュータ端末に記す。
2. 各メンバーは紙等に記したアイデアを順番に述べて行き，全員の全てのアイデアを列挙する。
3. 全アイデアをホワイトボードや大型スクリーン等に表示させた後に，出されアイデアについてメンバーで議論する。ここでは主に，アイデアの質疑や評価を行う。
4. 全メンバーで議論した後に，各メンバーは全アイデアについて各自で順位付けを行い，結果を集計して最上位のアイデアをグループとして採択する。

　ノミナル集団技法は，意思決定時に全員が自分の意見を出すため，全員が何

らかの形で参加することができる。一方，さまざまな条件や制約がある複雑な意思決定問題や，大量の情報の処理を要する場合には不向きである。また，採択する案に対して大多数のメンバーによるある程度の合意形成が重視される（陪審法のような）意思決定にも適さない技法である。

(iii) デルファイ法

上記2つの技法はメンバーが一堂に会するものだったが，その必要はなく，自分の家や遠隔地などからも参加できる技法が「デルファイ法（delphi technique）」である（Dalkey, 1969）。メンバーは議長に，今回のテーマについて自分の意見を告げる。議長は全メンバーの意見を要約し，全メンバーにフィードバックする。メンバーはその後，フィードバックに対して2回目の意見を告げる。もちろん，初回の意見から変更しても構わない。意見とフィードバックは，何度も繰り返されることもあれば数回で終わることもある。最終的には，議長によってメンバーの意見が集約され，全メンバーの意見を反映して要約されたものを，集団意思決定の結論とする。

デルファイ法が効果的との指摘もあるが（e.g., Van de Ven & Delbecq, 1974），幾度のやり取りで時間がかかったり，議長の集約・要約の煩雑性を軽減させるためにメンバーの意見の範囲をある程度制限することもあるため，自由な発想の意見が出にくいというデメリットが強い。近年では，電子メールなどの情報技術を活用することで時間面のデメリットは克服できるだろう。

(iv) 議論を促す2つの技法

上記の技法によって数多くのアイデアが提案されたならば，次に提案されたアイデアについて議論し，絞り込む必要がある。その技法を2つ紹介する。

第1は「弁証的質問法（dialectical inquiry）」である。「弁証」とは，1つの物事を2つの異なる側面から捉えることである。例えば，"恋愛"とは人の心を満たしてくれるものだが，反面，人を失望させるものでもある。このように，物事の異なる側面を見ることで，より理解が深まるものである。集団で行う議論においても，最初に2つの異なる立場によってメンバーを2つのグループに分けて議論・討論を促す技法が弁証的質問法である。この技法により，メンバ

ーは単に自分の意見を主張するだけでなく、自分とは異なる意見を聞くことにより、1つのテーマについて2つの異なる立場から、より深く考える機会を持つことができる。また、相手の意見を踏まえて自分の考えを修正したり、相手に自分の考えを理解してもらうなど、より建設的な議論を行うことができるため、2つのグループの意見を収斂させた結論に至ることができる（Schweiger, et al., 1986）。

第2は「悪魔の代弁人（あまのじゃく）（devils' advocate）」と呼ばれる、わざと反対の立場から意見を言う、ある意見に対して敢えて反論する役割を担う人をグループに設ける技法である。弁証的質問法と同様、メンバーに反対の意見について考えさせる機会を与えるものだが、ここでの"あまのじゃく"は1人もしくは少数であるため、反対された者は個人的な反感を抱いてしまったり、"あまのじゃく"役の人が批判されたり嫌われる可能性に配慮する必要がある。

双方の技法は、いわば建設的な対立を意図的に設定してより議論を促すものである。異なる視点からの意見をメンバー全員が考えることにより、これまで見えていなかった新たな考えやアイデアを見出せる可能性があり、実際の組織においてもその効果が確認される。その一方で、グループ内での些細なコンフリクトが生じるなどの理由から、単にアイデアを出させるブレインストーミングと比べると、メンバーの満足度が低い傾向も指摘されている（Schweiger, et al. 1986）。

第4節　組織構造の影響

企業や団体等の組織特性も、さまざまな意思決定に影響を及ぼす。ここでは主に「組織構造（organizational structure）」の影響について考えていく。

組織構造を把握するにあたって、2つの側面に目を向ける必要がある。人の構造（体型）を見る時には、背が高いかどうかと太っているかどうか等に目を向けるように、組織の場合も"縦と横"、つまり垂直的および水平的な広がりの程度が重要になる。垂直度は「階層（hierarchy）」、水平度は「部門（department）」数をみることになる。

(1) 組織階層

「組織階層（organizational hierarchy）」とは，組織内の"階級（level）"を示すものであり，直接的には，企業の最高責任者から低階層者に至るまでの組織内の段階である。各階層にはそれぞれの役割と「権限（authority）」があるため，階層によって各メンバーの組織内での上下，指示命令関係が分かる。

組織階層の数は，組織の集権・分権度を示す。階層数が多いほど「集権的（centralized）」，少ないほど「分権的（decentralized）」組織となる。集権的組織と分権的組織の利点は図表3-13の通りである。

図表3-13 集権的組織と分権的組織の利点

集権的組織	分権的組織
1．命令や報告を複数の階層で再検討できる。	1．逐次上位者の意向を仰ぐ必要なく，タイムリーに決定を下せる。
2．各階層の人数が相対的に少なく，階層間の統制や調整が容易である。	2．メンバーの士気やモティベーションが高まる。
3．トップの方針や戦略の実行を促しやすい。	3．現場での管理者育成の機会が多い。
4．規模の経済を追求しやすく，間接費を軽減しやすい。	4．現場レベルで業務を完結できる。

階層数が増えると管理者数が増え，管理者の給与などのコストが増加する。また，下位者からトップまでのコミュニケーションに数多くの管理者が介在し，コミュニケーション経路の数も増加するため，意思決定に時間がかかる。従来から終身雇用および年功制度を採用してきた多くの日本企業では，勤続年数の長い従業員数の増加に伴い，管理者数も増加せざるを得なくなり，自ずと集権化が進んだ。しかし，昨今の変化の激しい経営環境では，集権化よりも分権化の利点を活かす企業が増えている（e.g., Paine & Mavrinac, 1995）（【ケース32：フラット化する組織】）。

第3章　組織における意思決定に対する「集団・組織特性」の影響

【ケース32：フラット化する組織】
東芝，幹部候補育成――通用しません「○○一筋」，他流試合が出世の条件。
　東芝が次代の経営を担う幹部候補者を育成するため導入した教育制度が定着してきた。3つの異なる部門を経験することなど事業部長の登用の条件に明確な基準を設け，経営者としての能力開発に長期的な視野で取り組むのが特徴だ。1999年4月に社内カンパニー制を導入，<u>組織階層のフラット化</u>を進め，事業部門が現場で機動的に意思決定できる体制を構築してきた。事業部長級の人材教育で全社的な経営能力を引き上げる仕組みを作り，さらに企業の競争力を高める。
　　　　　　　　　　　　（出所：2000/12/01, 日経産業新聞　一部抜粋）
　　　　　　　　　　　　　　　　　　　　　　　　（下線は筆者が加筆）

HP「ハード流」順調な船出――5-7月, 継続事業ベース, 最終利益45.7％増。
　米ヒューレット・パッカード（HP）が16日に発表した5-7月期決算は，一時費用を除いた継続事業ベースの最終利益が前年同期比45.7％増の10億6,100万ドルと大幅増益だった。パソコン部門の利益率改善が寄与した。4月就任のマーク・ハード最高経営責任者（CEO）が初めて指揮した最初の四半期で，採算性を重視する新CEOの経営改革は順調に滑り出した。
　――中略――
　ハードCEOは就任以降，部門別損益管理の徹底や従業員の1割削減，<u>組織階層の簡素化</u>などのリストラ策を矢継ぎ早に打ち出した。同CEOは電話会見で「これまでやったことが結果に出て満足している。引き続き採算性改善に取り組みたい」と述べた。
　　　　　　　　　　　　（出所：2005/08/17, 日本経済新聞夕刊　一部抜粋）
　　　　　　　　　　　　　　　　　　　　　　　　（下線は筆者が加筆）

富士ソフト，事業本部制を廃止，管理職も半減，意思決定迅速に。
　富士ソフトは29日，中期戦略に基づいた組織変更を10月1日付で実施すると発表した。これまでの事業本部制を廃止し，「事業グループ」と呼ぶ組織単位に再編する。併せて<u>全社的に管理職ポストを半減させ組織をフラット化。意思決定のスピードを迅速化し，中期戦略の推進を加速する。</u>
　4つある現在の事業本部を，5つの事業グループと1つの部に再編する。
　受託型のシステム開発や組み込みソフト開発を手がける「システム開発事業グループ」，金融事業向けのシステム開発を担当する「金融事業グループ」，首都圏以外のシステム開発事業を統合する「エリア事業グループ」など，これまで事業

本部制で分散していた事業をグループとしてまとめ，指揮系統や役割を明確化する。

全社戦略に基づいた施策の展開スピードを速めるため，組織をフラット化。事業部門だけでなく本社部門も含め，全社的に管理職ポストを約200減らし半減させる。

（出所：2009/09/30, 日経産業新聞）
（下線は筆者が加筆）

　階層数により，1人の管理者が管理しなければならない部下の数である「統制の範囲（span of control）」も決まってくる。**図表3-14**は，管理者数1,000名の2つの組織の組織階級と統制の範囲の比較が示されている。同じ管理者数の組織であっても，組織Aは階級ごとのコミュニケーション数が多い垂直的な組織であるのに対して，組織Bはより水平的な組織であり，コミュニケーション・ネットワークの観点からも，前者は集権的であるのに対して後者は分権的であることが分かる。また，階級数が異なることで管理者の統制の範囲も異

図表3-14 組織階級と「統制の範囲」

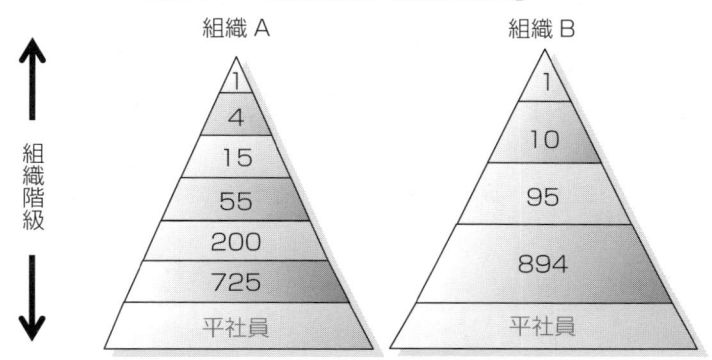

組織A：1／4／15／55／200／725／平社員

組織B：1／10／95／894／平社員

	組織A	組織B
管理者数	1000名	1000名
最下位階級より上の管理者層数	275	106
管理階級数	6	4
管理者1人の統制の範囲（概数）	4名	10名

なる。組織Bのように統制の範囲が広い場合には、階級数が少ないために、垂直的コミュニケーションに要する時間等のコストを減らすことができる。また、統制しなければならない部下数が多いため、職務関与や管理者の主導権（initiative）を強めることができる。その反面、部下数が多いために個別の指導や教育が十分に行えない可能性がある。また、業務内容が複雑で随時直接的な指示を要する場合には、統制の範囲は狭い方が望ましい。一般的に、最高経営責任者（CEO）の統制の範囲は、彼らの意思決定の複雑性や膨大さを考慮して、6名を超えるべきではないと言われている（Jones, 2003）。

（2）組織部門化

(i) 職能別組織と事業部制組織

「組織部門化（organizational departmentation）」とは、組織内の業務を分担する（分業）ために、組織のメンバーや経営資源をいくつかの単位に分類することである。例えば、製造業には"仕入"、"製造"、"営業"、"R&D"、"財務"や"マーケティング"などの役割が必要になる。これら各役割のことを「職能（function）」と呼ぶ。職能ごとに組織内を分割する組織構造を「職能別（または機能別）組織（functional organization）」という。

これに対して、同じ製造業でも、家電製品、パソコン、ゲーム、半導体、携

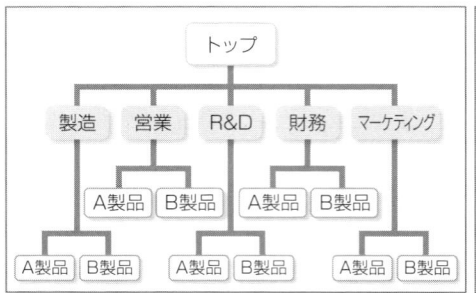

図表3-15 職能別組織（左）と事業部制組織（右）

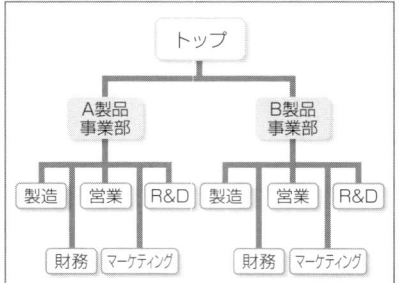

帯電話など，異なる製品ごとに組織内を分割する組織構造を「事業部制組織（divisional organization）」という。2つのタイプの組織構造の違いを視覚的にも理解することが大事である（figure 3-15）。職能別組織は，トップの直下に職能別の部門があり，各部門の中に扱う製品の種類ごとのサブ部門がくる。一方，事業部制組織はトップの直下に扱う製品の種類で分類された事業部があり，各事業部の中に職能ごとのサブ部門がくる。また事業部制組織は，扱う"製品"に限らず"地域"や"顧客"によって事業部が分類されることもある。

企業はどちらの組織構造を選ぶべきか。それは，figure 3-16に示した各組織構造の特徴と，長所および短所を踏まえ，自分たち組織が今何を求め，どのような環境におかれているかを理解すれば，見えてくるだろう（Duncan, 1979）。

図表3-16　2つの組織構造の特徴と長短

職能別組織			事業部制組織		
特徴			特徴		
職能（職務の内容）によって部門化される。			事業部（製品・地域・顧客等）によって部門化される。		
トップに権限が集まる集権的組織。			各部門（事業部）に権限が委譲される分権的組織。		
製品や顧客のタイプなどが少ない時に採用。			組織内での製品や顧客のタイプなどが多様な時に採用。		
製品の技術力や専門性を高めたい場合に採用。			製品ごとに迅速な対応が必要な場合に採用。		
長所		短所	長所		短所
各部門・各メンバーの専門性やスキル向上。		扱う製品・事業が増えるほど，調整難航。	部門間調整の必要性が低い。		専門性・技術力の向上が困難。
経営資源の有効活用。（省コスト）		部門間調整に時間がかかる。	各部門に関連する急速な変化に俊敏に対応できる。		職能間に重複が生じる。
R&Dの促進。		責任がトップに集約し，各部門の責任が曖昧化。	部門ごとに採算や収益を考えることができる。		1組織内の製品の互換性が薄い。
			経営者・後継者育成ができる。		短期志向に走りやすい。
					部門最適化に陥りやすい。

第3章　組織における意思決定に対する「集団・組織特性」の影響

　実際の事例として，本章冒頭の【ケース24】の2つの企業を取り上げて，各企業が組織構造に求めるものを考えてみる。キリンビールは職能別組織を採用している。組織図を見ると，社長および経営戦略会議のポストの下に，生産部門，営業部門，SCM（supply chain management）部門と呼ばれる物流関連業務，そして，企画部門，人事総務部門，広報部門，CSR（corporate social responsibility：企業の社会的責任）部門などの職能別に分類された部門が並列的に配置されている。ここで，営業，SCM，生産職能は，キリンビールの本業（酒類飲料の製造販売）を担う部門であることから「ライン部門（line department）」と呼ばれる。他方，企画，人事，広報およびCSR職能は，本業に従事していないが組織が効率的に運営していくために不可欠な，ライン部門をサポートする部門として「スタッフ部門（staff department）」と呼ばれる。

　キリンビールはビールや発泡酒，チューハイなど複数の種類の製品を扱うものの，酒類という同じジャンルの製品であるため，製品ごとの製造工程や製造機器は類似している。そこで，職能によって部門化する職能別組織を採用することで，各職能に重複が生じることなく効率的に業務を遂行できる。また，同じ職務を遂行する人々が集まることで，意思疎通が図りやすく，職務遂行に有益な専門性も高まる。

　一方，ソニーは事業部制組織を採用している。その理由は，ソニーではテレビやオーディオ，半導体やゲームなど多種多様な製品を扱っており，しかも，各製品の特徴に加えて，市場や顧客も相違点が多い。そこで，製品ごとに事業部を設けることで，事業部ごとに環境変化に迅速に対応でき，また独立した活動を展開することができる。さらに，事業部ごとに採算を考慮することにより，ある事業部が，（ゲーム事業のような）赤字続きの別の事業部を収益面でサポート，リードすることで，企業全体として収益をあげることも可能である。

(ii) **カンパニー制とマトリックス組織**

　事業部制組織の各事業部は，製造から営業・販売まで事業部内で行うため，あたかも1つの会社のような活動となる。各事業部の裁量を高めて独立採算を促すことで，企業全体の収益性を高めることが可能となる。主にこのような目的のために採用される組織構造を「カンパニー制（division company

第4節　組織構造の影響

organization)」という。事業部1つひとつを"カンパニー（会社）"とみなし，独立した組織のように扱う特徴を持つ。もともとアメリカ企業で見受けられた組織構造であり，日本では1994年にソニーが初めて採用し，以降，日立製作所，東芝，武田薬品工業，ダイエー，明治製菓などでも採用されるようになった。しかし，顕著な縦割り構造であり，事業部制組織の短所（**図表3-16**）が特に表れやすいため，取りやめる企業も見受けられる。

職能別組織と事業部制組織には，**図表3-16**のような短所がそれぞれ存在する。そこで，両者の短所を克服し，長所の寄せ集めを狙った第3の組織構造を「マトリックス組織（matrix organization)」という（**図表3-17**）。マトリックスとは"格子"という意味であり，縦と横に部門を設置してその交点に人員配置するものである。

マトリックス組織は，一方の軸（**図表3-17**では横軸）に製造や営業など部門を置いて部門ごとに同一業務を遂行するため，効率性やメンバーの専門性を高めることができると同時に，他方の軸（**図表3-17**では縦軸）に製品の種類や地域などの部門を置くことで，市場や顧客ごとの多様な変化に迅速に対応す

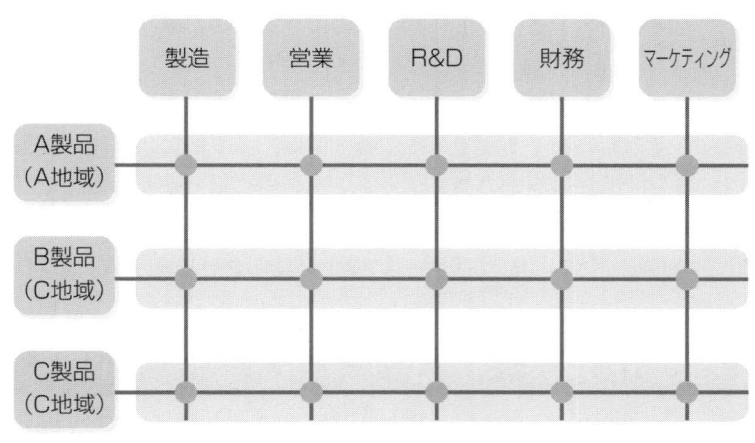

図表3-17　マトリックス組織

● 2人の上司から指示を受け，報告する社員
　 2人の上司が存在する各製品（地域）部門

ることができる。このような形態から，各メンバーには縦軸と横軸の2人の上司が存在することとなる。これは「ツーボスシステム（two boss system）」と呼ばれており，マトリックス組織の象徴的な特徴となっている。

マトリックス組織の長所は，①新製品開発が迅速かつ円滑に推進できること，②縦横の両方向でコミュニケーションを図れること，そして，③収益の源泉となるイノベーション活動を推進しやすいこと，などが挙げられる（Burns, 1989）。特に，異なる職能のメンバーが1つの製品や地域に携わり自分の経験を活かすことによって，いわゆる縦割りにより硬直的になることなく，柔軟な対応が可能となる。また，単一の職能に従事する人が，自分の職能の範囲を超えて，製品の製造から販売に至るまでのプロセスに携わることができる点は，メンバーの製品に対する責任感やモティベーションを高めることもできる。

しかし，マトリックス組織には，職務における混乱や不安，不満を招きかねないという，いわば致命的な短所が存在する。2人の上司から同時に，時に矛盾するような指示を受けた時に，どちらの命令を優先させるべきかが曖昧になる（役割曖昧性）。こういった業務における直接的な混乱は，メンバーのストレスや不安を引き出す原因となりやすい。あるいは，2つの部門を行ったり来たりしながら業務を進めることが多いため，時間や労力等のコストが予想以上にかかり，不満を感じる場合も生じる。このような理由から，実際の企業においてマトリックス組織は嫌厭される傾向にある（Davis & Lawrence, 1978）。とは言え，マトリックス組織は企業の躍進や成長に欠かせないイノベーションを促す利点を備えている。そこで，多くの企業は，基本的には事業部制もしくは職能別組織を採用し，新規のプロジェクトや企画に取りかかる際には「プロジェクトチーム」や「クロスファンクショナルチーム」などの横断的チームを結成させて対応している（先の【ケース27：企業におけるチーム】参照）。

（3）組織設計の実際（事例紹介）

組織は，上記のように階層（垂直的分化）および部門化（水平的分化）の程度と，部門の配置を検討して組織構造を作り上げていく。これを「組織設計（organizational design）」と呼ぶ。組織はどのような点を考慮に入れて組織設

計しているのか、あるいは、すべきだろうか。理論的には、**図表3-16**にある各組織構造の短所を認識しつつも長所を活かしたいと思い、いずれかの組織構造を採用するものである。例えば、商品開発力や製造技術力を高めたい場合や、余分なコストを削減したい場合には、複数の事業部に重複した部門が存在してしまう事業部制組織よりも、職能ごとに部門を集約した職能別組織を採用する方が望ましい。反対に、競合他社との競争が激しい場合や、めまぐるしく変化する市場・顧客ニーズに瞬時に対応したい場合などは、職能ごとに分化した部門間の調整に時間を要する職能別組織よりも、製品や地域ごとに迅速に対応可能な事業部制組織がふさわしい。近年では、職能別組織と事業部制組織を組み合わせた組織も存在している。組織は自社の内外環境と進むべき方針を見極めて、自社に適した組織を設計していく必要がある。実際、組織環境に適した組織設計は、業務の効率性や成果の有効性を高め、組織の収益力や成長力を促すものとなるため、数多くの企業が組織の再設計（組織再編、組織改革）に取り組んでいる（【ケース33：組織再編に取り組む企業】）。

【ケース33：組織再編に取り組む企業】
カルビー、地域・商品カンパニー廃止、本社移転、機能を強化。

　カルビーは24日、1月1日付の組織変更を発表した。これまで機能が重複していた地域カンパニーと商品カンパニーを廃止し、4つの地域事業本部と「マーケティング本部」を新設する。これまでは地域ごとに商品開発や営業を手がけていたが、地域の営業を地域事業本部に、商品開発をマーケティング本部に集約し、責任の明確化を図る。

　新設する4つの地域事業本部は「北海道事業本部」「東日本事業本部」「中日本事業本部」「西日本事業本部」。マーケティング本部内には各商品群の商品企画を手がける「ポテトチップス事業部」「スナック事業部」「じゃがりこ・Jagabee事業部」を新設する。

　同日付で本社機能強化のため、「CEO／COO室」を新設。グループ事業戦略を効率的に推進するため「国内関連事業本部」と「海外関連事業本部」を併せて新設する。組織変更に合わせ現本社（東京・北）を、1月20日に東京・千代田に移転する。

（2009/12/25, 日経産業新聞）

第3章 組織における意思決定に対する「集団・組織特性」の影響

> **広島県が組織再編,雇用対策など,横断チーム創設。**
> 　広島県は19日,2009年度の組織再編と人事異動を発表した。雇用対策や介護人材の就業支援に関する部局横断型のプロジェクトチームを創設するほか,県内の地域事務所を再編。4月1日時点の教育委員会を除いた職員数は前年比290人減の6,559人となる。
> 　部局横断型のプロジェクトチーム編成で,雇用対策や介護就業支援に全庁を挙げて取り組む姿勢を明確にしたという。地域事務所は従来の7つの総合事務所を廃止し,広島県内を北部,東部,西部の3地域に分けて専門事務所を設置する。
> 　　　　　　　　　　　（出所：2009/03/20,日本経済新聞地方経済面）

　反面,一度,設計され構築した組織構造をすぐに変えることは,実は困難でもある。なぜならば,組織では複数の人々が日々絶え間なく業務を遂行しているため,特に水平的に分化した部門の改変,統廃合は継続的な業務に支障をきたすこともあり,組織内外に少なからず影響を及ぼすからである。故に,組織にとって組織設計は,組織の明暗を分ける重要な決断の1つとなる。

　理論的には,各組織構造の特徴,長短を把握し,自分の組織が求めていることを踏まえて適応関係を考えれば理想的な組織が設計できそうだが,実際には一筋縄ではいかない。まず,組織メンバー数が増えるほど,そして,組織が扱う製品やサービス等の種類が増えるほど,つまり巨大化した組織では特に,組織構造を変化させるために,メンバーの合意を得る会議や,人員の再配置を行うことで多大なコストがかかり,時には想定外のことも起きやすいため,再編後の組織状況を予想しにくいのが現実である。組織設計が如何に困難であるかを物語る事例を挙げる（【ケース34：組織再編の苦悩】）。

> **【ケース34：組織再編の苦悩】**
> 　1990年代後半から,米Microsoftは多くのブロードバンドユーザを魅了する革新的な製品・サービスを提唱し始めた後続のYahoo!やGoogleなどと,激しい攻防を続けていた。当時,従業員を約6万人抱えて巨大化したMicrosoftには7つの事業部があり,各事業部長は,何百ものソフトウェア制作チームをまとめる管理者も兼ねた経営幹部が担当していた。この仕組みにより,各事業部長

第4節　組織構造の影響

の経営幹部が迅速に意思決定を行うことを狙ったのである。しかし，各事業部の独立的な活動が進むにつれ，とりわけWebベースアプリケーションの開発分野において，事業部間のシナジー効果を生み出すことができなくなった。奇抜な発想の創造的な新製品開発を図ることができず，次第にGoogleに追い抜かれ，乖離が広がっていった。

　この事態を受け，ビル・ゲイツ会長，スティーブ・バルマーCEO，そしてトップマネジメントチームのメンバーは，現在の組織全体の意思決定および組織的学習（organizational learning）のスピードアップのためには，急進的かつ抜本的な組織構造改革の断行が急務であると判断した。そして，2005年7月にMicrosoftは7つある事業部を3つに統合する組織構造改革を発表した。3つの事業部は"プラットフォーム製品・サービス事業"，"法人製品・サービス事業"，および，"エンターテイメント・モバイル事業"であり，事業部長にはかつて製品イノベーションの優れた実績を残した経営幹部を配置した。

　この組織設計により，新製品開発を阻んできた7つの事業部間の軋轢（あつれき）やコミュニケーション上の誤解を解消することが期待された。実際，当時のこれらトラブルに，ゲイツやバルマーが直接介入せざるを得ず，それが意思決定の遅延の原因となっていたのである。しかし今回，事業部数を減らして敢えて集権化を図ることにより，各事業部長は自明の権限を持って事に当たることができ，また事業部数を減らしたことにより，コミュニケーションがスムーズになる。

　しかし，新たな組織構造において，3名の事業部長を任された経営幹部には，企業内で予想以上に強大な権限を持つようになったために，マイクロソフト内には新たな組織階層が生まれるようになる。今回の組織設計は，巨大企業に見られがちな官僚的組織体制を作り上げる危険をマイクロソフトに突きつける形となった。組織構造改革1年後も，この改革が奏功したという結果は出ていない一方で，2006年末にはOS「Vista」の発売遅延に伴うコストが響いて前年度28％の減益が騒がれた。

（出所：米Microsoft プレスリリース2005, 2006（http://www.microsoft.com）
Linn（2005），日経産業新聞（2005/09/22），日本経済新聞（2008/09/05））

第5節　組織文化の影響

【ケース35：革新的な組織文化；3M】のように，組織の文化がそのメンバーの意思決定を活性化させ，組織成長および存続にプラスに作用することがしばしばある。逆の見方をすれば，望ましくない組織文化が構築されると，企業の衰退につながるとも考えられる。例えば，2010年1月19日に会社更生法を申請し破綻した㈱日本航空に対して，企業再生支援機構が分析した窮境原因の1つに，「無謬性を追求する文化」がもたらした意思決定の停滞が指摘された[13]。自分たちの判断に誤りがないと思い込む組織文化が，日本航空を追い込んだと言える。

【ケース35：革新的な組織文化；3M】
　米3M社は，創造的でユニークな新商品を次々と提供するイノベーション活動の盛んなグローバル企業である。3Mは毎年，従業員が過去5年間に手掛けた新製品により，少なくとも約25％の増収を狙って活動している。<u>従業員の創造活動を促すために，3Mは従業員が"権限委譲"，"経験の蓄積"，そしてイノベーションを実現するための"冒険心"を強調した組織文化，価値，そして規範の発展に励んでいる。</u>3Mには実際，たとえ上司から煙たがられようとも，従業員がアイデアを打ち立てて製品化にこぎつけた数多くの物語が存在する。その1つが，社員に語り継がれる「スコッチテープ（Scotch tape）」開発物語である。
　スコッチテープのきっかけは，1929年，3Mの化学者であるディック・ドリューがミネソタのセントポールにある自動車塗装業社を訪れたことだった。自動車のツートンカラーが普及していた当時，塗装作業員は車体に塗った1色目のラインの上に包肉紙を置いて接着用テープで留め，2色目を塗装していた。しかし，この方法ではテープを剥がす時に1色目の塗料が落ちてしまう。塗装作業員はドリューに，「3Mの社員ならばいいアイデアをくれよ！」と冗談を言った。
　ドリューは社の研究室に戻り，上司に「塗料が落ちない粘着力の弱いテープ」

---

[13] 企業再生支援機構「日本航空に対する支援について」
（http://www.etic-j.co.jp/pdf/100119newsrelease.pdf）より。

第5節　組織文化の影響

という新製品のアイデアを話した。彼の上司はその時，このアイデアはそれほど画期的なものではないと思い，ドリューに自分のデスクに戻り，従来通りの粘着力の強いテープの開発を進めるよう命じた。ドリューは，指示通り通常の業務を進めると同時に，新たなアイデアの商品化も進めようと決意した。そして，彼は徐々に，上司の命に背いて新しいアイデアの方に力を注ぐようになり，同時に，粘着力の弱い接着剤の開発の必要性を繰り返し周囲に訴え続けた。彼のこの行動の噂は社内に広がっていき，彼の上司はドリューの開発に目をつぶるようになった。2年後，ドリューは接着剤を完成させて"マスキング"テープを作り上げた。ドリューは上司が自分の活動を認めていないことは分かっていたが，さらにマスキングテープの改良を続け，より優れた製品を完成させた。

　この物語がきっかけとなり，3Mの企業文化を作り上げるキーワードとして"上司に認められなくても自分が正しいと信じる活動を続け，上司も見て見ぬふりをする"という「ブートレッギング（密造酒作り）」，そして，"ビジネスとして役立つものであれば，自分の研究とは別に，労働時間の15％程度を費やして異なる研究テーマに取り組んでもいい"という「15％ルール」ができあがった。これらのキーワードは，その後，「ポストイット（post-it）」の開発を促す規範となった。従業員にイノベーションや冒険を奨励するために，3Mは新製品開発に成功した人々に対して，「ゴールデンステッププログラム」と呼ばれる報奨金を準備している。さらに，企業内で認められ，トップ昇格への近道と言われる「カールトンの殿堂」のメンバーになることもできる。これらのしくみが，3Mに対する従業員の忠誠心を強め，革新的な企業文化を作り上げる鍵となっている。

（出所：3MWebサイト（http://www.3M.com）より）

（下線は筆者が加筆）

　「組織文化（organizational culture）」とは，「組織メンバーの思考，感情，他者に対する行動，一連の意思決定，そして，組織外での活動などさまざまな面に影響を及ぼす，組織メンバーが共有する組織の価値観，信念，規範などのこと」である。文化とは，「集団ないし組織が，外部環境に適合するために，あるいは，内部環境を統合する際に学んだ，メンバー共有の基本的な前提パターンで，新たなメンバーに正当なものとして伝授し，引き継がれていくもの」である（Schein, 1990）。優れた組織文化は，メンバーの協力やモティベーションを向上させ，メンバーの業務態度や行動を促進し，組織有効性を高めていく

ものである (Jones, 1983)。反対に，好ましくない組織文化は，組織活動に悪い影響を及ぼしかねない。さらに，組織文化がトップによる戦略的意思決定，ひいては組織全体に大きく影響することもある(【ケース36：戦略的意思決定に対する組織文化の影響】)。

【ケース36：戦略的意思決定に対する組織文化の影響】
サト，フレンドリー合併合意解消
　関西を地盤とする外食チェーンのサトレストランシステムズとフレンドリーが合併に関する基本合意の解消を発表してから，2週間。社長同士がいとこの関係にある両社は，仕入れの効率化などを目指して1月に基本合意の締結を発表したが，企業文化の違いを背景に交渉は3カ月足らずで決裂した。
(出所：2007/04/18, 日経流通新聞　一部抜粋)
(下線は筆者が加筆)

（1）組織文化の形成・発達

　組織文化の基盤にあるものは，組織メンバーのほとんどが共有し，彼らの行動を統制する規範となる「価値観」である (e.g., Chatman & Cha, 2003)。当然，この規範や価値観はすぐに出来上がるものではなく，組織創業時から長い年月をかけて組織メンバーの日々の活動を通じて自然と形成されていく。メンバーはこの価値観や規範に沿って行動することでその一員として認められ，逆に逸脱することで阻害されたりもする。あるいは，組織があるメンバーの行動を奨励したり戒めることや，組織に関する伝承や組織独自の行事や象徴を広めて価値観や規範の周知を図っていく。また，新メンバーに対して既存メンバーから価値観や規範が伝えられていく。さらには，組織として顧客や社会に提供する製品やサービスの中に，これら価値観や規範が反映されていく。組織文化はこのようなプロセスで形成，発展，強化され，組織内外に認識される（**図表3-18**）。そして，組織メンバーが外部者に認識された組織文化を自分自身で再認識することで，組織文化はさらに強化されていく。故に，組織が長く続くほど，組織文化は強化されていく。

第5節　組織文化の影響

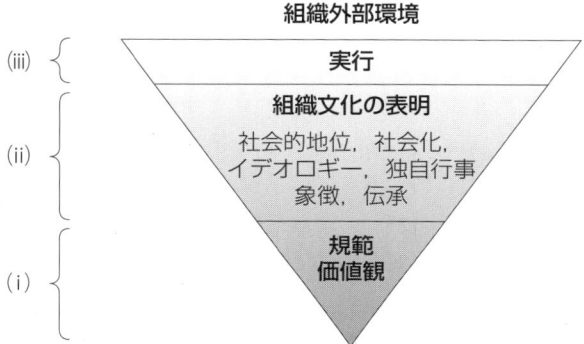

図表3-18　組織文化の形成・発達

組織外部環境

(iii) { 実行

(ii) { 組織文化の表明
社会的地位，社会化，
イデオロギー，独自行事
象徴，伝承

(i) { 規範
価値観

（出所：Tosi, et al., 2000）

(i) 組織の価値観，規範の構築

　組織文化の基盤となる価値観および規範を作り上げるメンバーは，組織の中でも主要で支配的な立場に位置するグループの人々である。このような人々は「ドミナント・コアリション（dominant coalition）」と呼ばれる。ドミナント・コアリションには概ね，組織の創立者や創立者の考えを受け継いだ者が含まれており，その価値観がそのまま組織文化となるケースが多い。例えば，日本の企業であるソニーは，アメリカをはじめ数多くの国の人々に認知されたグローバル企業である。優れた製品が世界各国の人々に受け入れられているからであり，その優れた製品を創り上げる活動の根幹には，創業者盛田昭夫氏が提唱した「グローバル・ローカライゼイション "Think Globally; Act Locally"（グローバルな経営理念にもとづいた現地化の推進）」の理念が体現されている[14]。また，1999年10月3日に亡くなった同氏を悼み，当時社長の出井伸之氏は「自分が社長となって初めて盛田さんが経営者としていかに努力されたかがわかった。井深さん，盛田さんが大切に育てた「自由闊達（かったつ）」「常にチャレンジする」という企業文化をかけがえのない資産として次の世代に引き継いで

---

[14] Sony『CSRレポート2007』（http://www.sony.co.jp/SonyInfo/csr/issues/report/2007/index.html）より。

いく。」[15] と述べている。

組織文化を作り上げる価値観の特性には下記のようなものがある（O'Reilly, et al., 1991）。

1. 革新度およびリスク志向度：新たな機会を模索し，リスクを受け入れ，実験を試み，体面などに制約されずに活動する程度を示す。
2. 安定性および保障度：メンバーの行動を把握・予測できる程度や，メンバーの安全性を確保する程度を示す。
3. 他者の尊重：他者に対して忍耐力と公平性を持ち，敬う程度を示す。
4. 結果志向性：結果や達成度に関心を持ち，奨励する程度を示す。
5. チームおよび協働志向性：協働を推奨する程度を示す。
6. 攻撃性および競争指向性：競合相手に対して攻撃的な行動を取る程度を示す。

(ii) 組織文化の表明

組織文化は，ドミナント・コアリションのメンバーによる意思決定に色濃く反映されることが多い。故に，組織のメンバーはトップの行動を見て組織文化を把握する場合もある。例えば，戦略的意思決定やプレスリリースなどによる，主に組織外に向けた意思決定から，組織にとって重要な行事の開催，組織の象徴（シンボルマーク・ロゴ，社旗，社歌など）のアピールなど，主に組織内部に関連する意思決定に至るまで，組織文化が現れてくる（Trice & Beyer, 1993）。組織文化が表明され，組織メンバーへ伝承，浸透することを「社会化（socialization）」という（Van Mannen & Schein, 1979）。ドミナント・コアリションの意思決定を参照し，今度は組織メンバーが日常的な行動や物事に対する取り組み方などを新参者に伝達したり，新参者が集団を観察して習得し，組織文化の社会化が進んでいく。例えば，デルコンピュータ（Dell Inc.）では，無駄なコストをなくし，顧客1人ひとりに適したコンピュータを提供するために，効率性を重視することを組織文化に謳っている。この組織文化を全社員に

---

[15] 日経産業新聞（1999年10月5日）より。

浸透させるために，デルは新人研修に，軍隊方式に似た極めてユニークな手法を採用していることをアピールしている。全ての新入社員を"ブートキャンプ"に送り込むのだという（Johnson, 1999）。デルの研修センターに送られた社員は，そこで4週間みっちりと，デルが顧客に提供するコンピュータにインストールするさまざまなシステム，アプリケーション，そして，プログラミングを習得する。ブートキャンプでの最後の仕上げに，社員はチームを作って実際のビジネス上の問題を解決するよう命じられる。必ず解決案を導き出さねばならず，指導者のチェックも行われる。この研修を通じて，デルの新入社員はデルの社員としての基本的な規範や価値観を体得し，接客サービスや連帯感を身につけていく（Cone, 2000）[16]。

組織文化を内外に表明することには，手段的・合理的意味（instrumental and rational meanings）と，表面的・感情的意味（expressive and affective meanings）がある（Trice & Beyer, 1993）。前者は，組織メンバーの，あるいは，組織としての意思決定に組織文化を的確に反映することで，自分たちが何をどのように進めていくかを明示する役割である。自分たちが提供する製品やサービスの特徴やイメージを定義づけたり，組織メンバーの貢献に対して報いる姿勢や労使関係の方針を誇示したり，社会的責任（social responsibility）に対する考えをアピールするために，組織文化を活用する。

後者は，殊に組織メンバーの心理，感情に訴え，同意や共鳴，コミットメントを得る役割である。ドミナント・コアリションが組織文化の一環として提案した組織の象徴や，組織独自の行事などを継続することで，組織メンバーが組織の一員であり続けたい，あるいは，積極的に組織に参加しようと思う士気向上に役立つ。

(iii) 組織文化の実行

組織文化は組織内部のメンバーに対して影響を及ぼす一方で，長い年月組織に身を置くと自分の組織文化と外部との違いを明確に意識しなくなる，あるい

---

[16] デルの社員による体験談は，
http://www.en.community.dell.com/blogs/direct2dell/archive/2009/05/04/my-thoughts-on-dell-s-first-social-marketing-bootcamp.aspx （2009年5月現在）を参照のこと。

は，できなくなるとも言われている。他方で，言うまでもなく，顧客や取引先などの組織外部の人々は，ある組織の組織文化を直接体験することはできない。組織内部に対してさまざまな働きかけをする組織文化は，最終的には企業の顔となるドミナント・コアリションが持つ価値観，そして，組織の製品やサービス，接客姿勢や労使関係，組織構造などを通じて，組織内外の人々に認識されるのである。そこで，組織文化を具体的にアピールする手段に配慮する必要が出てくる。提供する製品・サービスの質に限らず，企業のロゴマークやイメージづくり，近年重視される「企業の社会的責任（corporate social responsibility: CSR）」なども組織文化の理解を促す要素になる。さらに，プロモーション活動等を通じて企業の文化を対外的にアピールすることにより，企業のイメージアップにつながることもある。

（2）トップマネジメントのパーソナリティと組織文化

第2章において人々のパーソナリティについて紹介し，人と同様に組織にもパーソナリティが存在すると述べた。人々は自分と類似のパーソナリティを持つ人に惹かれる傾向があるため，組織のパーソナリティも類似化する傾向がある（ASAフレームワーク，第2章第2節）。ここから派生して，トップマネジメントのパーソナリティが組織文化の形成に一役を担うことがある。例えば，パーソナリティ特性を把握する「5要因モデル」の1つの次元である「神経質性」の度合いが高いマネジメントのいる組織は，そこで働く人々の対応や行動が神経質的になり，神経質的な組織文化が形成される傾向がある（Kets de Vries & Miller, 1984）。組織メンバーのパーソナリティが影響を及ぼし合い，似通ったパーソナリティの人々が集まる組織になると，組織外部から"あの組織は○○のような体質，文化を持つ"というように特定の組織文化として認識されるようになる。そこで，組織としては健全でより望ましい組織文化を構築し，育成していく必要がある。しかし，特にここ近年，トップの組織文化の表明による弊害も報じられている（【ケース37：組織文化の弊害】）。

第5節　組織文化の影響

【ケース37：組織文化の弊害】
不祥事後を担うサムスン電子新CEO──閉塞打破へ剛腕振るう
　韓国サムスン電子の最高経営責任者（CEO）が11年ぶりに交代し，新たに副会長の李潤雨（イ・ユンウ）氏（61）が就任した。半導体メモリーやテレビで世界首位のサムスンだが，最近は成長鈍化に悩む。創業者一族の李健煕（イ・ゴンヒ）会長ら幹部が不正資金疑惑で辞任するなど不祥事も続いた。新CEOが真っ先に取り組むのは社内の閉塞感(へいそく)の打破だ。
　「創造的なアイデアを生み出せるよう人材を確保し，組織文化を革新する」。5月20日，就任のあいさつに立った李副会長はこう語った。
　サムスンは徹底した成果主義で有名。社員間，組織間の競争は厳しく，評価が昇進と報酬に直結する。この緊張感が世界有数の企業に上り詰めた競争力の源泉だった。だがその弊害も目立ってきた。ある社員は「失敗は許されない。組織も縦割り化し，会社全体の利益より自分の部署の利益を優先する風土が強まった」と指摘する。

（出所：2008/06/25，日本経済新聞夕刊　一部抜粋）
（下線は筆者が加筆）

　マネジメントのパーソナリティにより，組織に悪影響を及ぼす組織文化には，どのようなものがあるだろうか。ここでは，特に悪名高い5つの組織文化を紹介する。

① カリスマ的文化（charismatic cultures）
② パラノイア（偏執症）的文化（paranoid cultures）
③ 回避的文化（avoidant cultures）
④ 官僚的文化（beureaucratic cultures）
⑤ 政治的文化（politicized cultures）

　①の「カリスマ的文化」とは，大袈裟，芝居がかったパーソナリティのマネジメントのいる組織にしばしば見られる文化であり，他者から注目されたい，あるいは，自分自身に注目していたいと思う，自己顕示的なタイプのマネジメントが促す文化である。"カリスマ（charisma）"という語が示すように，周

囲の人々や部下を惹きつけ，彼に従いたいと思わせる魅力的なパーソナリティである一方で，自制心が欠けており長期的な視点に立てない部分もある。

　カリスマ的文化の組織のトップマネジメントは，外部環境や組織内の経営資源に関する入念な分析をせずに，直感，推論や勘を用いて意思決定を行うことが多い。そのため，組織構造や人的資源の配分などの緻密性を要する判断が大雑把に行われることが多い。組織内の権限はトップに集約され，時には部下に対して高圧的に命令することもある。一方，ミドルおよびロワーマネジメントはトップの思考や行動に強く依存し，指示を受けたりリーダーに従うことが正しいと鵜呑みにしやすい。故に，自分独りで問題を解決する意思決定を嫌い，トップマネジメントが関連している集団，あるいは，トップ独りに意思決定を委ね，トップを信じていればいいと思う傾向がある（Toshi, et al., 2000）。

　②の「パラノイア的文化」とは，懐疑的なパーソナリティのトップマネジメントのいる組織に見られる文化であり，このタイプのマネジメントは常に他者に妨害されていると感じ，他者を信じることができずに他者から自分を守るために人目を避けて行動する。また，部下は常に怠惰で競争心がなく，密かに他者が自分を脅かそうとしていると考える。他者，とりわけ同僚に敵意を抱いており，攻め立てようとする（Ket de Vries & Miller, 1984）。

　このタイプの組織内には恐怖心や懐疑心が蔓延してしまい，戦略的好機に対して挑戦し，迅速に対応していく姿勢が見られない。トップマネジメントは常に自分の懐疑心を払拭するための情報ばかり収集し，脅威への対応策に執心する傾向にある。また組織内では，メンバーは常に自分が持っている情報を周囲と共有，伝達しようとせず，何事に対しても受動的な姿勢で構えている。

　③の「回避的文化」とは，悲観的，抑鬱的なパーソナリティのマネジメントのいる組織に見られる文化である。このタイプのマネジメントは他者からの愛情や支援を強く求めると同時に，行動力も自信もなく，変革は不可能だと思う傾向にある。そのため，何事に対しても極めて受動的で怠慢である。その一方で，専門家やコンサルタントなどと共に業務に携わる状況では特に，自分の行動が他者から公正なものと認められたいという気持ちが強い。トップマネジメントの場合は，現在の組織の価値観や権限，組織構造を脅かしたくないため，自分たちの組織文化を変えたくないと思う。

④の「官僚的文化」とは，強迫観念に捕らわれやすいパーソナリティのマネジメントのいる組織に見られる文化である。このタイプのマネジメントは，管理統制を強く志向し，支配と服従の観点から物事を捉えるため，特定のものに固執したり些細なことにこだわることが多い。上位者に対して仕事熱心であるところを見せたがり，逆に下位者には注力しない。さらに，定められた手続きや仕組を強く好む。"官僚的"という語が示すように規則や秩序に従うこと自体を重んじる文化であるため，ある事柄に関して実際に"行動する"ことよりも，その事柄をどのように"見る"かにこだわり，また目的を"達成する"ことよりも，"目的そのもの"について講じることが多い。組織メンバーを統制するために，常に特定の詳細な公式的統制システムを構築しておく（Ket de Vries & Miller, 1984）。マネジメントが抱いている強迫観念が，このような厳格な制約，規制の設置を促すのである。マネジメントに強大な権限を与え，組織メンバーの地位や職位を明確にし，"縦割り"とも言える頑強な管理システムで統制することに余念がない。

最後に，⑤の「政治的文化」とは，私心のない孤独を好むパーソナリティのマネジメントの組織に見られる文化である。このタイプのマネジメントは，他者と何かを約束したり，外部と交わることを過度に嫌う。そもそも，他者から何かを依頼されることを疎んじるため，他者と関わることは害をもたらすと信じ，殊に外部との感情的なつながりを持たないようにする。他者と関わる時も，極力よそよそしく，冷たく振る舞うよう心がけている。社会的にも心理的にも孤立しているが，本人はそのことを全く気にしていない。また，トップマネジメントの明確な方針も存在しなければ，存在してもそれほど強くない。さらには，トップマネジメントは心理的にも組織とつながっておらず，リーダーシップに欠ける。故に，この組織は現場主体で運営されており，下位階層者間での権力争いが生じたりする。しかも，衝突するマネジメントのほとんどが，組織目的の達成や職務遂行上で必要な権限ではなく，組織の中での自分の職位や影響力を志向している（Toshi, et al., 2000）。

多くの読者が感じただろうが，上記5つの組織文化は極端に劣ったものである。組織文化は人々の目に見えないものであり，尚かつ，何をどのように進めれば優れた文化を構築できるかが明示されるものでもない。また，上記5つに

見るように,トップマネジメントのパーソナリティのみが悪いのではなく,周囲がこのようなパーソナリティを受け入れ,あるいは,野放しにすることにより悪文化が助長されてしまうことも問題である。故に,上記のような過度に劣悪な文化にならないよう,組織全体で注意を払うことが大切である。

【参考文献】
<洋文献>

Asch, S. E. (1951) "Effects of Group Pressure upon the Modification and Distortion of Judgments," In H. Guetzkow (ed.), *Groups, Leadership and Men*. Pittsburgh, PA: Carnegie Press.

Bion, W. R. (1960) *Experience in groups*, London: Tavistock.

Brenner, S. N. & Molander, E. A. (1977) "Are the ethics of business changing?" *Harvard Business Review*, January-February, pp.57-71.

Burns, L. R. (1989) "Matrix management in Hospitals: Testing Theories of Matrix Structure and Development," *Administrative Science Quarterly*, 34, pp.349-368.

Chatman, J. A. & Cha, S. E. (2003) "Leading by leveraging culture," *California Management Review*, 45-4, pp.20-34.

Cone, J. (2000) "How dell does it," *Training & Development*, June, pp.58-70.

Daft, R. L., & Lengel, R. H. (1986) "Organizational Information Requirements, Media Richness and Structural Design," *Management Science*, 32, pp.554-571.

Dalkey, N. (1969) *The Delphi Method: An Experimental Study of Group Decisions*. Santa Monica: CA: Rand Corporation.

Darley, J. M. & Latane, B. (1968) "Bystander intervention in emergencies: Diffusion of responsibility," *Journal of Personality and Social Psychology*, 8, pp.377-383.

Davis, A., Pereira, J. & Buckley, W. M. (2002) "Silent signals: Security concerns bring ne focus on body language," *Wall Street Journal*: A.1.

Davis, S. M. & Lawrence, P. R. (1978) "Problems of matrix organization," *Harvard Business Review*, May-June, pp.131-142.

Diehl, M. & Stroebe, W. (1987) "Productivity loss in brainstorming groups: Toward a solution of a riddle," *Journal of Personality and Social Psychology*, 53, pp.497-509.

Dumain, B. (1990) "Who needs a boss?" *Fortune*, (May, 7), pp.52-60.

Duncan, R. (1979) "What is the right organization structure? Decision tree analysis provides the answer," *Organizational Dynamics*, 7-3, pp.59-80.

Finkelstein, S. & Hambrick, D. C. (1990) "Top management team tenure and organizational outcomes: The moderating role of managerial discretion," *Administrative Science Quarterly*, 35, pp.484-503.

Furst, S. A., Reeves. M., Rosen, B. & Blackburn, R. S. (2004) "Managing the life cycle of virtual teams," *Academy of Management Executive*, 18, pp.6-20.

Gorden, G. G. (1991) "Industry determinants of organizational culture," *Academy of Management Review*, April, 16, pp.396-415.

Grandori, A. (1997) "An Organizational Assessment of Interfirm Coordination Models," *Organizational Studies*, 18, pp.897-925.

Hersey, P. & Blanchard, K. (1982) *Management of Organization Behavior: Utilizing Human Resources* (4th ed.). Englewood Cliffs, N.J.: Prentice-Hall.

Jackson, E. & Schuler, R. S. (1985) "A meta-analysis and conceptual critique of research on role ambiguity and role conflict in work settings," *Organizational Behavior and Human Decision Processes*, 36, pp.16-78.

Janis, I. L. (1982) *Victims of Groupthink* (2nd ed.). (Boston: Houghton Mifflin.)

Janis, I. L. & Mann, L. (1977) *Decision making: A psychological analysis of conflict, choice, and commitment*. New York : Free Press.

Jones, G. R. (1983) "Transaction costs, property rights, and organizational culture," *Administrative Science Quarterly*, 28, pp.456-487.

Jones, G. R. (2003) *Organizational theory: Text and cases* (4th ed.). Reading, MA: Addison-Wesley.

Jones, G. R. (2007) *Organizational Theory, Design, and Change* (5th ed.). Upper Saddle River, New Jersey: Pearson.

Johnson, C. (1999) "The best of both worlds," *HRMagazine*, September, pp.12-14.

Katzenback, J. R. & Smith, D. K. (1993) *The Wisdom of Teams: Creating the High Performance Organization*. Boston, MA: Harvard Business School Press.

Kets de Vries, M. F. & Miller, D. (1984) *The Neurotic Organization*. San Francisco: Jossey-Bass.

Kirkman, B. L. Rosen, B., Tesluk, P. E. & Gibson, C. B. (2004) "The impact of team empowerment on virtual team performance: The moderating role of face-to-face interaction," *Academy of Management Journal*, 47, pp.175-192.

Kotter, J. P. (1990) "What do leaders really do?" *Harvard Business Review*, 68, pp.103-111.

Latane, B., Williams, K. D. & Harkins, S. (1979) "Many hands make light the work: The causes and consequences of social loafing," *Journal of Personality and Social Psychology*, 37, pp.822-832.

Latane, B. (1986) "Responsibility and effort in organizations," In P. S. Goodman (ed.), *Designing Effective Work Groups*. San Francisco: Jossey-Bass.

Leavitt, H. J. (1951) "Some effects of certain communication patterns on group performance," *Journal of Abnormal and Social Psychology*, 46, pp.38-50.

Lewin, K. (1951) *Field theory in social science*. New York: Harper & Row.

Lewin, K. (1958) "Group decision and social change," In E. E. Maccoby, T. M. Newcombe & R. L. Hartley (eds.), *Readings in social psychology* (3rd ed.). New York: Holt.

Linn, A. (2005) "Microsoft Organizes to Compete Better," www.yahoo.com, September, 26.

Martin, J., Feldman, M. S., Hatch, M. J. & Sitkin, S. B. (1983) "The uniqueness paradox in organization stories," *Administrative Science Quarterly*, 28, pp.438-453.

Maslow, A. H. (1943) "A theory of human motivation," *Psychological Review*, 50, pp.370-396.

Mehrabian, A. (1968) "Communication without words," *Psychology Today*, 2, pp.53-55.

Michaelson, L.K. Watson, W.E. & Black, R.H. (1989) "A realistic test of individual versus group consensus decision making," *Journal of Applied Psychology*, 74, pp.834-839.

Mills, T. M. (1981) *Group Dynamics* (3rd ed). New York: McGraw-Hill.

Miner, F. C. (1984) "Group versus individual decision making: An investigation of performance measures, decision strategies and process loss/ gains," *Organizational Behavior and Human Performance*, 33, pp.112-124.

Mittleman, D. & Briggs, R. O. (1999) "Communicating technologies for traditional and virtual teams," In E. Sundstrom & Associates (eds.), *Supporting work team effectiveness*, pp.246-270.

Moorhead, G. & Griffin, R. W. (2004) *Organizational Behavior: Managing people and organizations* (7th ed.). Boston, MA: Houghton Mifflin.

Mullen, B., Johnson, C. & Salas, E. (1991) "Productivity loss in brainstorming groups: A meta-analytic integration," *Basic and Applied Social Psychology*, 12, pp.3-12.

Murray, H. A. (1938) *Explorations in Personality*. Oxford University Press. (外林大作訳編『パーソナリティ』1, 2, 誠信書房, 1961年, 1962年.)

Myers, D. (1982) "Polarizing effects of social interactions," In H. Brandstetter, J. Davis & G. Stocker-Kreichgauer (eds.), *Group Decision Making*. London: Academic Press, pp.125-61.

O' Reilly, C. A., Caldwell. D. F. & Barnett, W. P. (1989) "Work group demography, social integration and turnover," *Administrative Science Quarterly*, 34, pp.21-37.

O' Reilly, C. A., Chatman, J. & Caldwell, D. F. (1991) "People in organizational culture: A profile comparison approach to assessing person-organization fit," *Academy of Management Journal*, 34, pp.487-516.

Osborn, A. F. (1957) *Applied Imagination* (rev. ed.). Scribner. (上野一郎訳『創造力を伸ばせ』ダイヤモンド社, 1958年.)

Paine, L. S. & Mavrinac, S. C. (1995) *AES Honeycomb*. Boston: Harvard Business School Publishing.

Peterson, et al. (1995) "Role conflict, ambiguity and overload: A 21-nation study -research note," *Academy of Management Journal*, 38, pp.429-452.

Rafaeli, A. (1989) "When cashiers meet customers: An analysis of the role of supermarket cashiers," *Academy of Management Journal*, 32-2, pp.245-273.

Rizzo, J. R., House, R. J. & Lirtzman, S. I. (1970) "Role conflict and ambiguity in complex organizations," *Administrative Science Quarterly*, 15-2, pp.150-163.

Schein, E. H. (1990) "Organizational Culture," *American Psychologist*, February, pp.109-119.

Schweiger, D. M., Sandberg, W. R. & Ragan, J. W. (1986) "Group approaches for improving strategic decision making: A comparative analysis of dialectical inquiry, devil's advocacy, and consensus," *Academy of Management Journal*, 29, pp.51-71.

Sheer, V. C. & Chen, L. (2004) "Improving media richness theory: A study of interaction goals, message valence, and task complexity in manager-subordinate communication," *Management Communication Quarterly*, 18, pp.76-93.

Sumner, W. G. (1906) *Folkways: A study of the sociological importance of usages, manners, customs, mores, and morals*. Boston : Ginn. (青柳清孝他訳『フォークウェイズ』青木書店, 1975年.)

Thompson, L. (2003) "Improving the creativity of organizational work groups," *Academy of Management Executive*, 17-1, pp.96-109.

Tosi, H. L. (1971) "Organizational stress as a moderator of the relationship between influence and role response," *Academy of Management Journal*, 14, pp.7-22.

Tosi, H. L., Mero, N. P. & Rizzo, J. R. (2000) *Managing Organizational Behavior* (4th ed.). Blackwell Publishing.

Trice, H. M. & Beyer, J. M. (1993) *The Cultures of Work Organizations*. Englewood Cliffs, NJ: Prentice Hall.

Van de Ven, A. & Delbecq, A. (1974) "The effectiveness of nominal, delphi, and interacting group decision processes," *Academy of Management Journal*, 17, pp.605-621.

Van Mannen, J. & Schein, E. H. (1979) "Towards a theory of organizational socialization," In B. M. Staw (ed.), *Research in Organizational Behavior*, Vol.1 (Greenwich, CT: JAI Press), pp.209-264.

Watson, W. E., Kumar, K. & Michaelson, L. K. (1993) "Cultural diversity's impact on interaction process and performance: Comparing homogeneous and diverse task groups," *Academy of Management Journal*, 36, pp.590-602.

Yulk, G. (1989) *Leadership in Organizations* (2nd ed.). New York: Academic Press.

Zaleznik, A. (1986) "Managers and leaders: Are they different?" *Harvard Business Review*, May-June, p.54.

<邦文献>

野中郁次郎,竹内弘高,梅本勝博(1996)『知識創造企業』東洋経済新報社.

山崎由香里(2002)「電子メディアの選択に関する諸議論の包括的検討」『麗澤大学経済研究』第10巻第1号, pp.57-73.

第4章
組織における意思決定に対する「情報・判断特性」の影響
～行動（実験）経済学・行動ファイナンスからのアプローチ

---●本章のポイント●---

　意思決定の研究では，古くから完璧な意思決定を行う方法が探究，提案されてきた。しかし，現実の人々は認知および情報処理能力が限られているため，完璧な方法で意思決定を行うことができないことが多い。むしろ，これまでの記憶や経験，慣習や直観，あるいは自分なりの見方や考え方（の癖）を，意図的ないし無意識に用いて意思決定を行うことがある。この方法は，手っ取り早く近道を通って意思決定を行える便利なものである反面，完璧な意思決定方法とはかけ離れるため，しばしば誤った結果をもたらしてしまう。

　本章では，完璧な意思決定方法とはどのようなものか（第2・4節），実際の意思決定は完璧な方法とはどのように異なり，どのような特徴を持つのか，そして，近道が故に生じる意思決定の誤りにはどのようなものがあるのか（第3・5・6節）について，企業事例を紹介しながら理解を深める。

第4章　組織における意思決定に対する「情報・判断特性」の影響

第1節　「情報・判断特性」の影響とは

　第2章では心理学，第3章では集団力学，行動科学，および，組織論の知見を中心に，意思決定に影響を及ぼす要因を取り上げた。本章では行動（実験）経済学（behavioral (experimental) economics），あるいは，行動ファイナンス（behavioral finance）と呼ばれる新しい分野の知見を中心に，意思決定者と意思決定時に用いられる情報の相互作用による影響について紹介する。第1章の図表1-9にある「情報・判断特性」の影響である。

　意思決定は人間の情報処理活動であると述べたように，意思決定において，意思決定者は必要な情報を集めたり思い出し，それら情報を処理して問題を解決し，意思決定結果という新たな情報を生み出していく。的確な意思決定を行うためには的確な情報を用いて的確な処理を行う必要があるわけだが，意思決定者の情報処理能力は制約されている（制約された合理性）ため（Simon, 1982），必ずしも客観的合理的な意思決定を行うことができない。例えば，同じ内容の意思決定問題でも，バックグラウンドが異なる意思決定者では利用する情報が異なる。あるいは，同じ内容の情報でも，意思決定者がその情報を収集する，あるいは，与えられる方法によって知覚・解釈が異なる。これら差異は，最終的な意思決定結果の相違をもたらす。利用する"情報"と"固有の判断特性を持つ意思決定者"の両方が影響し合って行われる主観的合理的意思決定の特徴を明らかにすることが，本章の目的である。

　意思決定の研究が始められた当初，研究者たちは"意思決定者がどのように行動を決定すべきか？"，"いずれの行動案を選ぶべきか？"，といった疑問符に答えるべく，経済学や統計学，確率論の分野で，主に理想解を求める規範的アプローチに基づき探究を進めた（e.g., von Neumann & Morgenstern, 1944）。他方，主に心理学分野の研究者たちは，日常的な意思決定が"直感的（intuitive）"に行われていることを，さまざまな意思決定の観察を通じて明らかにした（e.g., Meehl, 1954）。現実世界の人々の意思決定は，常に規範的アプローチで提示された方法に沿って行われておらず，意思決定者自身や情報の特徴の影響を受けながら意思決定を行っているようである。そこで，実際の人間の意思決定を科

学的に検証し，そこで見られる傾向を明らかにする記述的アプローチに基づく研究が行われるようになった。

本章では，後者の記述的アプローチに基づく代表的な２つの意思決定概念を紹介する。１つは「プロスペクト理論（prospect theory）」であり，２つ目は「ヒューリスティック（ス）(heuristic(s))」である。両概念とも理想的な意思決定手法を現実の意思決定では常に実行できないことを示しており，規範的理論の"アンチテーゼ"として提起されたと言える。そのため，本書では両者を取り上げる前に，各概念の"テーゼ（定立）"となる規範的アプローチに基づく意思決定原理を，節を設けて紹介する。

第２節　合理的意思決定を志向する決定理論１〜期待値原理と期待効用理論

（１）期待値原理

まず紹介する意思決定原理は，「期待値原理（principle of expectation）」である（第１章図表1-6参照）。リスクの状況における意思決定では，意思決定者がコントロールできない諸要因である「自然の状態」が起こる「確率（分布）」と，各代替案を選んだことで得られる利得ないし損失である「ペイオフ（payoff）」が与えられる。下記２つのプロジェクト案の採否の例を見てみる。

> プロジェクトA：確率1/2で300万円（または，確率1/2で0円）の利益が見込まれる。
> プロジェクトB：確率1/20で250万円か，確率19/20で150万円の利益が見込まれる。

さて，全ての場合について，確率 (p) とペイオフ (x) を掛け合わせた値の合算額は「期待値（expectationもしくはexpected value: EV）」（$EV = p \times x$）と呼ばれる。この時，期待値が最も高い（損失の場合は最も低い）代替案を選ぶ決め方の法則が「期待値原理」である。上記２つのプロジェクトの期待値は，

前者が150万円（(300万円×1/2)＋(0円×1/2)），後者が155万円（(250万円×1/20)＋(150万円×19/20)）であるため，期待値原理に基づくと後者が選ばれる。

物や金銭が得られる状況だけでなく，失う状況にもこの選択原理は適用できる。期待値原理に則ると，下記の代替案AとBの期待値はいずれも－410円であるため，2つの代替案は等しい，つまり「無差別（indifference）」である。

代替案A：確率30％で500円貰えるか，確率70％で800円支払う賭け
代替案B：確率40％で400円貰えるか，確率60％で950円支払う賭け

（2）期待効用理論

期待値原理に基づくと，意思決定者は代替案によって得られる（失う）結果（ペイオフ）の値をそのまま受け止めることになる。つまり，どのような時でも1,000円は1,000円である。しかし，実際の人々は，同じ1,000円に対する感覚が状況などによって異なるものである。なぜならば，人々はその代替案がもたらすペイオフに対して，好ましさや満足感を抱くからである。この満足感は「効用（utility）」と呼ばれる。

人々の効用を意思決定に初めて取り入れたのはダニエル・ベルヌーイ（Daniel Bernoulli）と言われている。彼は，伯父のニコラス・ベルヌーイ（Nicolas Bernoulli）が考えた以下の質問に解を与えることにより，効用の存在を明らかにした。

参加費を支払って参加できる賭けがある。賭けでは，歪みのないコインを表が出るまで投げ続け，表が出ると賞金が貰える。初回に表が出たら100円（$2^{(1-1)}$×100円），2回目に表が出たら200円（$2^{(2-1)}$×100円），3回目に表が出たら400円（$2^{(3-1)}$×100円）貰える。つまり，k回目に表が出たら$2^{(k-1)}$×100円貰える，というルールである。

あなたはこの賭けの参加費はいくらが妥当だと思うか。また実際，賭けに参加するか。

この賭けの期待値は無限大である。何故ならば、理論的には、表が出るまで無限回コインを投げ続けることができるからである（表が出る確率は1/2であるため、$EV = [(2^{(1-1)} \times 100円) \times (1/2)^1] + [(2^{(2-1)} \times 100円) \times (1/2)^2] + [(2^{(3-1)} \times 100円) \times (1/2)^3] + \cdots + [(2^{(k-1)} \times 100円) \times (1/2)^k] + \cdots = \infty$ となる）。しかし、実際にこの質問を投げかけると、多くの人々は賭けの参加費を低く見積もり、また賭けに参加したがらない。我々は現実にはこの賭けによって多額の賞金を獲得できるとは思わないし、そもそも無限大の金額を貰えるという理論的な計算結果自体が非現実的だと、感覚的に察知するからである。ここで見られる理論と実際のギャップは、「聖ペテルスブルグのパラドックス（St. Petersburg paradox）」と呼ばれる（Bernoulli, 1738）。この我々の感覚について、ダニエル・ベルヌーイは、期待値の金額は理論的には無限大であるのに対して、期待値に対する人々の効用は無限大ではないと指摘した。

人々の効用を考慮に入れた決め方の法則は「期待効用理論（expected utility theory）」と呼ばれる（von Neumann & Morgenstern, 1944）。意思決定によってもたらされるであろう効用、すなわち意思決定後に期待される効用である「期待効用（expected utility: EU）」が最も高い代替案を選ぶ選択原理である。期待効用の高さは、各代替案のペイオフ（x）に対する効用（u）に、確率（p）を掛け合わせた値の加重平均で求められる（$EU = (ux)p$）。例えば、1杯目に飲むビールと2杯目に飲むビールは同じビール（ペイオフ）にもかかわらず、2杯目は満足度（効用）が薄れるために、1杯目の方が美味しく感じるのである。

（3）期待効用理論の公理とその侵犯

期待効用理論には、最大の期待効用をもたらす代替案を選ぶために前提となるいくつかの公理（axiom）が存在する（von Neumann & Morgenstern, 1944）。

第1は「順序性（ordering）」または「完備性（completeness）」である。代替案AとB間の選好において、「代替案AよりもBを好む」、「代替案BよりもAを好む」、あるいは、「代替案AとBは同じくらい好む（無差別）」といったように、常に必ずAB間の優劣、もしくは順序が付けられることを示す。第2は「推移律（transitivity）」である。「代替案AよりもB、BよりもCを好むな

らば,必ずAよりもCを好む(A＜B,B＜C,A＜C)」というように,選好が推移することを示す。例えば,数字の1は2よりも小さく,数字の2は3よりも小さいので,必然的に1は3よりも小さくなる。第3は「独立性(independence)」である。等しい結果がもたらされる代替案AとB間の選好では,両代替案の異なる部分のみによって選好が決まるもので,共通部分は無視されることを示す。例えば,「代替案AよりもBを好む」時に,両代替案に共通の要素Cが加わったとしても,その選好順序は変化しない。第4は「不変性(invariance)」または「連続性(continuity)」である。代替案の提示方法はその選好に影響しないことを示す。

さて,実際の人々の様子を思い浮かべると,上記4つの公理通りに行動していない例はすぐに見つかる。有名な例として「アレのパラドックス(Allais Paradox)」(Allais, 1953)と呼ばれる現象がある。

次の(a)と(b)の2つのクジのうち,あなたはどちらを選びますか。
　(a) 確率100%で1,000円貰える。
　(b) 確率89%で1,000円,確率10%で5,000円,確率1%で何も貰えない。
次に,以下の(c)と(d)のクジの場合は,どちらを選びますか。
　(c) 確率11%で1,000円,確率89%で何も貰えない。
　(d) 確率10%で5,000円,確率90%で何も貰えない。

上記の質問に対する回答では,(a)と(b)のクジの場合には多くの人が(a)を選び,(c)と(d)のクジの場合には多くの人が(d)を選ぶ傾向が確認されている。この結果を聞いて,多くの読者がどちらの選択傾向もそれぞれ当然と思うのではなかろうか。しかし,(a)(b)と(c)(d)を比べると,(a)と(b)の両クジから共通して"確率89%で1,000円貰える"ことを差し引き,"確率89%で何ももらえない"ことを加えると,それぞれ(c)と(d)のクジに等しくなる。つまり,(a)(b)と(c)(d)の選択は無差別であるため,独立性の公理に基づくと(a)(b)間で(a)が好まれるならば,(c)(d)間では(c)が好まれなければならない。にもかかわらず,回答では(a)(b)と(c)(d)とで選好が逆転しており,公理を侵犯している。特に,期待効用理論では1,000円や5,000円といったペイ

第2節　合理的意思決定を志向する決定理論1 ～期待値原理と期待効用理論

オフに対する人々の満足度を示す効用の変化（効用関数）に着目しているが，この例では100%や89%といった確率の変化によって人々の選好が異なることを示唆している。クジ(a)のような100%の確率で確実に結果を獲得できる代替案を人々がより好む傾向は「確実性効果（certainty effect）」と呼ばれる（Kahneman & Tversky, 1979）。

別の例として，「エルスバーグの壺」（Ellsberg, 1961）と呼ばれるパラドックスを紹介する。ここでも独立性の公理の侵犯が見られる。

壺の中に赤玉30個，黒玉と黄玉合わせて60個の3色の玉が入っている。壺の中から玉を1つ取り出す時に，以下の(a)と(b)の2つの賭けのうち，いずれかを選びなさい。
 (a) 赤玉を取り出せば1万円貰える。
 (b) 黒玉を取り出せば1万円貰える。
次に，(c)と(d)の賭けのうち，どちらかを選びなさい。
 (c) 赤玉か黄玉を取り出せば1万円貰える。
 (d) 黒玉か黄玉を取り出せば1万円貰える。

(a)(b)の選択では(a)が好まれ，(c)(d)の選択では(d)が好まれる傾向が確認されているが，(c)(d)に共通の要素として"黄玉"が加わったことにより選好が逆転している。ここでは，クジに黄玉が加わるとその内容がより曖昧になるため，それを避けるようである。このような傾向は「曖昧性効果（ambiguity effect）」と呼ばれる（Kahneman & Tversky, 1979）。

人々は実際，期待効用理論の前提となる公理に従って行動するとは限らず，例えば，"お義母さん"と"私"のどちらか一方を選ぶよう夫に強要することが無理難題であったり（順序性の侵犯），成功率60%の手術と失敗確率40%の手術だと，前者の方がより安全と感じる（不変性の侵犯）ものである。このように，理論的には望ましい方法とは異なる行動，あるいは，常に一貫した行動をとらず，状況によって選好が変わることを，「選好逆転（preference reversals）」という（Tversky & Thaler, 1990）。

第3節　プロスペクト理論

（1）理想と現実のズレ

　前節に引き続き，選好逆転現象が生じることを示す実験を3つ紹介する（Lichtenstein & Slovic, 1971; Kahneman & Tversky, 1979）。読者自身は，"規範論"と"現実"のどちらの回答を導くだろうか。

選好逆転現象1：獲得と損失の違い
次の（a）と（b）の2つのクジのうち，あなたはどちらを選びますか。
　　（a）確率80％で4,000円を獲得できる。
　　（b）確実に3,000円獲得できる。
次に，以下の（c）と（d）の2つのクジのうち，あなたはどちらを選びますか。
　　（c）確率80％で4,000円を失う。
　　（d）確実に3,000円を失う。

　規範論：期待値原理より，（a）（b）では（a），（c）（d）では（d）を選ぶべき。
　現　実：（a）（b）では（b），（c）（d）では（c）を選ぶ傾向。

選好逆転現象2：確率の違い
次の（e）と（f）の2つのクジのうち，あなたはどちらを選びますか。
　　（e）確率90％で3,000円を獲得できる。
　　（f）確率45％で6,000円を獲得できる。
次に，以下の（g）と（h）の2つのクジのうち，あなたはどちらを選びますか。
　　（g）確率0.2％で3,000円を獲得できる。
　　（h）確率0.1％で6,000円を獲得できる。

　規範論：（f）（h）はそれぞれ（e）（g）の1/2の確率であるため，（e）（f）で（e）を
　　　　　選んだ場合には（g）（h）では（g）を選ぶべき。
　現　実：（e）（f）では（e），（g）（h）では（h）を選ぶ傾向。

第3節　プロスペクト理論

選好逆転現象３：確率と金額の違い
次の金額の高い(i)と確率の高い(j)の2つのクジのうち，あなたはどちらを選びますか。また，各クジを購入するとしたら，いくら支払ってもいいですか。
　　(i) 確率7/36で900円を獲得できる。
　　(j) 確率19/36で200円を獲得できる。

規範論：(i)を選ぶべき((i)の期待値175円，(j)の期待値約106円)。
　　　　購入金額についても，(i)の方が高くなる。
現　実：(j)を選ぶ一方で，購入金額は(i)の方が高い((i)の回答平均額210円，
　　　　(j)の回答平均額125円)。

　上記の3つの現象とも，多くの人が"現実"の答えに納得するだろう。"規範論"では説明しない現実の人々の意思決定の様子を示したモデルが，次に紹介する「プロスペクト理論」である。

(2) プロスペクト理論の概要

　カーネマンとトヴェルスキー（Daniel Kahneman, Amos Tversky）は，期待効用理論のアンチテーゼとして，現実の人々の意思決定の特徴を示す「プロスペクト理論（prospect theory）」を提唱した（Kahneman & Tversky, 1979）。さらに彼らは，1979年に彼ら自身が提唱したプロスペクト理論をより発展させて1992年に「累積プロスペクト理論（cumulative prospect theory）」を提起している（Tversky & Kahneman, 1992）。本書では，両者を総括してプロスペクト理論として紹介していく[17]。

---

[17] プロスペクト理論は期待効用理論のアンチテーゼとして提案されたのだが，後者は最適解を求める手法を追求する規範的アプローチに立つのに対して，前者は意思決定を理解するための記述的アプローチに立つため，もともと両者は根本的なアプローチ方法や目的志向が異なる。つまり，言うまでもなく相互否定しているわけではないことに注意したい。

第4章　組織における意思決定に対する「情報・判断特性」の影響

　プロスペクト理論は，期待効用理論におけるの期待効用を「価値（value）」と表し，価値の高さ（価値関数）によって人々の選好傾向を明らかにする。期待効用の高さは，最終的に得られる（失う）金銭等のペイオフに対する効用に，確率を掛け合わせた値である効用関数によって決まる。一方，価値の高さは，意思決定時の意思決定者の状況によって決まる。価値関数は**図表4-1**のように示される。

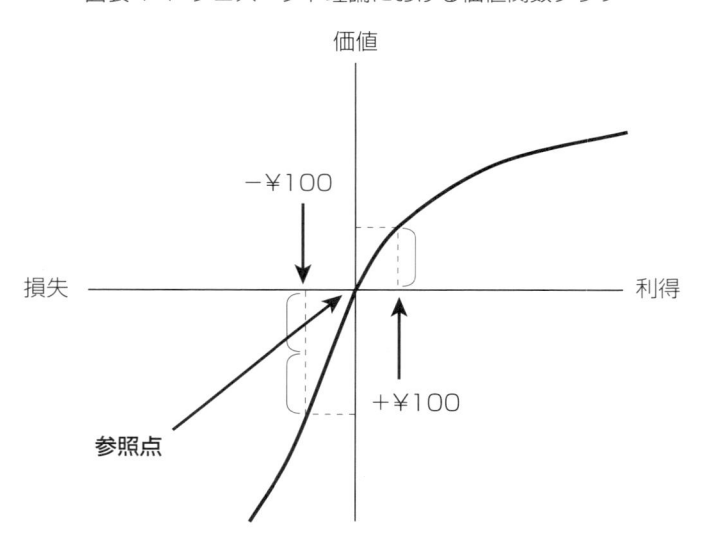

図表4-1　プロスペクト理論における価値関数グラフ

価値

−¥100

損失　　　　　　　　　　　　　　　　　　　　利得

+¥100

参照点

　価値関数グラフの原点は"意思決定時の意思決定者の状況"を示しており，「参照点（reference point）」と呼ばれる。また，縦軸に価値，横軸に代替案のペイオフ（利得／損失）である財・金額が示される。参照点から見た時に，代替案が利得をもたらすと捉えられる場合にはそれに対する価値は高まるために，価値は右上がりの曲線で示され，反対に損失をもたらすと捉えられる場合にはその価値は低まるために，価値は左下がりの曲線で示される。

　プロスペクト理論の特徴を整理すると，主に次の5つにまとめることができる。以下では5つの特徴について，さまざまな例を紹介しながら理解を深めて

> プロスペクト理論の5つの特徴
> 1. 参照点依存性
> 2. 損失回避傾向
> 3. 反射効果
> 4. フレーミング効果
> 5. 確率に対する選好の非線形性

(3) 参照点依存性

「参照点依存性（reference dependence）」とは，意思決定者が参照点を基準に代替案や情報を捉えて意思決定を行う傾向のことである。参照点とは，意思決定時点の意思決定者自身の資産ポジション（current asset position）のことであり，人やその時の状況によって千差万別かつ変化する。例えば，私たちはある日の気温を"今日は寒い"とか"昨日は暑かった"と表現するが，これは私たちがその時の季節の平均気温を基準（参照点）に，ある一日の寒暑を感じるからである。

プロスペクト理論では，意思決定者は参照点に基づいて意思決定問題や代替案の構造を把握するとしている。この構造は「フレーム（frame）」（枠組み）と呼ばれ，またフレームを把握することは「フレーミング（framing）」と呼ばれる。意思決定者は問題や代替案が，参照点から見て自分の資産の増加をもたらすのか減少をもたらすのかを把握することにより，代替案の価値を評価する。資産の増加をもたらす場合は「利得（gain）フレーム」の問題もしくは代替案，減少をもたらす場合は「損失（loss）フレーム」の問題もしくは代替案と表現される。参照点の影響を分析した実験を紹介する。

> あなたの預金が20万円ある場合に，以下の2つの投資案を採択する（投資する）かどうか，それぞれ答えて下さい。

第4章 組織における意思決定に対する「情報・判断特性」の影響

> 案1：20万円を投じた時に，確率50％で3万円失うか，5万円得るかの投資案。
> 案2：確率50％で預金が17万円になるか，25万円になるかの投資案。
>
> （出所：Hammond, et al., 1999）

　この実験では，案1は否決されるが，案2は採択される傾向が確認されている。2つの案件では，最終的には同じ金額の増減が提示されているにもかかわらず異なる回答傾向が見られる。これは，2つの案件で回答者が参照点とした金額が異なったからと言える。案1は自分の預金20万円を考慮せずに参照点0円と考えさせるような文面であったために，純粋な金額の増減だけを考えて案を棄却したのである。これに対して，案2の場合は預金20万円を参照点と考えさせるような文面であるために，純粋な金額の増減ではなく，投資によって損をしても預金残高として17万円は残ると思い，案を採択する傾向が見られたのである。
　次に，企業の管理者を対象に参照点依存性について分析した実験を紹介する。

> （ある事業部の管理者に対して，以下のような質問をした。）
> 　あなたの事業部の現時点の利益率（Return on investment: ROI）は8％，目標利益率は12％である。この状況で，新規プロジェクトに関する以下の2案AとB（CとD）のどちらを採択するか。
> 　代替案A：確実に利益率5％を確保する案。
> 　代替案B：確率3/4で利益率4％になるか，確率1/4で利益率8％になる案。
>
> 　代替案C：確実に利益率15％を確保する案。
> 　代替案D：確率3/4で利益率16％になるか，確率1/4で利益率12％になる案。
>
> （出所：Sullivan & Kida, 1995　一部抜粋）

　質問の結果，代替案AB間の選択ではよりリスキーな案Bが選ばれ，代替案CD間の選択ではより安全な案Cが選ばれる傾向が確認された。2つの選択の間で選好（リスキー案または安全案）が異なった理由の1つは，各選択で管理

者が用いた参照点が異なることが挙げられる。AB間の選択では、現在の利益率である8%が参照点として使われたようである。すると、現状を確実に下回る案A（確実に5%）よりも、リスキーだが現状を維持できる可能性のある案B（確率1/4で8%）が選ばれる。一方、CD間の選択では、目標利益率の12%が参照点に用いられ、目標をかなり上回る一方で、越えられない可能性もある案D（確率1/4で12%）よりも、確実に目標を超える案C（確実に15%）が選ばれたのである。この実験から、意思決定者の判断基準（参照点）は、代替案の内容により変わることが分かる。

次に、実際の企業で見られた参照点依存性の現象を紹介する（【ケース38：異なる参照点による対立】）。新聞記事では、フジテレビ経営陣が提示した2007年の利益予想値に対して機関投資家からは落胆の声が上がり、さらに、フジテレビ経営陣に対して批判的、懐疑的な印象すら抱かせたことが紹介され

【ケース38：異なる参照点による対立】
市場予想 v.s. 会社予想

　2007年3月期の連結経常利益の会社予想が、市場予想を大幅に下回ったフジテレビジョン。視聴率では他の民放キー局を大きく引き離し独走状態にもかかわらず、市場の期待に反した減益予想に発表直後は失望売りが膨らんだ。
　——中略——
　利益計画を毎期確実にクリアしていると言えば聞こえはいいが、フジテレビ経営陣は保守的な利益計画によって自らのハードルを低く設定しているともいえる。
　「市場と対話をしようという意欲が感じられない」。出席した機関投資家から落胆の声が聞かれたのは昨年11月下旬の中期経営計画。

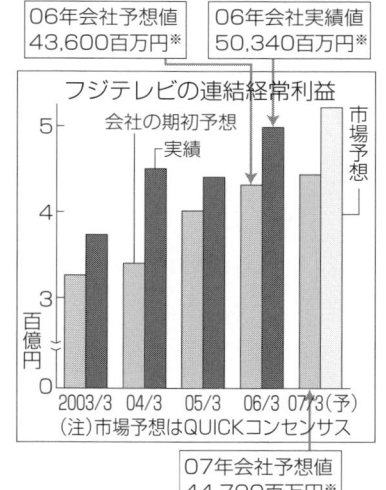

06年会社予想値 43,600百万円※
06年会社実績値 50,340百万円※
07年会社予想値 44,700百万円※

フジテレビの連結経常利益
会社の期初予想／実績／市場予想
2003/3　04/3　05/3　06/3　07/3（予）
（注）市場予想はQUICKコンセンサス

（※グラフ吹き出しの数値は筆者が加筆）

（出所：2006/07/14, 日経金融新聞　一部抜粋）

第4章 組織における意思決定に対する「情報・判断特性」の影響

ている。フジテレビ経営陣としては、2006年の予想値よりも高い額を提示したわけだが、機関投資家には受け入れ難い金額だったようである。このような見解の相違が生じた背景には、両者の参照点が異なることが指摘できる。

2006年3月期と2007年3月期のフジテレビ連結経常利益の予想値と実績値（一部）は下表の通りである。そして、今回フジテレビ経営陣が出した2007年3月期予想値に対する、フジテレビ経営陣と機関投資家の参照点および価値関数の違いは、**図表4-2**のように示すことができる。

図表4-2左側のグラフが示すように、フジテレビ経営陣が、2006年予想値の43,600百万円を参照点とした場合、2007年予想値の44,700百万円は参照点を上回る値となる。これに対して、**図表4-2**右側のように、機関投資家が、2006

表　フジテレビジョンの連結経常利益の値

決算期	予想値	実績値
2006年3月	43,600百万円	50,340百万円
2007年3月	44,700百万円	―

図表4-2　フジテレビ経営陣と当社機関投資家の価値関数の違い

＜経営陣の価値関数＞　　　　　　　＜機関投資家の価値関数＞

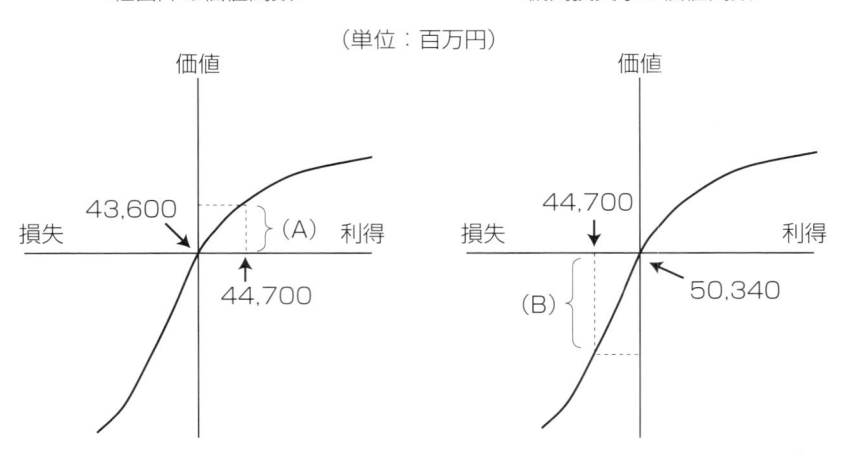

（単位：百万円）

第3節　プロスペクト理論

年実績値の50,340百万円を参照点と考えた場合，経営陣が提示した44,700百万円は参照点を下回る値と解釈される。しかも，経営陣にとっての44,700百万円に対する価値の増加分（図表4-2の（A））よりも，投資家たちの価値の減少分（図表4-2の（B））の方がより大きいことから，この問題に対しては経営陣よりも投資家の方が不満（損失に対する価値の減少）をより強く感じると推測される。このように，何を参照点と考えるかにより，同じ"44,700百万円"という数値から異なる印象を受けるのである。

（4）損失回避傾向

「損失回避傾向（loss aversion）」とは，人々が損を避けたいと思うあまり，利得よりも損失に対して過敏に反応する傾向である。人は誰しも，何かを失うことを避けたいと思うものである。しかも，損を避けたいとう気持ちは，何かを得たいという気持ちよりも強い場合が多い。そのため，図表4-1の価値関数グラフが示すように，利得フレームと損失フレームでは同じペイオフ（横軸）に対する価値（縦軸）の増減の度合いが異なり，参照点を境に価値関数は非対称な形になる。具体的には，利得フレームでは価値は右上がりの緩やかな凹型カーブで増加し，損失フレームでは価値は左下がりの急な凸型カーブで減少する。同じ額の金銭に対して，それを得た時の喜び（価値の増加）よりも，失った時の悲しみ（価値の減少）の方が強い。簡単に言えば，100円失うくらいなら100円貰わなくてもいいと考えるのである。一般的に，損失の価値の減少は，利得の価値の増加の約2〜2.5倍と言われている。つまり，100円支払って商品などを買う時には，その商品から得られる金銭的価値は約200〜250円だと考え，逆にその位の価値がなければ購入したいとは思わないようである。

人々が感じる利得および損失に対する価値の差を分析した実験を紹介する。

質問1：あなたは今，転職するかどうか検討中である。現在の勤務先は，職場での仲間とのコミュニケーションが取れずに不満だが，自宅から10分で通えるいい面もある。転職先候補のx社とy社の条件は下記の通りである。あなたは転職先としてx社を選ぶか。

第4章 組織における意思決定に対する「情報・判断特性」の影響

	仲間とのコミュニケーション	通勤時間
現在の職場	コミュニケーションが取れずに不満。	10分
転職先x社	若干のコミュニケーションが取れそうである。	20分
転職先y社	比較的コミュニケーションが取れそうである。	60分

質問2：あなたは今，転職するかどうか検討中である。現在の勤務先は，職場での仲間とのコミュニケーションは十分に取れて満足しているが，自宅から職場まで80分もかかる。転職先候補のx社とy社の条件は下記の通りである。あなたは転職先としてx社を選ぶか。

	仲間とのコミュニケーション	通勤時間
現在の職場	コミュニケーションが十分に取れて満足。	80分
転職先x社	若干のコミュニケーションが取れそうである。	20分
転職先y社	比較的コミュニケーションが取れそうである。	60分

(出所：Tversky & Kahneman, 1991)

　上記の実験の結果，質問1では70％，質問2では33％の被験者がx社を転職先として選んだ。同じ条件の転職先x社に対して異なる結果が見られた背景には，損失回避傾向がある。質問1では，y社に比べてx社は，コミュニケーション面は若干改善するが，通勤時間面が若干悪化する，利得と損失面の小幅な変更が見込まれる案である。一方，質問2では，y社に比べてx社は，通勤時間面は大幅に改善するが，コミュニケーション面が大幅に悪化する，利得と損失の大幅な変更が見込まれる案である。ここで多くの被験者が質問2の場合にx社への転職を受け入れないのは，たとえ大幅な利得が得られるとしても大幅な損失は避けたいと思うからであり，多くの人々が損失に過敏に反応していることが分かる。この実験から，求人募集をしている企業は，自社の職場環境が魅力的であることを強調するよりも，個々の応募者の現職からみて自社にマイナス面が存在しないかを配慮する方が重要であると推察できる。

　損失回避傾向は，"備えあれば憂いなし"という諺にも表れている。人々は将来起こる可能性のある災い(損失)を避けるために，敢えてコストをかけてでも事前に準備をしておこうと思うものである。このような人々の心理を映し出した行動が，昨今，企業が注目する「リスクマネジメント(risk management)」

である。社団法人日本能率協会が2001年12月に実施した「企業戦略とトータル・リスクマネジメント経営」に関する実態調査によると，一部上場企業273社のうち，47.6％の企業がリスクマネジメントを重要視していることが報告されている。

損失回避傾向は，自分の財産や状況を守りたい，維持したいと思う傾向にもつながる。つまり，今の状態から前進こそすれ，後退はしたくないと思うのである。高じて，自分が既に所有しているもの（物品，人や地位，権利など）に対して，所有していない場合よりも高く評価する「保有効果（endowment effect）」という現象が生じる（Thaler, 1980）。ある実験では，被験者を3つのグループに分類し（A：初めにマグカップを貰う，B：初めにチョコレートを貰う，C：初めに何も貰わない），グループAとBには貰ったものとは異なるもの（マグカップかチョコレート）と交換できることを，グループCにはマグカップかチョコレートのどちらか1つが貰えることを，それぞれ告げる。その後，グループAとBの被験者に所有物をマグカップまたはチョコレートと交換するかどうかを尋ねた。その結果，グループCではマグカップとチョコレートの交換希望者人数は半々（ほぼ同数）であったのに対して，グループAとBの被験者は交換しようとはせず，貰ったものを保有する傾向が見られた。直前に人から与えられた，あまりコミットメントを抱いていないものに対してですら，保有効果が働くことが確認された（Knetsch, 1989）。

（5）反射効果

「反射効果（reflction effect）」とは，**図表4-1**の価値関数グラフが示すように，参照点を境に利得フレームと損失フレームとで，選好が正反対になる現象である。下記の実験の質問を見て，あなたはどちらの代替案を選ぶだろうか。

下記の代替案のいずれを選ぶか。（カッコ内は被験者の回答（選好）の割合）
質問1 ：代替案① 確率80％で4,000円を獲得できる。　　　　　［20％］
　　　　代替案② 確率100％で3,000円を獲得できる。　　　　　［80％］

```
質問１'：代替案①　確率80％で4,000円を失う。          ［92％］
        代替案②　確率100％で3,000円を失う。         ［8％］

質問２ ：代替案①　確率20％で4,000円を獲得できる。   ［65％］
        代替案②　確率25％で3,000円を獲得できる。   ［35％］
質問２'：代替案①　確率20％で4,000円を失う。          ［42％］
        代替案②　確率25％で3,000円を失う。          ［58％］

質問３ ：代替案①　確率90％で3,000円を獲得できる。   ［86％］
        代替案②　確率45％で6,000円を獲得できる。   ［14％］
質問３'：代替案①　確率90％で3,000円を失う。          ［8％］
        代替案②　確率45％で6,000円を失う。          ［92％］
                    （出所：Kahneman & Tversky, 1979　一部抜粋）
```

　各代替案の末尾にある括弧（［ ］）で囲まれた比率は、当該案を選んだ被験者の割合である。同じ質問番号の代替案を比較すると、ダッシュ（'）が付された質問の方は、金銭を失うことを示す損失フレームの代替案である。注目すべき点は、同じ確率および金額の代替案に対して、金銭を獲得するフレームと失うフレームとで選好が真逆になっており、しかも、期待値のより低い代替案が選ばれる場合すらあることである。質問１と１'を比較すると、前者の利得を示す代替案では100％確実に得られる代替案②が選ばれるが、後者の損失を示す代替案では、期待値は低いが少しでも損をしない可能性が含まれた代替案①が選ばれている。このような、フレームによって鏡に反射させたように選好が逆転する現象は、反射効果と呼ばれる。

　反射効果に見られる選好を比較すると、利得フレームの場合にはよりリスクの少ない保守的な案が好まれる「リスク回避（risk aversion）」傾向であるのに対して、損失フレームでは確率の付されたよりリスクの高い案が好まれる「リスク愛好（risk seeking）」傾向にある。利得が獲得できる時には、たとえ少額でも確実に得たいと思うのに対して、損失を被る時には、多少危険でも損をしない可能性を確保したいと思うからである（**図表4-3**参照）。

図表4-3 フレームごとの選好傾向

フレーム	リスク選好
利得	リスク回避
損失	リスク愛好

　企業行動においても反射効果が生じるケースについて，いくつかの研究で実証分析が行われている（e.g., Bowman1984; Fiegenbaum, 1990; Miller & Leiblein, 1996）。ある実験では，アメリカの製造業約1,000社を対象に，各社の利益率（Return on Assets: ROA）とその後の利益率の分散（＝リスク）の関係を比較し，この関係から企業が採用する戦略のリスク選好傾向を分析している。分析の前提として，製造業全社の利益率の産業平均値を参照点とした時に，平均値よりも利益率の高い企業を利得フレームの企業群，低い企業を損失フレームの企業群に分類している。企業の経営戦略もプロスペクト理論に沿うならば，利得フレーム企業群は冒険せずに現状を維持すればいいと考える。すると，リスク回避的戦略を採用するために利益率の変動はあまり見られず，20年後の利益率の分散は小さくなる。反対に，損失フレーム企業群は現状打破したいと考える。すると，リスク愛好的戦略を採用するために利益が高くなる企業もあれば低くなる企業もあり，20年後には利益率の分散は大きくなると予想した。分析結果は予想通りとなり，利得フレームの企業群は利益率の変動が少なく，損失フレームの企業群は利益を高めようと挑戦的な戦略を展開したため，奏功した企業もあれば頓挫した企業も出て，利益率に大きな変動が生じる結果となった（Miller & Leiblein, 1996）。

　上記の研究に倣い，収益性の低い損失フレームにある企業と，収益性の高い利得フレームにある企業の2社の意思決定を見てみる（【ケース39：フレームごとの企業のリスク選好傾向】）。

【ケース39：フレームごとの企業のリスク選好傾向】

＜利得フレーム＞
立飛企業社長高橋勝寿氏――新規投資難しい

「新規投資のタイミングが難しい…」と話すのは立飛企業の高橋勝寿社長。同社は米軍から返還された立川の不動産の賃貸事業が中核。築70年近い倉庫が中心で減価償却負担が軽く，高収益率ランキングの常連企業。半面，「投資を増やせば利益率が落ちる」というジレンマがあるからだ。

9月中間期の連結売上高経常利益率は60％。株主には外資系運用会社なども顔を連ねる。ただ，昨年，返還された土地全域が市街化区域に切り替わった。「ようやく投資できる環境が整ってきた。安定経営できるだけの投資はしたい」と強調していた。

（出所：2005/11/28, 日経金融新聞）

予想売上高経常利益率ランキング

順位	社名	売上高経常利益率	06年3月期予想経常利益
1	立飛企	59.2	4,050
2	キーエンス	52.5	84,000
3	O B C	51.3	8,000
4	国際石開	50.1	219,000
5	新立川	43.5	1,110
6	ヤフー	43.3	65,000
7	小野薬	41.7	62,000
8	コーエー	39.5	13,200
9	武田	38.5	445,000
10	U S S	37.5	22,900

（出所：2005/7/13 日経金融新聞　一部抜粋）
（囲みは筆者が加筆）

＜損失フレーム＞
新生銀「背水の積極策」，「レイク」買収発表。

新生銀行は11日，米ゼネラル・エレクトリック（GE）が「レイク」の名称で営業する日本の消費者金融子会社，GEコンシューマー・ファイナンス（東京・港）を5,800億円で買収すると発表した。買収で同行の消費者金融事業は大手4社に次ぐ規模に拡大。伸び悩む業績のテコ入れを目指す。

――中略――

住友信託銀行はアイフルの主取引銀行だが出資関係はない。みずほフィナンシャルグループは最も消極的で，前田晃伸社長は「うちは消費者金融はやらない」との姿勢を貫く。大手の武富士は大手銀と距離を置く独立路線だ。

日興シティグループ証券の野崎浩成アナリストは「消費者金融は（融資を年収の3分の1以下に抑える）総量規制を控えて明るい将来像を描きにくく，現時点では期待感より不透明感が強い」と指摘する。

（出所：2008/07/12, 日本経済新聞　一部抜粋）

00年3月	01年3月	02年3月	03年3月	04年3月	05年3月	06年3月	07年3月	08年3月
12.99	31.93	16.72	16.90	27.50	21.90	13.51	4.14	1.89

（参考資料：新生銀行　2000年3月～2008年3月　売上高経常利益率推移（単位：％））

立飛企業㈱は，売上高経常利益率が数年50％代後半という高収益の，いわば利得フレームに置かれた企業である。記事中で社長は新しい事業や投資を行うことが難しいと指摘しており，その理由の1つが利益率低下の懸念であるという。現状の利益率維持に固執するばかりに，新しい分野に挑むことの敷居が高く感じているようである。この例から，先ほどの実証分析の結果と同様に，潤沢な利益があり利得フレームに位置するこの企業は，保守的な意思決定を行う傾向がうかがえる。

　一方，㈱新生銀行は2004年3月以降から売上高経常利益率の低迷が続き，記事当時は，いわば損失フレームに位置する。当時の他の大手銀行の多くが消費者金融分野への進出に消極的であるのに対して，新生銀行は消費者金融会社のアコム㈱を買収し，新たな事業を開始する決断を下した。ここに新生銀行の攻めの戦略がうかがえる。この戦略の背景には，記事のタイトルにもあるように当行が背水に置かれていることがあり，低い収益性を補填するためにリスク愛好的戦略に出たようである。

（6）フレーミング効果

　「フレーミング効果（framing effect）」とは，意思決定の問題もしくは代替案の表現や提示の方法により，選好傾向が異なることを示す。「勉強しながらテレビを見ている」という表現と，「テレビを見ている時でさえ勉強をしている」という表現では，同じ行為にもかかわらずその印象が異なるだろう。このように，同じこと（状況）を異なる表現（フレーム）で示した時に，異なる印象や解釈を与えることを，フレーミング効果という（Tversky & Kahneman, 1981）。フレーミング効果を検証した有名な実験がある。

質問1：600名の死亡が予想される疫病の対策AとBがある。各対策を採った時の結果の科学的推定値は以下の通りであるとき，AとBのいずれの対策を採択するか。
　対策A：200名が救われる。
　対策B：確率1/3で600名が救われるが，確率2/3で誰も救われない。

質問2：600名の死亡が予想される疫病の対策CとDがある。各対策をとった時の結果の科学的推定値は以下の通りであるとき，CとDのいずれの対策を採択するか。
　C：400名が死亡する。
　D：確率1/3で誰も死亡しないが，確率2/3で600名が死亡する。
(出所：Tversky & Kahneman, 1981 一部修正)

　質問1では回答者の約7割が対策Aを選ぶのに対して，質問2では約8割が対策Dを選ぶ傾向が確認されている。すぐ分かるが，対策AとC，対策BとDはそれぞれ同じ内容を裏返して表現したに過ぎない。質問1では"救われる"というペイオフの増加を示唆するフレーミングが行われたために利得フレームの問題と捉えられ，リスク回避的な対策Aが選ばれた。反対に，質問2では"死亡する"というペイオフの減少を示唆するフレーミングが行われたために損失フレームの問題と捉えられ，リスク愛好的だが誰も死亡しない，つまり損失を避けられる可能性を含んだ対策Dが選ばれたのである。これは反射効果と一貫した傾向である。
　組織の意思決定においても，やはり意思決定問題の表現方法によってフレーミング効果が生じることは少なくないだろう。組織の管理者を対象に行ったフレーミング効果に関する実験を紹介する。

質問1：あるプロジェクトを進めている部下が，上司であるあなたに，プロジェクトの追加予算として10万ドルを要請してきました。部下は，「当プロジェクトはスケジュールに遅れ，予算オーバーしていますが，今のところプロジェクトの3/5は既に成功しています」と報告しました。実際，プロジェクトが成功する見込みは高そうです。あなたは上司として，10万ドルの追加予算を承認しますか？5点満点（5点＝確実に承認する〜1点：絶対に承認しない）で承認する見込みを答えて下さい。

質問2：(質問1の下線部のみ，「今のところプロジェクトの2/5は正直うまくいっていません」とする。)
(出所：Dunegan, 1993)

第3節　プロスペクト理論

(下線は筆者が加筆)

　実験の結果，質問1の回答平均値は4.05点であるのに対して，質問2の回答平均値は3.28点であった。2つの質問はほぼ同じ内容だが，部下の報告で成功と失敗（うまくいっていない）のいずれに焦点を当てたかにより，回答結果が異なる傾向が見られた。超過予算額，進捗状況，および成功する見込みは同じにもかかわらず回答の平均値が異なるのは，成功と失敗のいずれを強調したか，つまり問題の表現により異なるフレーミングが行われたからだろう。

　現実の意思決定においても，このフレーミングの違いにより異なったニュアンスを抱かせる，一種の情報操作とも思われるような事例がある（【ケース40：異なる表現による異なる印象】）。同じ調査の結果を報じているにもかかわらず，2つの記事から受ける印象は異なる。経済生産性本部は新入社員の約8割による「勝ち組」という評価を強調して読者に肯定的な印象を与えているのに対して，毎日新聞は新入社員の約2割の「負け組」という評価を強調して読者に否定的な印象を与えている。

【ケース40：異なる表現による異なる印象】

（財団法人社会経済生産性本部による「平成17年度版新入社員『働くことの意識』」調査結果）
　「勝ち組」か「負け組」かでは，全体の77.1％が「（就職活動において自分は）どちらかといえば勝ち組」と回答しており，調査対象となった新入社員の多くがそれなりの満足感をもっている。

今年の新入社員　2割は負け組
　今年の新入社員の2割強は就職活動での自分を「負け組」と認識していることが22日，社会経済生産性本部と日本経済青年協議会の05年度「働くことの意識」調査で明らかになった。専修・専門学校と4年制大学卒でその傾向が強く，同本部は「依然として厳しい就職環境を物語っている」と分析している。

（出所：2005/06/23，毎日新聞　一部抜粋）

(下線は筆者が加筆)

（7）確率に対する選好の非線形性

「確率に対する選好の非線形性（nonlinearity of preferences of the weighting function）」とは，人々が代替案のペイオフが生じる確率をそのままの値として客観的には受け止めず，主観的な重みづけ（weighting）をして捉える傾向である。期待効用理論では，代替案のペイオフに対して人々が抱く効用に，確率そのものを掛け合わせた値（期待効用）の加重平均値が最も高い案が選ばれるため，確率は所与と仮定されている。しかし，実際の人々の行動を記述するプロスペクト理論では，確率に対しても人々の主観が介在することを指摘している。以下の例を見てみる。

質問1：AとBのどちらの選択肢を選ぶか？
　A：確率1/1000で50万円貰えるか，確率999/1000で何も貰えない。
　B：必ず500円貰える。

質問2：CとDのどちらの選択肢を選ぶか？
　C：確率1/1000で50万円失うか，確率999/1000で何も失わない。
　D：必ず500円失う。

　　　　　　　　　　　　　　　　　　　　　　（出所：Kahneman & Tversky, 1979）

　質問1の利得フレームの問題ではよりリスキーな代替案Aが，質問2の損失フレームの問題ではより保守的な代替案Dがより選ばれている。これは，反射効果とは相反する選好傾向である。このような傾向が見られる理由は，人々が極めて低い確率をより高く見積もるからである。つまり，1/1000という確率に対して，実際にはもう少し高い確率で起こるのではないかと考えるため，質問1ではわずかだが高額が貰える可能性に賭け，質問2ではわずかでも高額を失う可能性を避けるのである。

　確率に対する重みづけの傾向は**図表4-4**のように示される。同図表では，横軸に事象の客観的確率が，縦軸に確率に対する人々の主観的な重みづけが示されており，代替案の確率に対する利得ないし損失フレームの重みづけは，共に

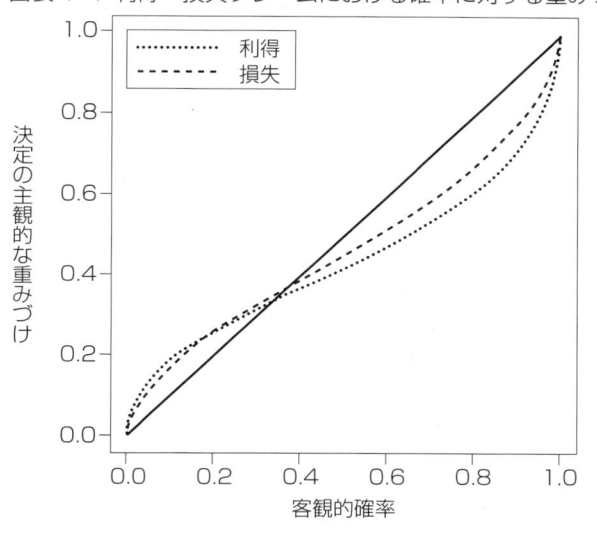

図表4-4 利得・損失フレームにおける確率に対する重みづけ関数

（出所：Kahneman & Tversky, 1992, p.313）

約0.35（35%）を境に変化（反転）している。人々は約0.35よりも低い確率に対してより高く重みづけをし、0.35よりも高い確率に対してより低く重みづけをする傾向にある。つまり、低確率の事象に対して過大評価をし、中位確率(0.5)や高確率の事象に対して過小評価をするため、滅多に生じない事柄を頻繁に生じると考え、頻繁に生じる事柄をそれほど起きやすくはないと考える。このような主観的な重みづけが行われる理由の1つとして、Kahnemanらは「感応度逓減（diminishing sensitivity）」を挙げている。逓減とは次第に減っていくという意味で、確率に対する反応（感応度）がだんだん弱まっていくことを示す。つまり、0から0.1、あるいは、0.2から0.3などの原点（0）に近い確率の変化に対して過敏だが、0.6から0.7、あるいは、0.8から0.9などのように原点から離れるにつれて確率の変化への反応が鈍くなる。

人々が確率に対して主観的な重みづけをしていることを検証するグラフがある（**図表4-5**）。このグラフは、ある実験によって示された、各死因の実際の発生頻度（横軸）と各死因の発生頻度に対する人々の推定値（縦軸）の関係を

第4章 組織における意思決定に対する「情報・判断特性」の影響

示している。実線は実際の発生頻度と死因推定値が一致している，つまり人々の推定が正しい場合を示しており，点は各死因の実際の発生頻度と人々の推定値の関係，破線はその近似線を示している。破線が実線よりも上方に位置する死因は過大評価，下方に位置する死因は過小評価されていることを意味する。このグラフから，人々は，あまり耳慣れない病気等（低確率）の死因に対しては実際よりも頻繁に生じると推定し，まあまあ，あるいは，よく耳にする（中位確率および高確率の）死因に対しては実際よりもあまり生じないと推定していることが分かる。

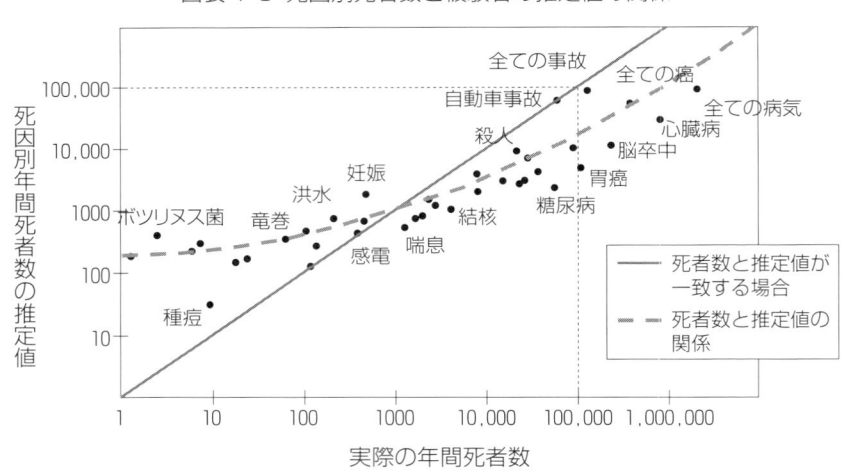

図表4-5 死因別死者数と被験者の推定値の関係

(出所：Lichtenstein, et al., 1978, p.566. 一部，筆者が加筆)

プロスペクト理論ではさらに，代替案の確率が低い場合には，リスク選好が逆転する傾向も指摘している。前述の反射効果により，人々の選好は利得フレームにおいてリスク回避的，損失フレームにおいてリスク愛好的になり，選好は鏡に映したように正反対の傾向になる。この傾向は実は，代替案の確率が中位または高い場合に見られるものである。先の2つの質問のような代替案の確率が極めて低い場合には，利得フレームではリスク愛好的，損失フレームでは

リスク回避的になる（**図表4-6**参照）。このことは，確率が低いと言われている事柄（原子力発電所の事故など）に対して，わずかでも損失を被る可能性があるために，リスク回避的な行動（反対運動など）がとられることと一貫している。

図表4-6　確率の高さ別，フレームとリスク選好の関係

フレーム ＼ 確率	中位確率 高確率	低確率
利得	リスク回避	リスク愛好
損失	リスク愛好	リスク回避

　低確率，つまり滅多に起こらない希少な事柄から被る損失に対して過剰に反応し，リスク回避的な防衛行動をとる傾向は，企業においても見受けられる（**【ケース41：過剰反応は業務にマイナス】**）。

【ケース41：過剰反応は業務にマイナス】
戸惑う企業　過剰反応は業務にマイナス

　豚インフルエンザから変異した新型インフルエンザの感染拡大で，企業のリスク管理に注目が集まっている。緊急時の事業継続計画（BCP）を策定済みの企業では，計画に沿って海外出張の制限や在宅勤務の準備などに踏み切った。

　ただ，新型ウイルスは重症になりにくい弱毒性との見方が広がり「過剰に反応すると業務に支障が出かねない」との戸惑いが広がっている。

企業の新型インフルエンザへの対応例

	在宅勤務の活用	そのほかの対策
日本オラクル	全員対象に制度あり。災害対応の訓練も実施	渡航制限は外務省の勧告に従う
昭和シェル石油	管理職を対象に制度あり。災害対応の訓練も実施	本社勤務の従業員に保護マスク配布
日本ユニシス	情報収集，資料作成ができる設備を導入。事業継続計画（BCP）にも活用	海外渡航はできるだけ見合わせる
日本IBM	営業やシステムエンジニア，間接部門などの社員対象の制度あり。BCPは非公表	メキシコへの出張は原則禁止
パナソニック	事務・営業職対象に制度あり。BCPに活用を盛り込んだが，全社員が利用できる環境にはない	メキシコ，およびメキシコ国境に近い米国への出張自粛
シャープ	災害時の在宅勤務は，BCPの選択肢として検討中	

(出所：日経ネットPlus（2009/05/15, http://netplus.nikkei.co.jp/nikkei/original/influ/influenza/inf090514.html 一部抜粋）

（下線は筆者が加筆）

※2009年5月現在の豚インフルエンザ感染確率は，日本人口127,767,994名に対して感染者数321名（2009年5月23日現在）であり，0.000251％と極めて低い。

第4節 合理的意思決定を志向する決定理論2 〜ベイズの定理

　本節では第2節同様，規範的アプローチに基づく意思決定理論を紹介する。多くの意思決定では，問題認識がなされた後，意思決定者によって何らかの予測ないし仮説が設定される。そして，意思決定者は追加情報によって初めに立てた予測の内容を吟味・分析することによって予測が正しいかどうかを検証し，最終的な結論を出す。トーマス・ベイズ（Thomas Bayes）によって証明された「ベイズの定理（Bayes' theorem）（またはベイズ推定（Bayesian inference））」とは，初めに立てた予測（確率）を，追加情報を用いて修正し最終判断（確率）を導く統計的手法である（Bayes, 1763）。この時の初めの予測は，意思決定者自身の知識，経験，あるいは，類似事象に関する記憶などの主観に基づく場合もあるため，「主観確率（subjective probability）」と呼ばれる。ベイズの定理は，追加情報によって主観確率がどのように変化するかを決定する方法である。

　ベイズの定理はもともと確率論の分野から生まれたものだが，現在では日常生活から企業活動に至るまで，幅広く活用されている。近年では，パソコンで電子メールをやり取りする際に，ほとんどの人が受け取ったことがあるだろう"迷惑メール（スパムメール）"を振り分ける手法として活用されている。そのステップを簡単に紹介する（**図表4-7**参照）。

図表4-7 ベイズの定理を用いた迷惑メールの振り分け

ステップ1：全受信メールのうち，迷惑メールの割合P（M1）を算出する（自動的に，必要なメールの割合P（M2）も分かる）。迷惑メールの受信数は人それぞれ異なる（主観的な）値であるため，この割合が主

第4節　合理的意思決定を志向する決定理論2 ～ベイズの定理

観確率となる。また，最初に導き出す確率であることから，「事前確率（prior probability）」とも呼ばれる。

ステップ2：迷惑メールかどうかの分類条件を設定する。例えば，受信したメールに"タダ"という単語（T）が含まれていたならば迷惑メールだと仮定する。そして，受信した迷惑メールの中で"タダ"が含まれている割合$P(T|M1)$と，必要なメールの中で"タダ"が含まれている割合$P(T|M2)$を調べる。"タダ"という追加条件の下での割合であるため，この割合を「条件付確率（conditional probability）」という。

ステップ3：実際に"タダ"が含まれるメールが，迷惑メールである可能性$P(M1|T)$を調べる。"タダ"という単語を含む全メール（上記の$P(T|M1)$と$P(T|M2)$）の中の迷惑メールの割合$P(T|M1)$を算出する（下記数式参照）。この割合は「事後確率（posterior probability）」と呼ばれる。

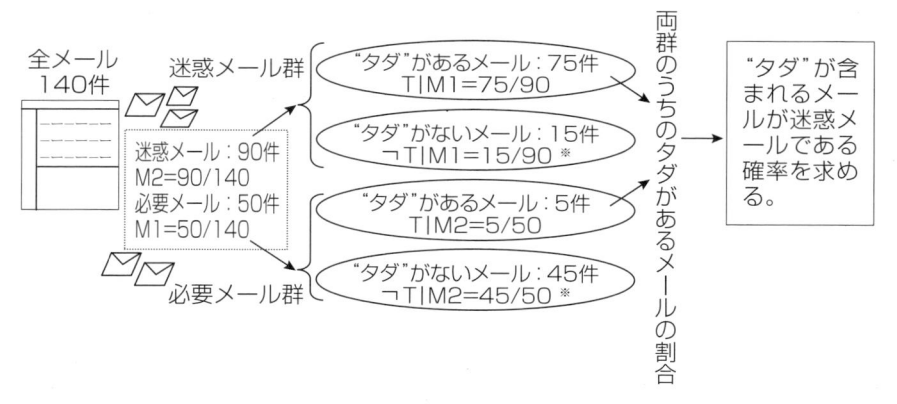

全メール140件

迷惑メール群
迷惑メール：90件
M2=90/140
必要メール：50件
M1=50/140

"タダ"があるメール：75件　T|M1=75/90
"タダ"がないメール：15件　¬T|M1=15/90 ※
"タダ"があるメール：5件　T|M2=5/50
"タダ"がないメール：45件　¬T|M2=45/50 ※

必要メール群

両群のうちのタダがあるメールの割合

→ "タダ"が含まれるメールが迷惑メールである確率を求める。

注※「¬」は，論理式で用いられる否定を意味する記号である。

$$P(\text{"タダ"を含むメールが迷惑メール}) = \frac{P(\text{迷惑メールで"タダ"を含むメール})}{P(\text{迷惑メールで"タダ"を含むメール}) + P(\text{必要メールで"タダ"を含むメール})}$$

$$P(M1|T) = \frac{P(T|M1)}{P(T|M1) + P(T|M2)} = \frac{75/90}{75/90 + 5/50} \fallingdotseq 0.893$$

→ "タダ"というキーワードにより，約89.3%の確率で迷惑メールを排除できる。

第4章　組織における意思決定に対する「情報・判断特性」の影響

　ここで改めてベイズの定理の公式と考え方を説明する。ベイズの定理とは，ある事象（A_1）が生じるという予測（主観確率）を立てた時に，追加情報として別の事象（B_1）が生じた下で，実際に事象（A）が生じる確率（＝$P(A_1|B)$）を導き出す方法である。事象（A）と（B）に関わるケースを下記のように定義すると，事後確率は下記の公式を用いて導き出すことができる。

（A）が生じる確率	$P(A_1)$	事前確率
（A）が生じない確率	$P(A_2)$	（主観確率）
（A）が生じている時に（B）が生じる確率	$P(B|A_1)$	条件付確率
（A）が生じていない時に（B）が生じる確率	$P(B|A_2)$	
（B）が生じている時に（A）が生じる確率	$P(A_1|B)$	事後確率

$$P(A_1|B) = \frac{P(A_1)\,P(B|A_1)}{P(A_1)\,P(B|A_1) + P(A_2)\,(B|A_2)}$$

　迷惑メールの振り分けのように，ベイズの定理は実際の企業活動や日常生活のさまざまなシーンで活用される便利な決定原理である（【ケース42：企業で活用されるベイズの定理】）。また，あらかじめ起きるかどうかの主観的予測を仮定的に用いることから，実際の意思決定に適用しやすいと言える。では，ベイズの定理を踏まえて，もう1つ，具体例を挙げて考えてみる。

【ケース42：企業で活用されるベイズの定理】
グーグル，インテル，MSが注目するベイズ理論
今日のコンピュータ界を動かす18世紀の確率論
　今日のコンピュータ界をリードする権威ある数学者の1人であるThomas Bayes（トーマス・ベイズ）は，他の数学者と一線を画する。ベイズは神の存在を方程式で説明できると主張した人物だ。そんな彼の最も重要な論文を出版したのはベイズ本人ではなく他人であり，また，彼は241年前に亡くなっている。
　ところが，なんとこの18世紀の聖職者が提唱した確率理論が，アプリケーション開発の数学的基礎の主要な部分を占めるようになっているのだ。
　サーチエンジン超大手のGoogleと情報検索ツールを販売するAutonomyの両社もベイズの原理を採用し，百発百中ではないにしろ高い確率で適当なデータ

第4節　合理的意思決定を志向する決定理論2　～ベイズの定理

を探し当てる検索サービスを提供している。様々な分野の研究者も，特定の症状と病気の関連付けや個人用ロボットの創造，過去のデータや経験に基づく指示に沿って行動し「考える」ことができる人工知能デバイスの開発などにベイズモデルを使っている。

　また，Microsoftも積極的にベイズモデルを支持している。同社は確率論（または確率論的原則）に基づく考えを同社のNotification Platformに採用している。このテクノロジーは将来的に同社のソフトウェアに組み込まれる予定で，それによりコンピュータや携帯電話がメッセージや会議予定に自動フィルタをかけたり，コンピュータなどの持ち主が他人と連絡を取りあうための最善策を考えたりすることができるようになる。

(出所：2003/03/17, CNET Japan　一部抜粋)
(http://japan.cnet.com/special/story/0,2000056049,20052855,00.htm
2008年6月現在)

　突然だが，近年，HIV感染者数の増加が報じられ，重大な社会問題の1つとなっている。2007年に報告された年間HIV感染者は過去最高の1,082件にのぼり，1日に4人がHIVに感染しているという。この事態に鑑みて，アメリカでは米国食品医薬品局（Food and Drug Administration：FDA）が2002年，約20分で結果が判る自宅でできるHIV検査キット（「OraQuick Rapid HIV-1 Antibody Test」）の販売を承認した。検査の正確性は99.6％である。HIV検査が従来よりも容易に，しかも高い精度で行えるようになったことは極めて望ましい。その一方で，実はこの検査キットを使って陽性反応が出た場合に，すぐにHIVに感染していると判断するのは，確率論的には早計であることも知っておくべきである。

　厚生労働省エイズ動向委員会「平成19年エイズ発生動向年報」によると，2007年末現在での日本全国HIV感染者累計数は9,426名である。また，総務省統計局の日本の人口推計によると，2007年12月の日本の推計人口は1億2,605万7,320名である。つまり，日本人全体の中で2007年末現在にHIVに感染している割合，つまり感染率は約0.0075％である。この感染率はベイズの定理でいう主観確率または事前確率となる。ここで得られたデータを基に，ベイズの定理を用いて"検査キットで陽性反応が出た場合に，実際にHIVに感染してい

る確率"を，図を用いて検討する（図表4-8参照）。

感染と非感染の確率は，**図表4-8**上段左側の通りである。また，**図表4-8**上段右側のように，検査キットを使用した時に誤った結果が出る可能性もある。**図表4-8**の上段を組み合わせると，下段の4つの可能性が出てくる。①非感染者で陰性，②感染者で陽性，③非感染者で陽性，④感染者で陰性，である。この4つのうち，陽性反応が出た場合の実際の感染可能性を考慮するわけであるから，②と③の場合の②の確率を算出すればいい（数式参照）。

算出結果からも分かるように，検査キットでの陽性反応が出たにも関わらず，感染している可能性は理論的には2％未満と，それほど高くはない。しかし実際，もし陽性反応が出た場合，我々の多くはキットの結果に過敏に反応し，慌ててしまうことも少なくないだろう。

図表4-8　ベイズの定理を用いたHIV感染可能性の検討

<事前確率（主観確率）>
日本人の感染者比率

感染者（率）	非感染者（率）
0.0075％	99.9925％

＋

<条件付確率>
検査キット結果

真	偽
感染者で陽性	感染者で陰性
非感染者で陰性	非感染者で陽性
99.6％	0.4％

①非感染者で陰性	99.9925％×99.96％
②感染者で陽性	0.0075％×99.6％
③非感染者で陽性	99.9925％×0.4％
④感染者で陰性	0.0075×0.4％

$$\text{陽性結果で感染している確率（事後確率）} = \frac{0.000075 \times 0.996}{0.000075 \times 0.996 + 0.999925 \times 0.004} \fallingdotseq 1.8334\%$$

検査キットに過敏に反応する理由の1つは，多くの人々が"そもそも，全体の中で何人がHIVに感染しているか"という主観（事前）確率を考慮しない，あるいは，考慮し忘れるからである。そして同時に，ここでの条件付確率であ

る"陽性反応"のような一部の追加情報を過度に重視してしまうのである。さらに，さまざまなマスメディアによる情報提供や報道において，HIVの危険性や脅威に関する情報が多く報じられ，主観確率についてほとんど報じられないため，一部の情報を重視する傾向が強まるのである。

第5節　ヒューリスティック(ス)

実際の意思決定では，ベイズの定理のような客観的意思決定を行う手法を適用できない場合が少なくない。では，人々は実際，どのように意思決定を行っているのだろうか。

(1) ヒューリスティック(ス)とは

サイモンは，人々が常に客観的合理的な意思決定を行うことができないことを「制約された合理性」と呼び（Simon, 1982)，満足化原理に基づき要求水準を満たす代替案を選ぶ傾向があることを強調した。これを受けてTversky & Kahneman（1974）は，記述的アプローチに基づき，人々が無意識的にも，これまでの経験律や自分の"勘"に頼って代替案や情報を選び，主観的に結論を出す傾向を見出し，「ヒューリスティック（複数形：ヒューリスティックス）(heuristic(s))」と呼んだ。"ヒューリスティック"とは，「発見」を意味するギリシャ語を語源とし，試行錯誤により問題の解を発見すること，またはその方法を示す。自分の経験や古人の知恵などに頼って大雑把に判断を下すことを，「経験則（rule of thumb[18]）」に頼るなどと言うが，ヒューリスティックはまさにこれとほぼ同義である。

ヒューリスティックに従うことは，人が一部の情報だけに頼って，あるいは，状況を単純化させて認識し，解釈して意思決定を行うことを意味するため，誤

---

[18]「rule of thumb（親指の法則）」とは，大人の親指の第一関節までの長さが約1インチ（約2.54cm）であることを利用し，物の長さを，親指を使って大まかに測ることである。

った結果を導きかねない。気づくと，せっかく集めた情報を用いず過去の経験に頼ったり，一部の情報だけを過度に重視して判断するといったことが，まさにヒューリスティックであるため，合理的な方法とはほど遠い。さらに，情報と情報の間の関係や，情報を比較，分析することなく，手っ取り早く結論を出すと，"早計に失する"ことや"早合点する"ことが多い。このような欠点から，多くの研究者たちはヒューリスティックに対する警鐘を鳴らし続けている。

しかし，欠点しかないことを我々は甘んじて受け入れているわけではなく，実はヒューリスティックには利点もある。関連する数多くの情報を集めたり，種々のデータを分析するには，労力や金銭等のコストがかかる。あるいは，問題を定式化したり代替案の結果をシミュレートし，評価することには時間がかかる。一方で，意思決定によっては多大なコストを投じる必要がない，あるいは，コストをかけられない（かけるべきでない）ものもある。実際，時間をかけ過ぎて手遅れになったら元も子もない。そこで，最適，正確ではないが，ある程度正解に近い結論を導いてくれる方法として，ヒューリスティックを活用することが有効的な場合も少なくない。

我々は，この長短兼ね備えたヒューリスティックスを理解し，うまく付き合っていくことが大切である。多くの人は，直感的には，自分が時に誤った意思決定を行ってしまうことを認識できるが，いざ意思決定を行う時には，その事実を忘れてしまうことが多い。また，自分自身の行動に関する帰属の際には「自己奉仕バイアス」（第2章第3節参照）が生じやすいように，間違えた意思決定を行った原因が自分にあるとは考えたくないものである。だが，このような事態が続くと，誤りや失敗の真の原因を理解できなくなる。あるいは，同じ失敗を繰り返しかねない。そのため，さまざまなヒューリスティックスの特徴を理解して，次の意思決定に役立てる必要が出てくる。

以降では，意思決定で見られる代表的なヒューリスティックを3つ紹介する。但し，この3つの分類は，意思決定傾向を理解する上の便宜的なものであり，人間が行う意思決定であることから，あるヒューリスティックと別のヒューリスティックの内容が類似あるいは重複する部分もある。

（2）代表性ヒューリスティック

「代表性ヒューリスティック（representativeness heuristic）」とは，ある事象が生じる確率や頻度を判断する場合に，規範的な確率論に基づく推計，つまり，ある事象が母集団に含まれる確率を考えず，その事象が，母集団の"代表的"，"典型的"，"具体的"な特徴を備えているかどうか，簡単に言えば，ある事象の一部の特徴が母集団に似ているかどうかによって確率を見積もることである。例えば，ロマンスグレーの見事な髭を貯え，ベレー帽をかぶり，パイプ煙草を手にした紳士を見かけたら，彼の職業は"画家"や"物書き"などと思うのではなかろうか。なぜならば，この紳士が画家や物書きによく見られそうな様相（髭，ベレー帽，パイプ煙草）だからである。しかし，職業人口の中で画家や物書きという職業に就く人々の割合は極めて低いため，たまたま目の前にいる紳士が画家や物書きの職に就いている確率は，理論的には極めて低い。

別の例を紹介しよう。あなたが宝くじを買った時に，クジ番号の全桁が1だった場合，当選しないと思うのではないか。しかし，当選番号の抽選において当選番号の1桁目がどのような数字になろうと，1桁目に出た数字がそれ以降の桁の抽選時に除外されるのでなければ，当選番号の2桁目や3桁目には影響しないはずである。つまり，クジの番号がどのような数字の並びであろうとも，当選確率はどのクジも等しいのである。だが我々は，当選クジの"典型"は，ランダムな数字が並ぶものだと思っているために，ゾロ目のクジは当たらないだろうと落胆するのである。

ここで挙げた例は一部に過ぎず，実際にはさまざまな代表性ヒューリスティックが行われている。これらを整理すると，代表性ヒューリスティックは主に以下の6つに分類することができる。

(i) 連言錯誤
(ii) 基準率の無視
(iii) サンプルサイズの無視
　　別名：少数の法則の信仰
(iv) 偶然の誤認

> 　　　　　　別名：ホットハンドの誤り，ギャンブラーの過ち
> (v) 平均回帰の無視
> (vi) 正当性錯誤

(i) 連言錯誤

　連言（conjunction）とは，主に論理学で用いられる用語であり，命題と命題を「そして」や「および」に相当する語句または記号で結合する形式，またそれで得られた立言のことであり，対語は選言（disjunction）（命題と命題を「または」や「あるいは」に相当する語句または記号で結合する形式）である。選言事象AとBの各生起確率を掛け合わせた値が，連言事象ABの生起確率になる。つまり，連言事象よりも個々の選言事象の方が，必ず生起確率が高くなる。例えば，地震（確率40％），あるいは火事（確率30％）の2つの選言事象のいずれも，連言事象である地震と火事の同時発生（確率40％×30％＝12％）よりも高い確率になる。

　この前提に反して，選言事象よりも連言事象が生じる確率を高く見積もってしまう傾向が「連言錯誤（conjunction fallacy）」である。地震のせいで火事が起きるといったように，複数の事象が重なるとより具体的な光景を思い浮かべやすいために，起きやすいと思ってしまうのである。

　しばしば引用される"リンダ問題"と呼ばれる実験を紹介する。

> 　リンダという名の，31歳独身，辛口で頭脳明晰な女性をイメージしてください。学生時代は，専攻が哲学，差別や社会正義について深い関心を持ち，反核運動に参加していました。以下の選択肢について，彼女の現在の職業と思われる確率を1点（確率が最も低い）〜8点（確率が最も高い）の間で評価して，3つを順位づけしてください。
> 　　（a）フェミニスト運動の活動家
> 　　（b）銀行の出納係
> 　　（c）フェミニスト運動を行う銀行の出納係
> 　　　　　　　　　　　（出所：Tversky & Kahneman, 1982　一部抜粋）

結果では，被験者の85％が，3つの代替案の確率の順位を(a)＞(c)＞(b)と回答する傾向が見られた。しかし，代替案(c)（図表4-9のチェック模様部分）の連言事象は，代替案(a)と代替案(b)が同時に起きることで実現される連言事象であるため，代替案(a)（図表4-9の左上がり斜線部分）よりも起こる確率は低い。

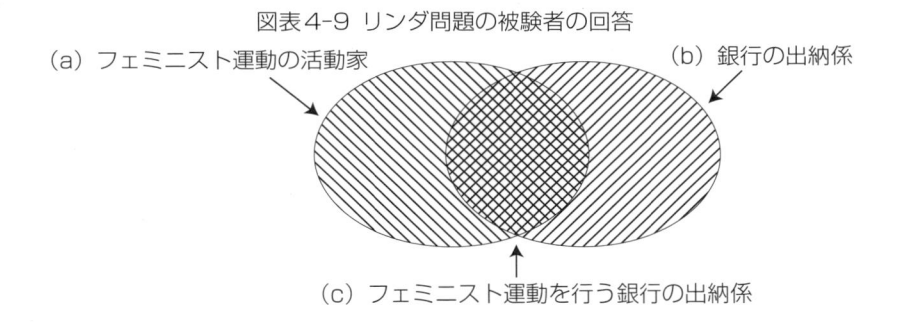

図表4-9 リンダ問題の被験者の回答

(a) フェミニスト運動の活動家　　　　　　(b) 銀行の出納係

(c) フェミニスト運動を行う銀行の出納係

企業で見られた連言錯誤の事例を紹介する（【ケース43：ターゲティングに見られる連言錯誤】）。

【ケース43：ターゲティングに見られる連言錯誤】
＜日本コカ・コーラ㈱　缶コーヒー「ジョージア」　2005年8月2日発表の新戦略＞

> これまでのジョージアのコアターゲット層（30代-40代）に加え，若年層（20代-30代の男女）に対してジョージアブランドの価値をより強く訴求するべく，ジョージアのアイデンティティであるロゴ・アイコンを含めたグラフィックを全面リニューアルし，広告キャンペーンなども一新します。

↓1年後

「ジョージア」30代男に帰る，コカ・コーラ，缶コーヒー巻き返し，核の顧客明確に。
　若年層の開拓を試みた昨年のリニューアルは半面，固定客と思い込んでいた30代以上の男性のジョージア離れを招くなど悪戦苦闘。コアユーザーをつなぎ

第4章　組織における意思決定に対する「情報・判断特性」の影響

　留める工夫から，巻き返しは始まる。
　――中略――
　昨年秋の大転換は若年層の開拓が主眼。缶コーヒー市場トップの4割シェアを握りながら，4年連続で前年実績を割れていた理由を，新規顧客を取り込めていなかったためと判断したからだ。
　そこで，認知度の低かった人向けに缶容器の上部にブランドで統一した銀色などの帯を加えたパッケージデザインを採用。広告も若者向けに「夢に向かう人を応援する」イメージに切り替えた。既存品については中身を変えず，二兎を追う作戦でもあった。
　しかし，いずれも裏目に出る。まずパッケージデザインの変更。缶容器上部に統一した帯を加えたことで，青（エメラルドマウンテンブレンド）や黒（エンブレムブラック）など，商品ごとの個性が薄くなった。コンビニ店頭などでは陳列棚の値札に缶の下部が隠れ，商品を判別しにくいという事態も発生した。
　――中略――
　広告戦略の変更も凶と出た。ジョージアといえば1994-99年，飯島直子を起用した「やすらぎ」で脱力感と癒しを，2000-03年に吉本興業の若手タレントたちが「明日があるさ」と希望を訴えるなど，時代に即したキャッチコピーで共感を得ていた。
　若者向けに夢を追う大切さを訴えた昨秋からの広告は，30代以上で現実を冷静に見つめているサラリーマンには，ややお仕着せがましい内容となってしまった。

（出所：2006/10/04，日経流通新聞　一部抜粋）
（下線および一部，筆者が加筆）

　日本コカ・コーラによる新たなターゲットは中年層と若年層の2つの層になるため，一見，顧客数が増加するように思われる。しかし実際，このターゲティングは失敗したと報じられている。失敗原因は2点考えられる。1つは，嗜好やライフスタイルの異なる2つの年齢層に共通するコンセプトを提供すべきだったにもかかわらず，新規開拓層である若年者を意識したプロモーション戦略を展開した点である。新たなターゲティングはあくまで2層であることを認識する必要があった。2つ目の失敗原因は，2層をターゲットにしたこと自体である。若年層と中年層の両層が購入する確率は，若年層が購入する，または中年層が購入する確率よりも低い。つまり，両層同時に購入することを狙うタ

ーゲティングは，マーケットを狭める可能性のある連言錯誤であった。

　同社はこの直後，若年層にも比較的認知されている木村拓哉氏と，中高年層に認知度の高い渡哲也氏を起用し，サラリーマン生活を描いたテレビコマーシャルを展開して好評を得た[19]。上記1つ目の失敗原因に対処したことになる。しかし，中年層と若年層の両層へのターゲティング自体が連言であるため，市場規模の縮小につながる可能性が高いことを認識しておくべきであろう。

(ii) 基準率の無視

　規範的アプローチに基づくベイズの定理において，意思決定に際して最初に設定される事前（主観）確率は，「基準率（base rate）」（または「ベースレート」）と呼ばれる。前節のHIV感染の例で言えば，"日本人の中でHIVに感染している人の割合（＝感染率）"である。人々は基準率を見落としたり気づかなかったりする傾向がある。これが「基準率の無視（base rate neglect）」である。

　HIV感染の例に限らず，実社会においても，基準率が見落とされがちな報道例を挙げる（【ケース44：女性管理職に就任しやすい？】）。女性の社会進出が進む中，近年では企業における女性管理者の割合に関心が持たれている。この記事は，これら企業で働く女性は管理者に就任しやすいという印象を与えはしないか。しかし，基準率に要注意である。

　この記事では全管理職数の中の女性管理者の割合が示されている。ここで改めて，事前情報として，㈱パソナとマイクロソフト㈱の男女従業員数およびその比率を表に記した。なぜなら，女性が管理職に就任しやすいかどうかをみる場合の基準率となるのが，全従業員中の女性社員の割合（女性比率）だからである。そこで，基準率を考慮に入れ，各社の女性従業員が管理職に就任する確率をベイズの定理を用いて計算すると，パソナは約12.8%，マイクロソフトは約4.0%である（数式参照）。この値は，果して高いか低いか。

---

[19] http://www.oricon.co.jp/news/ranking/32364 より。

第4章　組織における意思決定に対する「情報・判断特性」の影響

【ケース44：女性管理職に就任しやすい？】
役員の16％近くが女性という企業も！――女性管理職の多い会社をチェック

　「女性が働きやすい会社」につき，女性管理職が多い企業を調べたところ，上位には外資系や女性社員比率の高い企業が名を連ねた。中には管理職の8割が女性という企業も。

女性管理職 (課長職以上)の割合 (女性管理職 ／全管理職数)	係長職以上の 女性数 (女性正社員数)	係長相当職の 女性の人数 (総係長職人数)	課長相当職の 女性の人数 (総課長職人数)	部長相当職の 女性の人数 (総部長職人数)	役員相当職の 女性の人数 (総役員人数)	順位	会社名
24.8% (97人／391人)	288人 (2522人)	191人 (680人)	71人 (285人)	23人 (87人)	3人 (19人)	1位	P&G
16.8% (48人／285人)	409人 (1869人)	361人 (456人)	36人 (178人)	11人 (91人)	1人 (16人)	2位	クレディセゾン
38% (139人／366人)	222人 (1356人)	83人 (183人)	117人 (285人)	15人 (56人)	7人 (25人)	2位	ベネッセ コーポレーション
7.2% (333人／4621人)	約3000人 (4390人)	約2700人 (約3300人)	286人 (3417人)	46人 (1175人)	1人 (29人)	4位	イオン
82% (693人／845人)	無回答 (2221人)	無回答	672人 (786人)	16人 (40人)	5人 (19人)	5位	ニチイ学館
21.8% (92人／422人)	197人 (455人)	105人 (253人)	62人 (220人)	28人 (191人)	2人 (11人)	6位	UBS証券
非公表	非公表 (3046人)	19%	11%	8%	4人 (54人)	7位	日本IBM
13.2% (157人／1190人)	339人 (1593人)	182人 (549人)	147人 (828人)	10人 (327人)	0人 (35人)	8位	オリックス
30.2% (49人／162人)	174人 (921人)	125人 (258人)	32人 (81人)	13人 (54人)	4人 (27人)	8位	パソナ
10.6% (49人／462人)	133人 (430人)	84人 (622人)	39人 (325人)	8人 (116人)	2人 (21人)	8位	マイクロソフト

(出所：日経WOMAN
(http://woman.nikkei.co.jp/special/article.aspx?id=20081024f1000f1&page=1)
2008年12月24日現在　一部抜粋)

パソナとマイクロソフトの従業員数等データ

		総計	男性	女性	男性比率	女性比率
パソナ	従業員	3,647	2,726	921	74.7%	25.3%
	管理職	162	113	49	69.8%	30.2%
マイクロソフト	従業員	1,892	1,401	491	74.0%	26.0%
	管理職	462	413	49	89.4%	10.6%

(出所：2009年10月現在，各社Webサイト)

$$P(\text{パソナ}) = \frac{0.253 \times 0.302}{0.253 \times 0.302 + 0.747 \times 0.698} \fallingdotseq 0.128 \quad P(\text{マイクロソフト}) = \frac{0.26 \times 0.106}{0.26 \times 0.106 + 0.74 \times 0.894} \fallingdotseq 0.040$$

(iii) サンプルサイズの無視（別名，少数の法則の信仰）

　我々がある事象の傾向（大学生がよく利用するファーストフード店，ビジネスマンが持っている携帯電話の機種など）を知りたい場合，その事象に関わる全ての対象者の行動を調べることは困難である。そこで，全ての対象者に行う全数調査（悉皆調査）ではなく，一部の対象者に行う標本調査（サンプル調査）を行う場合が多い。実際に知りたい対象集団である母集団から一部のサンプルを抽出して，その結果を基に母集団について推定するのである。この調査において重要な点の1つは，標本の数，すなわちサンプルサイズである。サンプルサイズが大きいほど，抽出したサンプルの特徴は，本当に知りたい母集団の特徴に近づく傾向があり，逆にサンプルサイズが小さいほど，そのサンプルは母集団の特徴からかけ離れたものになりやすい。これを「大数の法則（law of large numbers）」と呼ぶ。しかし，我々は大数の法則を忘れ，抽出したサンプル数が少なくても母集団の特徴を反映した，より一般的，普遍的な特徴だと解釈してしまう傾向がある。これが，「サンプルサイズの無視（insensitivity of sample size）」である。よく引用される以下の実験がある。

　ある大病院では毎日約45人，ある小病院では毎日約15人の新生児が生まれる。周知のように，新生児の約50％が男児であるが，正確な比率は日ごとに変動するもので，50％より高い日もあれば低い日もある。
　さて，1年を通してみると，新生児の60％以上が男児もしくは女児だった日数が多いのは，以下の選択肢のどれか？
　（a）大病院（の方が多い）。
　（b）小病院（の方が多い）。
　（c）ほぼ同じ。（有意差5％未満）

（出所：Tversky & Kahneman, 1974）

　95名を被験者としたこの実験の結果，代替案（a）と（b）の回答者がそれぞれ21名，代替案（c）の回答者が53名であった。半数以上の被験者が，どのような状況（サンプル）でもほぼ同じであると考えたようである。しかし，大数の法則に基づき厳密に考えると，人数の多い大病院の方が母集団比率である男児

（または女児）比率50%に近くなる傾向があり，逆に小病院はサンプルサイズが小さいので大病院よりも男女比50%からかけ離れる可能性が高くなる。つまり，質問の正解は代替案（b）である。

さらに，このヒューリスティックは「大数の法則」を皮肉った表現として「少数の法則の信仰（belief in law of small numbers）」と呼ばれることもある。少数の法則の信仰は統計学を用いた調査において，専門家ですら陥りやすいと言われている（友野，2006）。調査において収集したサンプル数が少なくとも，結果が母集団の特徴を反映していると結論づけてしまうからだろう。

(iv) 偶然の誤認（別名：ホットハンドの誤り，ギャンブラーの過ち）

「偶然の誤認（misconception of chance）」とは，ある事象が生じたことはごく普通のありふれた単なる偶然にもかかわらず，極めて稀な珍しい特別なことだと思い込む誤りである。例えば，サイコロを6回振った時に，「表-裏-表-裏-表-裏」と「表-表-表-裏-裏-裏」ではいずれが出やすいかと尋ねると，後者のように同じ面が連続して出ることはあまりないと考え，前者の方が出やすいと思ってしまう。しかし，6回という投げる回数が少ない場合には，偶然にも同じ面が出る可能性が低いとは断言できない。

この現象にはいくつかの別名がある。その1つ，「ホットハンドの誤り（the hot hand fallacy）」と呼ばれる現象について，下記のような実験がある。

（バスケットボール観戦に来ていた観客100名に対して，）
　次の質問に「はい」か「いいえ」で答えて下さい。
A：選手が直前のシュートを2，3回連続で失敗した後よりも成功した後の方が，次のシュートの成功率が高いと思う。
B：フリースローで1回目のスローを失敗した後よりも成功した後の方が，2回目のスローの成功率が高いと思う。
C：連続してシュートが成功した後は，その選手はいつも以上にシュートが成功すると思う。
D：数シュート連続して成功した選手にボールを回すことは重要である。
（出所：Gilovich, et al., 1985）

A〜Dの質問に対して「はい」と回答した被験者の割合は，Aが91％，Bが68％，Cが96％，そして，Dが84％であった。つまり，半数以上の人々が，A〜Dの内容を肯定している。しかし，実験者たちが実際にあるバスケットボールチームの1年間の全シュート記録を調べた結果，シュート直前または2，3連続成功後のシュートの成功率は高くなく，むしろ失敗直後の方が成功率が高い傾向が確認された。多くの観客は，シュートを成功させた，つまり"ツイている手（ホットハンド）"を持つ選手は，その後もツイていると思い込んでしまう。だが，確率論に基づくと，1試合でのシュートの連続成功は単なる偶然なのである。

　また，「ギャンブラーの過ち（gamblers' fallacy）」という別名もある。ルーレットで連続して赤のマスに玉が入っていると，今度こそは黒のマスに玉が入るはずだと思ってしまう場合などである。実際，賭博場にいる時間が短く，少数回しかルーレットが回転していない場合には，片方のマスに玉が偏ることもしばしば見受けられるのである。このように，連続して生じる事象について，賭けごとのように繰り返される回数が少ない場合には極端な結果が生じやすいにもかかわらず，繰り返される回数が多い時のようにランダムになると思い込むギャンブラーが多いという。

(v) 平均回帰の無視

　「回帰（regression）」とは一巡して戻ってくることであり，平均回帰（または回帰効果）とは，無作為な確率が付された連続事象のある一時点で，いわゆる異常値が生じたとしても，長期的に見ればその値は平均に近づく統計的な現象のことである。"ラッキー"と"アンラッキー"で考えると，アンラッキーばかりがずっと長いこと続いた後には，巡りめぐってラッキーなことも起きるものであり，長い目で見れば"普通（平均的）"になるものである。身長がとても高い親から生まれた子供の身長は，大抵それほど高くなく平均値に近かったり，プロ1年目に成績のいいルーキーは2年目には成績が悪くなる（"2年目のジンクス"と呼ばれる）現象は，統計を取ると長期的には成績は平均に回帰することが確認されている。

　しかし，我々は事象のある時点に捕らわれてしまい，その確率が長期的には平均値に近づくことを忘れてしまう場合がある。例えば，教師が1回のテスト

の点数のみで児童（生徒・学生）の出来不出来を評価してしまったり，悪いことばかりが続く（負のスパイラル）と思い込む場合などである。このような傾向を「平均回帰の無視（insensitivity of regression to the mean）」と言う。

問題：下表の９店舗の次年度の売上高を予測しなさい。なお，店舗の規模，品揃えは次年度とほぼ同じで，売上高の違いは立地と偶然の変動による。経済予測によると，次年度の売上高成長率は10％であるという。そこで，次年度の売上高総計の目標額を9,900百万円に設定した。

(単位：百万円)

店舗	今年度売上高	次年度売上高
東京	1,200	?
大阪	1,150	?
名古屋	1,100	?
博多	1,050	?
札幌	1,000	?
京都	950	?
浜松	900	?
新潟	850	?
仙台	800	?
総計	9,000	9,900

(出所：Bazerman, 2008　一部修正)

上記の問題に関して，もしヒューリスティックに従って平均回帰の無視に陥るならば，各店舗とも今年度売上高の10％増額した値が次年度売上高と考えてしまうだろう。東京は［1,200百万円×1.1＝1,320百万円］，浜松は［900百万円×1.1＝990百万円］となる。しかし，このやり方は理論的には誤りである。なぜならば，各店舗の次年度売上高が今年度売上高と強く関係する場合（「完全相関（perfect correlation）」といい，相関係数が１になる）と，反対に，今年度売上高とは全く関係しない場合（「無相関（decorrelation）」といい，相関係数が０になる）があり，次年度売上高は平均回帰により，２つの場合の中間点（中央値（median））に落ち着くからである。この問題では，完全相関の場合には，（多くの人々が考えるように，）各店舗の今年度売上高の10％増額した値が，各店舗の次年度売上高になる。一方，無相関の場合には，各店舗の今

年度売上高は関係しないため，全店舗とも等しく次年度売上高目標値を店舗数で割った値［9,900万円÷9店舗＝1,100万円］が，次年度売上高となる。この2つの値の中央値が，各店舗の次年度売上高の最適予測値となる（下表参照）。

(単位：百万円)

店舗	今年度	完全相関	無相関	最適予測値
東京	1,200	1,320	1,100	1,210
大阪	1,150	1,265	1,100	1,182.5
名古屋	1,100	1,210	1,100	1,155
博多	1,050	1,155	1,100	1,127.5
札幌	1,000	1,100	1,100	1,100
京都	950	1,045	1,100	1,072.5
浜松	900	990	1,100	1,045
新潟	850	935	1,100	1,017.5
仙台	800	880	1,100	990
総計	9,000	9,900	9,900	9,900

組織の中でも，平均回帰の無視が見られるケースがあろう。例えば，ある管理者が部下を褒めた時よりもきつく叱った直後の方が新規契約を取りつけきたので，部下には厳しく接する方がいいと結論づける場合などである。平均回帰を念頭に置けば，契約獲得に失敗することもあれば成功することもあり，長期的には平均的な成果を収めると考えられるため，この場合，部下を褒めるより叱ることが成果に直結すると考えるのは早計である(Tversky & Kahneman, 1974)。

(vi) 正当性錯誤

人々は，手元の情報の正確性を見極めずに鵜呑みにして判断することが少なくない。特に自分の身近な人や知人の発言などの情報がそれにあたる。客観的合理的判断を行うならば，情報源および情報自体の信憑性や根拠，正確性を入念に調べて，意思決定に利用できるかどうかを検討する必要がある。しかし，例えば，"あの人が言ったことならば正しい"といったように，情報源すらチェックせずにその情報が正しいと思い込んで主観的，直感的に判断することが少なくない。このような傾向は，「正当性錯誤（illusion of validity）」と呼ばれる。

正当性錯誤が生じやすいのは，知覚対象について感情的な興味を抱く場合や，

より具体的な情報源，あるいは，情報内容を利用する場合である[20]。人々は抽象的な情報よりも具体的な情報をより好む傾向があり，事実，最近では有益な情報源の1つとして「口コミ（word of mouth）」が注目されている。しかし，客観的に捉えると，人々が個人的に抱いた感想である口コミ情報の信憑性や正確性は保証されない。以下の例を読み，どう判断するだろうか。

> あなたは，燃費が良く寿命の長い新車を買いたいと思っており，経済性と寿命の面から，がっちりして頑丈なスウェーデン車の"ボルボ（VOLVO）"か"サーブ（SAAB）"にしようと決めた。慎重で分別ある消費者であるあなたは，専門誌の消費者向けレポートをチェックしたところ，ボルボの方が機械性能的にも修理記録の面でも，より優れていると専門家が評価していた。この情報を頼りに，あなたは今週中にボルボ販売店に行って交渉しようと思った。
> 　翌日あなたはカクテルパーティに行き，知人に自分の考えを話したところ，知人は信じられないといった反応で以下のように言った。「ボルボ?!冗談だろう。僕の義兄がボルボに乗っていたよ。初めに，高級燃料注入コンピュータがイカれて250ドルかかったそうだ。次に後部座席が壊れて交換する羽目になった。それから，トランスミッションとクラッチ。結局，3年で売り払ったよ。」
> （出所：Nisbett, et al., 1976）

上記の知人の話を聞いてボルボを買おうと思うだろうか。多くの人がボルボの購入を躊躇するだろう。我々は複数の専門家によるボルボの評価ではなく，たった1人の知人の義兄の具体的な経験談を信じてしまうのである。

【ケース45：正当性錯誤の活用】は，多くの人々が，信憑性が定かではないがより具体的な情報源である口コミを利用することに目を付けた新たなビジネスが伸びていることを示す例である。厳密に言えば，口コミ情報はごく一部の個々人の体験談であり，真に正当な情報かどうか，あるいは，自分にも当てはまるかどうかが不透明な情報である。多くの人々がヒューリスティックに陥るという事実をうまく活かしてビジネスを成功させている，好事例である。

---

[20] このような情報は入手しやすいという点で，利用可能性ヒューリスティック（後述）と考えることもできる。

第5節　ヒューリスティック（ス）

【ケース45：正当性錯誤の活用】
口コミサイト，節約女性に響く広告——クックパッド×キリン（不況またよし）
　企業宣伝費が大幅に絞り込まれる中，破竹の勢いで広告収入を伸ばす新興インターネットサイトがある。料理，ファッション，手芸，絵本……。各サイトのテーマは一見バラバラだが，実はあえて狭い分野に特化し，広告主が訴求したい客層を狙い撃ち，自然に話題を広げる仕組みを備えるという共通点がある。いわば口コミスナイパー（狙撃手）サイトだ。巣ごもりや節約志向といった不況を追い風に，女性を中心に急速に支持を広げている。

サイト名	クックパッド	レシピブログ(アイランド)	プーペガール	アトリエ(エキサイト)	絵本ナビ
URL	http://cookpad.com/	http://recipe-blog.jp/	http://pupe.ameba.jp/	http://atelier.woman.excite.co.jp/	http://www.ehonnavi.net/
現在の主な消費者向けサービス	個人から料理レシピ投稿を募り，キーワードで検索可能に。レシピ利用者が投稿者に感想を書き込める機能も	料理関連ブログを持つ個人の登録を募り，キーワードなどで検索可能に	個人が持つ服などの画像投稿を収集，他人が閲覧し，感想を書き込める。アバター用の服や雑貨などの販売も	個人から手芸品の作り方などを集め，検索可能に。気に入った作家を登録すると新作情報が自動で届く	個人から絵本の感想の投稿を集め，検索可能に。絵本の一部試し読み機能や絵本や関連商品の通販も

——中略——
　深刻な不況の中でクックパッドは急成長している。大手飲食料メーカーなどの広告を次々と獲得し，2009年4月期売上高は前期比50％も伸びる見通し。内食志向の強まりから過去半年で月間利用者が185万人増えて600万人を突破。広告媒体として一気に存在感が高まったが，真の強みは単なる露出規模の大きさではない。

（出所：2009/04/01，日経流通新聞　一部抜粋）

（3）利用可能性ヒューリスティック

　「利用可能性ヒューリスティック（avairability heuristic）」とは，ある事象が生じる確率や頻度を判断する場合に，意思決定者にとって利用しやすい（avairable），手に入れやすい情報を用いる傾向である。意思決定では必ず何

らかの情報が必要になる。新奇の意思決定問題に対して未知の事柄に関する情報を新たに収集したり，過去の経験を今回の意思決定に当てはめるために記憶から情報を思い出したりする。中でも利用しやすい情報とは，自分にとって収集しやすい情報，身近に感じる情報，思い出しやすい情報などである。こういった情報を意思決定に用いるのは当たり前のように思われるが，集めやすい，あるいは，思い出しやすい情報が，必ずしも当該意思決定に関する事実を正しく示す客観的なものとは限らないため，不正確な意思決定結果を導いてしまう可能性が出てくる。

利用しやすい情報にはさまざまな特徴がある。特徴ごとに整理すると利用可能性ヒューリスティックは，主に以下の4つに分類することができる。

(i) 想起容易性
(ii) 検索容易性
(iii) 想像容易性
(iv) 錯誤相関

(i) **想起容易性**

「想起（retrieve）」とは，人々が経験を通じて得た自分の記憶から，出来事や事柄を思い出すことである。我々の記憶の仕組みは複雑であり，すぐに想起できる事柄もあれば，忘却してしまい想起できない事柄もある。「想起容易性（retrievability）」とは，情報を記憶から想起しやすいことを示しており，思い出しやすい情報は意思決定者にとって利用しやすいものとなる。想起容易性が高まる要素としては，「著名度（famousness）」や「親近性（familiarity）」，「顕著性（目立ちやすさ）（salience）」や「鮮烈性（vividness）」，さらには「近時性（最近のこと）（recency）」などが挙げられる。

<**著名度・親近性**>

我々は有名，または人気のある事柄については容易に思い出すことができ，しかも，その事柄に対して親近感を抱く場合が多い。ある実験では，被験者に対して複数の著名人の名前が記された2つのリストを読み上げ，直後にどちら

のリストの方が男性（または女性）の人数が多かったかを回答させた。実験上の操作として，例えば**図表4-10**のように，一方のリストには男性著名人を，他方のリストには女性著名人を含ませている。各リストとも男女同数にもかかわらず，リスト1では男性，リスト2では女性の人数が多いという回答が得られた（Tversky & Kahneman, 1973）。

図表4-10　著名度の高さと思い出しやすさの実験に用いるリスト例

リスト1	リスト2
石川遼	**福原愛**
山名由美	大山順平
伊藤さゆり	**浅田真央**
桑田香織	山田史郎
稲本潤一	**横峯さくら**
北島康介	斉藤武

※著名人の氏名は太字で記しており，それ以外の氏名は仮名である。

また，親近性，つまり親しみやすい事柄も利用しやすい情報となる。親しみやすいと感じる事柄には色々とあるだろうが，下記のケース（【ケース46：親しみやすい情報源の利用】）が示すように，例えば自分の友人や家族などの身近な人々に対して親しみを感じる場合が多い。故に，これらの人々から発せられた情報をより利用する傾向がある。

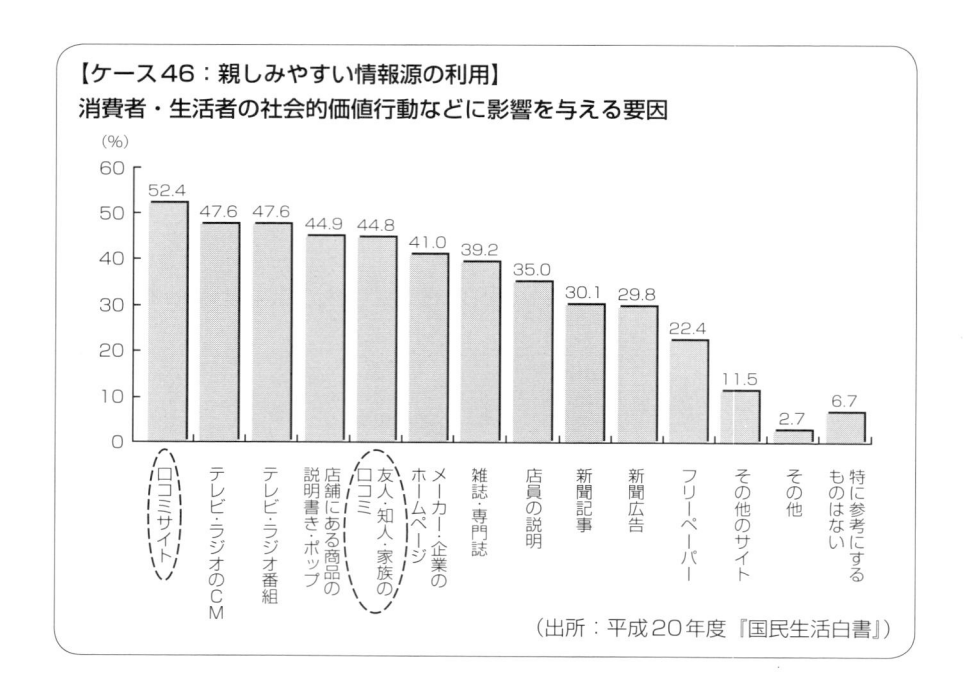

第4章　組織における意思決定に対する「情報・判断特性」の影響

【ケース46：親しみやすい情報源の利用】
消費者・生活者の社会的価値行動などに影響を与える要因

(%)
- 口コミサイト：52.4
- テレビ・ラジオのCM：47.6
- テレビ・ラジオ番組：47.6
- 店舗にある商品の説明書き・ポップ：44.9
- 友人・知人・家族の口コミ：44.8
- メーカー・企業のホームページ：41.0
- 雑誌・専門誌：39.2
- 店員の説明：35.0
- 新聞記事：30.1
- 新聞広告：29.8
- フリーペーパー：22.4
- その他のサイト：11.5
- その他：2.7
- 特に参考にするものはない：6.7

（出所：平成20年度『国民生活白書』）

＜顕著性・鮮烈性＞

　顕著，つまり目立つ事柄や，鮮烈で印象に残る情報も人々の記憶から想起しやすいものとなる。目立つ要素としては，新規性の高いもの，周囲よりも抜きん出て象徴的な場合や，普段とは異なるために意外な事柄などが挙げられる。**図表4-11**のような特徴を備えた情報が，比較的利用されやすいだろう。

　鮮烈な情報が影響する場合とは，いわゆる「百聞は一見にしかず」である。例えば，"火事により家屋が焼失した"という事実を，新聞で読む場合と実際に火事の現場に居合わせて目の当たりにする場合とでは，同じ事実でも自分自身にとっては鮮烈さが全く異なるものとなる。近年では，恐怖・ショック・異常経験などによる精神の傷である「トラウマ（trauma）」や，不幸な事故やトラブルに見舞われたことで心の傷を負ってしまう「心的外傷後ストレス障害（通称PTSD）」などに対するケアが重要視されているが，心に残る鮮烈な経験が，その後の行動に及ぼす影響は少なくない。

第5節　ヒューリスティック(ス)

図表4-11 オフィスにおいて目立つ（顕著性が高い）事柄（例）

要素	特徴	例
新規性（新しい）	類似するものや前例がないもの。	・オフィスのほとんどの人々がスーツを着ている中で、突然ジーンズをはいてきた人物など。 ・長年取引してきた販売先とは異なる企業と契約を結ぶことができた場合など。
象徴的	周囲よりも明るい、光っているものや、静止している中で動いているものなど。	・他者よりも機敏に動くなど。 ・上座に着席するなど。 ・明るい服を着るなど。 ・誰もやらない（やりたがらない）ことを率先してやるなど。
予想されない行動や他者と異なる行動	通常と、あるいは、周囲と異なる行動をとる。	・日頃は気弱な人が饒舌になる。 ・他者に同意ばかりしてきた人が、積極的に自分の意見を言う。

　アメリカ国内で行われた死因に関する調査によると、1990年から2000年の10年で死亡者数が最も多かった死因は、マスメディアによって頻繁に報道されるために多くの人が思いつきやすい「交通事故（約43,000件）」や「銃器事件（約29,000件）」ではなく、「喫煙（約435,000件）」や「ダイエットまたは運動不足（約400,000件）」といった、死因としてはメディアにはあまり登場しない事柄だった（Mokdad, et al., 2004）。交通事故や銃器事件などの悲惨なシーンは、我々に強い印象を与えるために死亡者数も多いと思いがちだが、実際は生活習慣病などの方が危険度が高い。

＜近時性＞

　近時性、つまり最近生じた出来事も利用されやすい情報の1つである。1985年8月12日に㈱日本航空のジャンボ旅客機が墜落する事故が起きた。当時、極めて衝撃的な事故として取り上げられて、その年の10月になっても航空各社の国内旅客数の落ち込みが続いた[21]。墜落事故の報道を受けて、交通手段として飛行機を利用することを控えたと推察される。しかし、米国国家運輸安全委員会によると、1980年代の航空機事故による死亡率は0.00111％という報告

---

21) 日経産業新聞（1985年10月23日）より。

第4章　組織における意思決定に対する「情報・判断特性」の影響

がなされていた。つまり，多くの人が極めて低い航空機事故による死亡率ではなく，直近に起きた墜落事故報道の情報に影響を受けて，飛行機の利用を避ける判断を行ったのである。

　近時性の高さが，企業に直接的に影響した事例を2つ紹介する。前者は好事例，後者は残念な事例である（【ケース47：近時性の消費者行動への影響】）。

　前者の記事にある地震とは，2005年7月23日午後4時35分に千葉県北西部で起きた大規模なもので，地震直後には首都圏の鉄道が麻痺（JR線は約1,200本が運休）した。ここで紹介されている『震災時帰宅支援マップ』は同月に発売されたものであり，その年の年間ベストセラー17位となった（日本出版販売㈱調べ）。直前に起きた地震に関する情報（記憶）が影響して，災害等で都心から自宅まで徒歩で帰る場合に備えて，多くの人が本を購入したのだろう。

　後者の記事は，食品会社の偽装事件に関する報道が，すぐさま消費者が抱く企業イメージに影響を及ぼしたことを示している。2007年はいくつかの食品会社による偽装が発覚し，消費者が「食の安全」に気を配るようになった年であった。例えば，製菓製造に不適切な原材料を使用していた㈱不二家や，子会社を介して違法な循環取引を行っていた可能性を指摘された加ト吉㈱（現，テーブルマーク㈱）の事件が挙げられる。この記事を受けて，その翌年に行われた企業のブランド力ランキングを示す調査「ブランド・ジャパン2008」（日本経済新聞社調査）では，偽装報道がなされた食品会社2社のブランド力が著しく低下したことを示している。

【ケース47：近時性の消費者行動への影響】
地震のおかげで売れた

　「こんなに売れたのは地震のおかげ」と笑みをこぼすのは，地図を販売する昭文社の黒田茂夫社長。8月に発売した『震災時帰宅支援マップ首都圏版』は50万部を超える大ヒットに。地震で都内の交通機関がマヒしたこともあって，「企業から千部単位のまとめ買いも入った」。10月には京阪神版と名古屋版を出版する。

（出所：2005/11/21, 日経金融新聞　一部抜粋）

不二家　洋菓子販売を休止
　不適切原料使用など13件　　　　（2007/01/11, 日本経済新聞夕刊（見出し））

> **加ト吉　元常務宅を捜索**
> 　偽装印使用の疑い　循環取引を主導か（2007/11/12，日本経済新聞夕刊（見出し））
>
> 　　　　　　　　　　　↓
>
> **「ブランド・ジャパン2008」**
> 　（日経ＢＰコンサルティングが2007年11月6日から12月3日に実施）
>
> **消費者から見た総合力の上昇・下落ランキング**
> （カッコ内は全体順位，前年比増減，▲はマイナス，順位は小数点第2位で比較）
>
> | | ブランド名 | ブランド指数 |
> |---|---|---|
> | ▼下落幅 | | |
> | 1 (480) | 不二家 | 49.1 (▲14.0) |
> | 2 (546) | 20世紀フォックス | 47.6 (▲11.1) |
> | 3 (563) | エステー | 47.1 (▲9.5) |
> | 4 (337) | ワーナー・ブラザース映画 | 52.9 (▲9.0) |
> | 5 (107) | アサヒスーパードライ | 62.9 (▲8.3) |
> | 6 (303) | ＴＢＳ | 53.8 (▲8.1) |
> | 7 (474) | 加ト吉 | 49.2 (▲7.8) |
> | 8 (253) | フォルクスワーゲン | 55.7 (▲7.5) |
>
> 　　　　（出所：2008/04/18，日経流通新聞　一部抜粋）
> 　　　　　　　　　　　　　（囲みは，筆者が加筆）

(ii) 検索容易性

　1冊の英語の本の中で，「r」で始まる単語と3番目が「r」である単語では，どちらの数が多いだろうか。こう尋ねられた時に，我々は大抵，具体的な単語を思い浮かべてみるだろう。そして，前者（redなど）の方が後者（carなど）よりも思いつきやすいため，多くの人が前者の方が多いと答えがちである。しかし実は，rやcといった子音は1番目よりも3番目にくる単語の方が多い。同類の例だが，7文字のうちの末尾3文字が「ing」である英単語と，7文字のうちの6番目が「n」となる英単語では，どちらの数が多いだろうか。多くの人が，前者をより多く思いつくことができるため，前者が多いと思いがちである。しかし実は，「ing」で終わる7文字の英単語の6番目は，必ず「n」がつく（writing, hearingなど）。いずれも，記憶にある事柄というよりも，むし

ろ新たに探したり思いついたりする事柄の場合に，比較的思いつきやすい，つまり「検索容易性（effectiveness of a search set）」の高い情報に頼って判断してしまう例である（Tversky & Kahneman, 1973）。

検索しやすさを利用して成功した企業事例として，アメリカン航空（American Airline）による情報システムが挙げられる。同社は1972年，他社に先駆けて航空券予約を行う情報システム（Semi-Automated Booking and Reservation Environment：SABRE）を導入した。この情報システムは，さまざまな航空会社の空席航空券を，航空会社コードのアルファベット順にコンピュータ端末のモニターに表示させるものである。導入以降，多くの旅行代理店等が顧客の依頼に応じて航空券の空席検索をする際に利用するようになった。空席検索の際，旅行代理店のほとんどの予約担当者は，モニターに映し出された1ページ目の先頭に表示された空席航空券を顧客に提供したため，航空会社コードにアルファベットの先頭文字が連なるアメリカン航空（AA）の座席がいち早く満席となった。このような，単純だが検索しやすい仕組みはアメリカン航空の売上増加に多大に貢献し，競争優位性を確保するための有効的な情報システム活用方法，すなわち「戦略的情報システム（strategic information system: SIS）」の好事例として評価された（Wiseman, 1988）[22]。

インターネットを利用する人ならば誰しも，Yahoo! JapanやGoogleなどの検索サイトを利用したことがあるだろう。そして，検索した結果が表示された時に，多くの人がアメリカン航空の例のように，上から順にクリックしてページを開いていくものである。つまり，人々にとって先頭に表示されるサイトは利用しやすい情報なのである。このような人々の心理に目をつけ，うまく活用してより多くの人を自社のWebサイトに誘導するシステムが「検索エンジン最適化（search engine optimization: SEO）」と呼ばれる，検索連動型広告である[23]。「インプレスR&Dインターネットメディア総合研究所」が2008年10

---

[22] しかし，1984年にはアメリカ政府によって非合法なバイアス表示と指摘され，この機能を排除することとなった。

[23] 人々が検索サイトで検索を行った際に，自社のサイトをできるだけ上位に表示させる仕組みであり，例えばYahoo!Japanの「Overture」，Googleの「Adwords」といった名称でサービスが提供されている（2010年3月現在）。

月に発表した,『企業のWeb担当者を対象としたアンケート調査』によると,回答企業数2,127社のうち,約6割の企業が顧客を自社サイトに誘導する対策を行っており,その主要な手法がSEOであることが報告されている。

　検索容易な情報には,先にも挙げた頻繁に生じる事柄や,意外で鮮烈な事柄も含まれる。

ⅲ) 想像容易性

　経験したことがないために記憶にはないものの,一定のルールや関連情報に従うと容易に想像できるため,イメージしやすい事柄や例などがある。我々は,比較的容易に想像できるものについては,それを受け入れるが,想像し難いものについてはその代替案の採択を避けたり,拒否する傾向がある。例えば,口にしたことのない食品が目の前にある時,その味がある程度想像できるものならば試食してみようという気にもなるが,想像もつかないものならば口にしたくないと思うものだろう。想像しやすい情報としては,具体的な特徴を示すものが挙げられる(Nisbett, et al., 1976)。

　他方,想像容易性(imaginability)の低い情報を軽視してしまうことで,意思決定に悪影響をもたらす場合もある。特に,将来起こるかもしれない事故やトラブルがイメージできない故に考慮しきれないことで,多大な被害を受ける可能性を念頭に置きたい(【ケース48:想像できないトラブル】)。

【ケース48:想像できないトラブル】
事故米巡り,酒造会社,灘・伏見は困惑――6社「不使用」4社「調査中」。
　米粉加工会社の三笠フーズ(大阪市)などによる「事故米」の不正転売問題で,地場産業の灘・伏見の酒造業界に困惑が広がっている。日本経済新聞社が12日,売上高上位10社に聞いたところ,4社が混入の有無を「調査中」だった。複数の焼酎メーカーが事故米使用の可能性があるとして一部製品を自主回収しており,冬の需要期を前に清酒消費が落ち込みかねないと懸念している。
　――中略――
　電話による聞き取り調査を実施した。
　――中略――
　事故米の存在を3社が知っていたものの,食用に転売されている可能性は全社

が「知らなかった」「想像できない」と回答。業界にとって不意打ちの事態だった。
(出所：2008/09/13, 日本経済新聞地方経済面　一部抜粋)
(下線は筆者が加筆)

(iv) 錯誤相関

　相関とは，2つの変数の間の関連性のことであり，一方の変数が増えた時に他方も増える場合を正の相関関係，他方が減る場合を負の相関関係という。「錯誤相関（illusory correlation）」とは，2変数の間に相関関係がないにも関わらず，何らかの相関関係があると錯覚してしまうことであり，「ステレオタイピング」(第2章第3節) と一貫した傾向である。専門家ですら錯誤相関に陥ることがある。ある研究において，心理学者（専門家）が行った精神障害患者の診察を観察したところ，彼らは患者に人間の顔を描かせてその絵から病状を見極める手法[24]を利用しており，またその手法が有益だと信じていることが分かった。例えば，目の大きな顔を描いた患者は「被害妄想」を患っていると診断した。しかし，患者が描いた絵の特徴と精神障害の病状の間には，実際には何の関係もないことが，実証分析により明らかにされた。心理学者たちは，患者の描画と病状に相関があると思い込んでいたのである (Chapman & Chapman, 1969)。

　2つの事柄の間に何らかの関連性があると錯覚してしまうのは，物事を紋切り型に捉えがちなのに加えて，相関があると思い込ませるような情報提示が行われるからだろう（【ケース49：健康食品と病気治癒は関係しているか？】）。

【ケース49：健康食品と病気治癒は関係しているか？】
「この健康食品で病気治った」──「体験談商法」ネットで横行，厚労省，対応に苦慮。
　「服用したらがんが消えた」──。健康食品の販売をめぐり，真偽不明の体験談を広告として使う「体験談商法」がインターネット上で横行している。医薬品としての承認を受けずに効能をうたうことは薬事法で禁じられているが，体験談

---

[24] 「投影法（projection）」と呼ばれる手法で，答えが曖昧な質問を敢えて行い，回答者の内面や性格を明らかにしようとするものである。インクのしみが何に見えるかを尋ねるロールシャッハ・テストなどが有名である。

はがんなど特定の病気に効果があるようにうたっている。厚生労働省などが販売業者に警告を繰り返しているが，こうした手法は後を絶たず，いたちごっこが続いている。
――中略――
　人体への効果や安全性が十分に実証されていない健康食品も多いうえ，同じ成分を使った食品でも生産者によって品質に大きな差がある。販売自体は規制されないため，厚労省は「使用するかどうかは消費者の自主判断に任せるしかない」と話す。病気に悩む人が服用する場合が多く，「摂取する際は主治医と相談し，製品や量を決めるのが望ましい」（同省）と呼びかけている。

（出所：2008/06/06, 日本経済新聞夕刊　一部抜粋）

　我々は，薬や健康食品を実際に利用した人による体験談により，健康食品と病気治癒の間に正の相関関係があると思い込んでしまうようである。なぜなら，健康食品を食べて病気が治癒した人（下表左上）に関する情報ばかりが提示される傾向があるからだ。記事にあるような詐欺的な商法に遭わないためには，健康食品を利用しても病気が治癒しない人（下表右上）や，この健康食品を利用せずに病気が治癒した人（下表左下）に関する情報にも着目することが重要である。

健康食品を利用して，病気が治癒した人の情報	健康食品を利用して，病気が治癒しなかった人の情報
健康食品を利用せずに，病気が治癒した人の情報	健康食品を利用せずに，病気が治癒しなかった人の情報

（4）アンカリング・アンド・アジャストメントヒューリスティック

　ある事象が生じる確率や頻度を判断する場合に，最初に何らかの仮説ないし予想を立てることが少なくない。最初の仮説（初期仮説）は意思決定における出発点ないし基準点となって検討が進められることから，ちょうど船をつなぎとめておく碇（いかり）（英語でアンカー（anchor）という）のような役割を果たす。その後，さまざまな追加情報を用いて先の初期仮説が正しいかどうか，別の代替案が必要かなどが検討される。つまり，初期仮説を調整（adjustment）しなが

ら最終的な判断に辿り着くのである。この時に，初期仮説に過剰に影響を受けて最終的な判断が歪む傾向を「アンカリング・アンド・アジャストメントヒューリスティック（anchoring and adjustment heuristic）」という。

初対面の人の性格を知るために，我々は第一印象をアンカーとし，その後，その人との会話などを通じて第一印象を修正していくものである。"第一印象が大切だ"などとよく言われるのは，実は我々は追加情報を得たとしても，なかなか第一印象を修正せず，初めの印象に固執し続けることが多いからである。しかし，初めの印象は正しいとは限らず，過度に重視することは危険である。あるいは，仮に第一印象が誤っていたとしても，追加情報によって適切に修正できれば，その人の性格を正しく理解できるだろう。だが，多くの場合修正は不十分にしか行われず，結局，最終判断は第一印象に大きく左右されてしまう。この現象は，前節で紹介した「プロスペクト理論」における「参照点依存性」（参照点を基準として意思決定を行う）と一貫しており，意思決定者によって異なるアンカーや参照点により，意思決定問題や利用する情報が同じでも，異なる判断が導かれる場合がある。

例えば，2人が共にあるレストランに行く時に，1人はとても美味しい店だという前評判を聞いており，別の者は美味しくない店だという前評判を耳にしていたならば，各々のレストランの事後評価が大きく異なるかもしれない。別の例として，ある実験では「国連に加盟しているアフリカの国家の数」を被験者に尋ねた。被験者は回答の前に0〜100の数字のルーレットを回し，アフリカの国連加盟国数が，ルーレットで出た数字よりも高いか低いかを回答するように指示された。このルーレットは，実は実験者によって10か65に止まるように設定されていた。実験の結果，ルーレットの数字が65に止まった被験者の回答平均値は45ヶ国であったのに対して，10に止まった被験者の回答平均値は25ヶ国と，より低い傾向であった。つまり，被験者は直前に回したルーレットで出た数に，少なからず影響を受けて回答したようである（Tversky & Kahneman, 1974）。

ここで紹介した2つの例を比較すると，前者の例では，アンカーとなるレストランの事前評価とレストランに対する各自の事後評価は，"評価"という点で関連がある。これに対して，後者の例では，アンカーとなるルーレットの数

字は，当然，国連加盟国数とは全く無関係である。このように，アンカーは意思決定の問題や内容に関連していない場合ですら影響を及ぼす。

アンカリング・アンド・アジャストメントヒューリスティックも，先の2つと同様，下記のようにさらに5つに分類することができる。

> (i) 不十分な調整（アンカリング効果）
> (ii) 情報提示の順序効果
> (iii) コントラスト効果
> (iv) コンファメーション・バイアス
> (v) 連言・選言バイアス

(i) 不十分な調整（アンカリング効果）

先の国連加盟国数を解答させる実験のように，価格や数など数量的なものについて判断する際には，出発点として何からの目安や比較対象などを基準として設け，これら基準よりも大きいか小さいかにより判断する場合がある。手っ取り早く便利な判断方法だが，問題はこの目安を過度に重視して，あるいは，目安に引きずられてしまうことである。以下の例を見てみる。

> 5秒以内で以下の計算式の解を述べなさい。
> グループA：8×7×6×5×4×3×2×1
> グループB：1×2×3×4×5×6×7×8
> 　　　　　　　　　　　　（出所：Tversky & Kahneman, 1974）

グループAとグループBの問題は，同じ数値を異なる順序（降順か昇順）で並べたものであり，当然ながら解は同じである。しかし，各グループの解答の中央値は，グループAが2,250，グループBは512であった（正答は40,320）。この問題を解く多くの人が左から右へ計算を進めるため，左端の数値がアンカーとなる。そのため，小さい数値から始めたグループBよりも大きい数値から始めたグループAの方が解答の値が大きい傾向が見られたのである。

専門家による判断においても，事前情報により「不十分な調整（insufficient adjustment）」が生じることがある。ある実験では，不動産売買の専門家を被

験者として，ある不動産の実地検分と資料から価格算定を行わせた。実地検分後に被験者が受け取る資料には，不動産所有者の販売希望価格が記載されており，実験操作として，販売希望価格が高い資料を受け取る被験者と低い資料を受け取る被験者に分類している。実験の結果，販売希望価格が高い資料を受け取った被験者の方が，不動産算定額がより高い傾向が確認された（Northcraft & Neale, 1987）。つまり，不動産売買の専門家たちは，不動産検分の結果ではなく，判断直前の販売希望価格に影響を受け，専門家らしからぬ価格算定をしたのである。

人々がアンカーの影響を受けて判断する「アンカリング効果(anchoring effect)」を利用した情報提示の事例がある（【ケース50：操作的なアンカー設定?!】）。記事には，こういった価格表示方法は，実際の購入金額が不明であるために自粛が促されたとある。しかし同時に，表示されている価格（アンカー）自体の適正性がこの表示だけでは不明であり，尚かつ，この価格よりも確実に低い価格で購入できるという"割安感"を強調している点も問題である。このような，意思決定者が意図しないアンカーを一方的に設定する手法は，情報操作とも思われかねない。

【ケース50：操作的なアンカー設定?!】
広告チラシ，斜線入り価格自粛，家電公取協が正式決定。

　ヤマダ電機やエディオンなど大手家電量販店のほとんどが加盟する「全国家庭電気製品公正取引協議会」は18日に総会を開き，広告チラシで斜線入り価格表示を自粛することを正式に決めた。年内に公正取引委員会の認可を得たうえで，違反事例には警告をして，従わなければ違約金など罰則を科すことになる。

　自主ルールである「小売表示規約」を改正し，自粛規定を盛り込んだ。規約が正式に発効するのは公取委の認可を得てから。加盟する家電量販各社は公取委の認可に先がけ9月からの自粛を申し合わせている。認可前は違反しても罰則は科されないが，各社の足並みがそろうかに焦点が移る。

（出所：2008/07/21, 日経流通新聞）

(ii) 情報提示の順序効果（初頭効果と新近効果）

　意思決定時に，意思決定者は必要な情報全てを常に一度に入手するわけではない。仮に複数の情報が意思決定者の手元に集まったとしても，それらを一遍に処理するわけではなく，1つずつ，あるいは，少数の情報を比較しながらアンカーの正誤を検討していく場合が多い。殊に，会計監査人などによる企業の財務諸表の正誤判断においては，ミスを防ぐためにもこのような逐次的な情報処理が行われる傾向がある（Libby, 1985）。意思決定を始めてから最終判断を導くまでのプロセスにおいて，意思決定者がどの情報をどのタイミングで利用するか，つまり情報を利用する順序によってアンカーがどのように修正されるかが異なり，意思決定結果も異なることがある。このような現象を「（情報提示の）順序効果（order effect）」という。具体的には，意思決定で最初に利用した情報により強い影響を受ける「初頭（プライマシー）効果（primacy effect）」と，意思決定プロセスの最後，つまり，判断の直前に利用した情報により強い影響を受ける「新近（リセンシー）効果（recency effect）」がある（Hogarth & Einhorn, 1992）。

　初頭効果や新近効果が働くと，複数の情報を逐次的に入手し処理していく際に一部の情報が軽視されてしまう。当然のことながら，意思決定者がどのような順序で情報を利用したとしても，その順序によって情報自体の内容や質，信憑性が決まるわけではない。つまり，最初または最後に入手したからその情報が正しいわけでもなければ，意思決定の中間時点に利用する情報の重要度が低いわけでもない。情報を入手したタイミングで情報の解釈や重視度を変化させるべきではないのである。

(iii) コントラスト効果

　「コントラスト効果（contrast effect）」とは，アンカーとなる初期仮説とは反対の，つまり初期仮説を否定する情報に敏感に反応して，初期仮説を大きく修正，変更する傾向のことである（Einhorn & Hogarth, 1985）。平たく言うと，予想とは異なる意外な情報に過敏になり，必要以上に初期仮説を大きく修正することである。例えば，ある薬の効果が高いと思っている時に，その薬の効果が薄いことを示す情報に出くわした途端，効果は全くないと初めの考えを強く否定する。逆に，薬の効果は全くないと思っている時に，その効果を示す情報

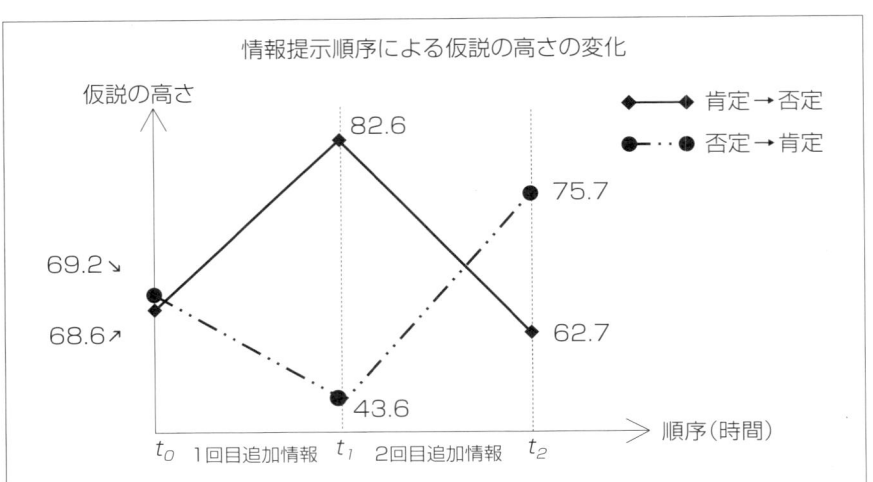

情報提示順序による仮説の高さの変化

仮説の高さ

肯定→否定
否定→肯定

82.6
75.7
69.2
68.6
62.7
43.6

t_0　1回目追加情報　t_1　2回目追加情報　t_2　　順序（時間）

（Hogarth & Einhorn, 1992, p.24.　一部修正）

＝初期仮説に関する追加情報により，初期仮説をどのように修正するかを検証する実験＝

被験者24名に対して，例えば以下のような，因果関係を推論させるシナリオを与える。

シナリオ例：広告キャンペーンを行う（X）と，スーパーマーケットの売上高が増加する（Y）。
（t_0：初期仮説設定）要因Xが結果Yの原因となっている確率を0～100％の間で回答させる。
——情報提示順序の違いにより，被験者を2グループに分類する。——
（1回目追加情報）初期仮説を肯定または否定する情報を与える。
（t_1：初期仮説修正）X－Y間に因果関係がある確率を回答させる。
（2回目追加情報）先とは反対の（初期仮説を肯定または否定する）情報を与える。
（t_2：仮説最終修正）X－Y間に因果関係がある確率を回答させる。

を入手すると，効果は極めて高いと強く信じることもある。特に，初期仮説自体の値が極端に高い（低い），あるいは，実際に起きる確率が極めて高い（低い）と思っている場合には，仮説をより大きく修正する傾向がある[25]。コン

---

[25]「びっくり効果（surprise effect）」と呼ばれる。

トラスト効果と，先の新近効果の影響について，「情報提示順序による仮説の高さの変化」（前頁囲み）の実験が行われた（Hogarth & Einhorn, 1992）。

実験で見られた各被験者グループの仮説は，下記の表のように修正された。

	$t_0 \sim t_1$	$t_1 \sim t_2$	$t_0 \sim t_2$
肯定→否定	|69.2-82.6|＝13.4	|82.6-62.7|＝19.9	|69.2-62.7|＝6.5
否定→肯定	|68.6-43.6|＝25	|43.6-75.7|＝32.1	|68.6-75.5|＝6.9

- ($t_0 \sim t_1$) の間では，初期仮説を肯定する情報よりも，否定する情報に強く影響を受けている（＝コントラスト効果）。
- ($t_1 \sim t_2$) の間では，最後に否定情報を受け取った被験者の最終判断はより低く，最後に肯定情報を受け取った被験者の最終判断はより高い（＝新近効果）。

２点目について，図表の仮説修正の軌跡を見ると魚に似た形になっており，特に２回目の追加情報によってt_1とt_2の時点の仮説の高さが逆転していることで，t_2付近は魚の尾のように見える（「フィッシュテール効果（fish tail effect）」と呼ばれる。）。

コントラスト効果を利用して，人々にとって意外な情報を提供することにより，インパクトや話題性を高めることも，効果的な方法のようである（【ケース51：意外性のある商品】）。

【ケース51：意外性のある商品】
サントリー，ペプシPRへ話題作り，シソ・アズキ…相次ぎ「奇策」，販売実績背景に。

サントリーは2007年から，年ごとにテーマを決めて日本で独自開発したペプシコーラを限定販売している。今年は「和の食材」がテーマ。アズキは秋商戦向け商品として20万ケース（１ケースは24本入り）を全国のコンビニエンスストアやスーパーで販売し，11月末には売り切る見込みだ。

サントリーが開発した「ペプシコーラ」の限定品

発売時期	商品名	味わいの特徴	販売量（万ケース）
2007年6月	アイスキューカンバー	キュウリ風味	20
2008年6月	ブルーハワイ	青色のカクテル風味	38
2008年10月	ホワイト	白色のヨーグルト風味	27
2009年6月	しそ	シソ風味	30
2009年10月	あずき	アズキ風味	20（見込み）

第4章 組織における意思決定に対する「情報・判断特性」の影響

> ——中略——
> 　石原課長は「限定品は味わいの驚きでブランドの新しさや楽しさを発信する手段。商品自体がペプシのPRになっている」と指摘。サントリー食品の白井省三社長も「限定品がペプシブランドに親しむ『入り口』になってくれれば」と話す。
> 　奇抜さが売り物の商品。開発はアイデア頼みと思いきや，そうではない。着想から商品化までの期間は実に2年。一般的な清涼飲料の半年から1年よりはるかに長い。毎回40種類もの風味を「季節感」や「意外性」といった観点からふるいにかけ，1つに絞り込む。
>
> 　　　　　　　　　　　　　　　（出所：2009/10/07，日経産業新聞　一部抜粋）

(iv) コンファメーション・バイアス

　意思決定に必要な情報を主体的に集めたり想起する方法として，主に3つが挙げられる。第1に，主に自分が当初抱いている初期仮説（アンカー）を肯定する情報ばかりを集める「確証戦略（confirmatory strategy）」，第2に，反対に初期仮説を否定する情報ばかりを集める「反証戦略（disconfirming strategy）」，第3に，肯定情報と否定情報の両方を均等に集める「機会均等戦略（equal-opportunity strategy）」である（Snyder & Swann, 1978）。このうち，肯定情報と否定情報を等しく集める第3の戦略が，初期仮説の正誤を判定するために望ましいが，情報収集および情報想起の両方に際して，多くの人々は第1の確証戦略をとる傾向がある。つまり，自分の考えと一致した情報ばかりを集めて考えを肯定したいのである。この意味で，「アシミレーション効果（assimilation effect）」とも呼ばれる。しかし，初期仮説を肯定する，単なる確認となる情報だけでは，初期仮説が正しいかどうかを証明することができない場合がある。以下の実験がそれを物語っている。

> 問題：下記に，あるルールに従って配列された3つの数字の並びがある。数列の並びに隠されたルールをできるだけ早く見つけなさい。ルールを見つけるに当たり，自分が思いついたルールの正誤を検証するために，別の3つの数列（例えば「1-2-3」）を挙げて，その数列が隠されたルールに沿っているかどうかを，実験者に質問できる。（沿っているならば「はい」，沿っていないならば「いいえ」という回答が返ってくる。）

第5節　ヒューリスティック（ス）

> 数列：2-4-6
>
> （出所：Wason, 1960）

　上記の問題の正解は，「左から順に増える数列」である。この実験で多くの被験者は，例えば「左から2ずつ増える数列」を検証するために，「4-6-8」という3つの数字を挙げた。この場合，被験者が挙げた数列は正解を含むものであるため，実験者からは「はい」という回答が返ってくる。しかしこの数列だと，被験者が挙げたルールが"誤っているかどうか"を検証することができないため，正解には辿りつけない。つまり，思いついたルールを否定する数列（「1-5-6（左から2ずつは増えない数列）」や「8-6-4（左から2ずつ減る数列）」）を挙げて，思いついた数列が棄却されないケースを検証する必要がある。

　多くの人が行ってしまう，自分の考えを肯定，確証する情報ばかりを集めてしまう傾向は，「コンファメーション・バイアス（confirmation bias）」と呼ばれる（Wason, 1960）。このバイアスは，利用可能性ヒューリスティックの「錯誤相関」と類似する現象であり，両者とも，2つの事象の間の関連性について判断する際に見られる誤りである。錯誤相関は，2つの事象に関するイメージや風潮，与えられた情報などにより，事象間に何らかの関連性があると誤解してしまうことである。一方，コンファメーション・バイアスは2つの事象に関連性があることを示す情報ばかりを集めたり，関連性がないことを示す情報を軽視，無視してしまうことである。双方とも，"関連性がないこと"を検討する必要がある。

　コンファメーション・バイアスに陥った企業事例として，米コカ・コーラ社（The Coca-Cola Company）の誤算とまで言われた「NEW COKE」の失敗事例を紹介する（【ケース52：誤った前提】）。

> 【ケース52：誤った前提】
> 　1950年代，コカ・コーラ社はペプシ・コーラ社の2倍の売上高を誇っていたが，1980年代に入るとその差は4.9%にまで縮まっていた。1974年当時，"ペプシの挑戦"という戦略を展開していたペプシ・コーラ社は，目隠しをして2種

類のコーラから好みの味を選ばせる味覚テストで，数多くの消費者がペプシを選んだという結果を発表した。
　これを受け，コカ・コーラ社の経営陣は現在のコカ・コーラの味に問題があるとし，"カンザス計画（Project Kansas）"と呼ばれるプロジェクトを開始した。プロジェクトでは，味を改善するという前提のもと，対策が講じられた。そして，1986年，当時のコカ・コーラ経営陣により，従来のコカ・コーラの販売を中止し，代替品として「NEW COKE」を新発売するという決断が下された。
　しかし，新製品発売予定を発表した記者会見終了後，当社消費者サービスの電話全てに抗議が殺到した。発表約1週間後，週刊誌各社はコカ・コーラ社の戦略に対して極めて批判的な記事を掲載した。消費者から同社に寄せられた抗議や手紙の多くが，従来のコーラあるいはNEW COKEの味が問題なのではなく，伝統の味を崩壊させたコカ・コーラの行為に憤慨している，といった内容であった。
　結局，発売約3カ月後，コカ・コーラ社は従来のコカ・コーラを「CLASSIC COKE」として再販することを決定した。そして，発売からわずか約10カ月でNEW COKEの発売は中止された。
（出所：オリヴァ『コカ・コーラの英断と誤算』より）

　失敗の原因の1つは，コカ・コーラ社が"売上低迷"または"コーラではなくペプシが好まれる"ことと，"味が悪い"または"味を変える"ことに関連性があると思い込んだことである。もっと言えば，売上低迷の原因がコーラの味にあるという前提を立ててしまったことである。しかし，売上低迷には，味以外の要因が影響している可能性があること，あるいは，味を変えることが売上に悪影響を及ぼす可能性など，この前提自体の正誤を検証する必要があったのである。
　たとえ誤った初期仮説を立ててしまっても，その後にその誤りを示す情報を正しく入手し，検証することができるならば，結果オーライである。しかしこの例のように，誤った初期仮説を修正する情報を集めようとはせず，あるいは，軽視してそのまま邁進してしまうケースは少なくない。

(v) 連言・選言バイアス

　代表性ヒューリスティックスにおける「連言錯誤」と一貫した判断傾向として「連言・選言バイアス（conjunctive-disjunctive bias）」がある。人々は，複

数の事象が1つひとつ個別に生じる確率よりも連続して生じる方が，起こる確率が高いと考える傾向にある。理由の1つは，複数の事象が重なることで，より細かく具体的にイメージできるからである。別の理由として，連言事象における1つ目の事象（アンカー）が生じた時に，アンカーが影響して引き続いて2つ目の事象も生じやすいと考えてしまうからである。次のような実験がある。

以下の3つの選択肢のうち，最も起きる確率が高いものを選びなさい。
　(a) 女性50人，男性50人の集団から女性を選ぶ。
　(b) 女性90人，男性10人の集団から続けて7回女性を選ぶ。
　(c) 女性10人，男性90人の集団から7回中，少なくとも1回女性を選ぶ。
　　　　　　　　　　　　　　　　　（出所：Bar-Hille, 1973　一部修正）

最も多かった回答は(b)，次いで(a)であり，(c)を選んだ者が最も少なかった。しかし，実際の確率は，(a)が50％（50／(50+50)），(b)が約48％（{90／(90+10)}[7]），(c)が約52％（1－[{90／(10+90)}][7]）である。選択肢(b)は続けて生じる連言事象であり，選択肢(c)は1回だけ生じる選言事象であるため，(c)の方が生じやすい。にもかかわらず，多くの人々が連言事象の選択肢(b)を選好したのである。その理由は，連言事象の1つ目の事象（女性9割の集団から女性を選ぶ）は生じやすいため，後の6回も同じように生じやすいと考えるからである。反対に，選言事象は1回だけある事象（女性1割の集団から女性を選ぶ）が生じればいいわけだが，1割から選ぶことはなかなか起こりにくいと考え，その後6回も生じにくいと考えてしまう。

第6節　情報・判断特性の複合的影響

　第2章で紹介した「知覚」や「帰属」において見られる誤りや，本章第3節の「プロスペクト理論」や前節の「ヒューリスティック（ス）」などの意思決定傾向が複合的に影響して生じると考えられる意思決定傾向を紹介する。

第4章　組織における意思決定に対する「情報・判断特性」の影響

（1）自信過剰

　「自信過剰（overconfidence）」とは，文字通り自分が下した意思決定に対して過度の自信を持つことである（Oskamp, 1965）。「自己奉仕バイアス」（第2章第3節）でも紹介したように，人々は何らかの事象が起きた原因を考える際に，自分にとって都合のいい理由づけをする傾向がある。殊に，良いこと（成功）は自分に原因がある（自分のおかげ）と帰属し，悪いこと（失敗）は自分以外に原因がある（自分に限ってそんなことはない）と帰属する。自信過剰は，この帰属の誤りに起因するものである。別の見解では，自信過剰は利用可能性ヒューリスティックやアンカリング・アンド・アジャストメントヒューリスティック，ハインドサイト・バイアス（後述）から派生するものと考えられている（Russo & Schoemaker, 1992）。さらに他方で，自信過剰の原因は意思決定者の知識や経験にも関連するという。具体的には，専門家である医師が患者を診断する際に，過去の類似の症例を基に，過度に自信に満ちた断定的な診断を下してしまうケースがいくつも報告されている（e.g., Christensen-Szalanski & Bushyhead, 1981）。その一方で，より多くの経験を積んだ医師は，自信過剰な断定的診断を下さないことも確認されている（e.g., Goldberg, 1959; Oskamp, 1962）。

　知識を積んだ意思決定者の場合には，自信過剰が軽減される可能性について，会計監査人を対象としたいくつかの実証分析でも確認されている。企業のゴーイングコンサーン（存続・倒産可能性）判断や監査業務を行う会計監査人は，①非専門家よりも自信過剰に陥りにくい（Tomassini et al., 1982），②一般常識等の問題よりも自分の専門分野である監査問題に関する意思決定時では，自信過剰に陥りにくい（Mladenovic & Simnett, 1994），③比較的容易で予測しやすい問題の場合には自信過剰に陥りにくい（Selling, 1993），などの傾向が確認されている。専門家による業務上の意思決定に限らず，組織における日々の業務でも自信過剰に陥る事例は枚挙に暇がない（【ケース53：**自信過剰の戦略**】）。

第6節　情報・判断特性の複合的影響

【ケース53：自信過剰の戦略】
三越，のれん過信のツケ，池袋店など4店舗閉鎖――拡大戦略「後始末」重く。
　三越伊勢丹ホールディングスが三越池袋店（東京・豊島）など国内4店舗と小型2店舗の閉鎖を決めた。開業50年と歴史の厚みを見せる店舗の売却益で，開業わずか2年の店舗閉鎖など投資の失敗を穴埋めする構図は三越の盛衰を如実に示す。のれんを武器に拡大と挫折を繰り返した三越の後始末はなお時間がかかりそうだ。
――中略――
　業績や市場環境に関係なく，展望のない出店を繰り返してきた事例は今に始まったことではない。過去20年を振り返ると，今回閉鎖を決めた4店舗以外にも，吉祥寺（閉鎖済み），福岡，多摩センターなど売り上げが低迷している店舗ばかりが目立つ。当事者だけでなく，イオンなど誘致する側にも「三越ブランド」への過信があり，出店話は引きも切らないからだ。
　　　　　　　　　　　（出所：2008/09/29，日経流通新聞　一部抜粋）
　　　　　　　　　　　　　　　　　　　　　（下線は筆者が加筆）

パイオニア，プラズマテレビ「KURO」――画質鮮明，惜しむ声続出
　パイオニアが2007年9月に発売したプラズマテレビ「KURO（クロ）」が家電市場から姿を消そうとしている。同社は1997年に世界で初めて民生用のプラズマテレビを発売。一時は5割超の国内シェアを握ったが，大手メーカーとの競争激化や液晶テレビの大画面化などが逆風となって販売が低迷。経営再建のために事業からの全面撤退を余儀なくされた。
　KUROは劣勢に立たされていた同社プラズマテレビ事業の「救世主」として投入された。性能面では従来よりも深みのある黒色を実現。価格帯も従来品より高く設定し，販売拠点も絞り込むというプレミアム戦略を採ったが，低価格化の大波に抗しきれなかった。
　ところが今年2月に事業撤退を表明すると，環境が一変。高画質などの性能が改めて注目を集め，テレビ番組や雑誌，インターネットなどで販売終了を惜しむ声が相次いだ。「値引きをしなくても売れている」（パイオニア関係者）そうで，「品切れ」の札を下げる売り場も相次いでいる。
　「画質は本当にきれい」。ライバルメーカーもこう舌を巻く。そんなKUROが市場から姿を消すのはパイオニアが自社の販売力を過信するなど戦略ミスを重ねたため。ただ魅力を十分に伝えられなかった家電量販店，撤退が決まるまで買お

第4章　組織における意思決定に対する「情報・判断特性」の影響

うとしなかった消費者にも原因の一端はあるかもしれない。
(出所：2009/05/12，日経産業新聞)
(下線は筆者が加筆)

　自信過剰の軽減を図るために，自分が下した意思決定の正確性に対する自信の度合いと，実際の意思決定結果（正答）のギャップと方向性（自信過剰／自信不足）を測定する尺度として，「キャリブレーション（calibration）」という概念がある（Lichtenstein & Fischhoff, 1977）。キャリブレーションとは"較正（校正）"，"目盛"という意味であり，ある値が正確かどうかを検査することである。意思決定者自身の判断に対する自信度を横軸に，実際の結果の正答率を縦軸に示した場合に，対角線に引かれる線分をキャリブレーションカーブという（図表4-12参照）。図表4-12において，自分のキャリブレーションがキャリブレーションカーブ上にプロットできる場合には，正確な判断が行えた

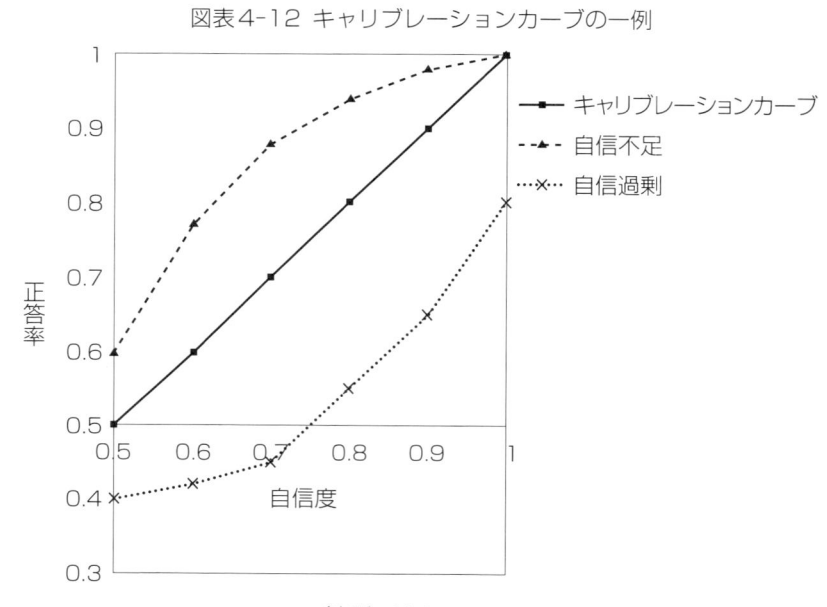

図表4-12　キャリブレーションカーブの一例

(出所：Lichtenstein & Fischhoff, 1977を基に作成)

ことを示している。キャリブレーションカーブよりも低い位置に自分のキャリブレーションがプロットされる場合には，正答率よりも自信度の方が高い自信過剰傾向にある。一方，キャリブレーションカーブよりも高い位置にプロットされる場合には，反対に自信不足（underconfidence）にあることが分かる。

（2）ハインドサイト・バイアス

　「根本的帰属の誤り」等から派生すると考えられる2つ目の誤りは，「ハインドサイト・バイアス（hindsinght bias）」である。ハインドサイトとは"後知恵"という意味であり，事が過ぎた後から出てくる知恵，アイデアである。この後知恵によるバイアスとは，ある事象が生じる確率や頻度を判断する場合に，その事象が生じる前，あるいは，事が起きたことを知らない時よりも，事後の方が確率判断が高くなる誤りである。つまり，事後的に結果を知った事柄について，あたかも結果をあらかじめ正確に予測できていたように振る舞うことである。「そうだと思ったよ」，「初めから知っていたよ」，「既に分かっていたよ（他者に対しては「分かっていたはずだ」）」といった何気ない言葉が，実はハインドサイト・バイアスに陥っていることを示唆している。

　実際にはフィードバック情報によって結果を知ったにもかかわらず，結果を知らない状態でもその結果を正確に知っていた（予測できた）と考えてしまう誤りであり，その背景には"自分を愚かに見せたくない"といった虚栄心がある（Hawkins & Hastie, 1990）。優れた自分を誇張するように自分自身の行為に対して生じる場合もあれば，"あの人ならばあらかじめ分かっていたはずにもかかわらず，未然に防げないのはおかしい"といったように他者の行動を責めたりする場合もある（【ケース54：分かっていたはず】）。

【ケース54：分かっていたはず】
「米サブプライム」余波続く，格付け会社へ強まる不満――格下げの対応遅く。
　信用力が低い個人向け住宅融資（サブプライムローン）を裏付けにした金融商品の価格急落を受け，米金融業界や市場関係者の間で格付け会社への批判が高まっている。サブプライムに関連する金融商品の格付け見直しが後手に回ったため

> で，そもそもの格付けの正当性を疑問視する声も浮上している。欧州連合（EU）も格付け会社への批判を強めており，国際金融業界の勢力図を左右する可能性もある。
>
> ——中略——
>
> 米住宅市場の減速を受け，サブプライムローンの焦げ付き多発は昨年末には鮮明になっていた。春先以降には住宅ローン会社の破綻が相次ぎ，サブプライムRMBSを組み込んだCDOなどの価格急落により6月前半には米証券大手ベアー・スターンズ傘下のヘッジファンドの経営危機が表面化していた。
>
> だが，米格付け大手ムーディーズがサブプライムRMBSの131件を格下げしたのは6月15日。S&Pが追随したのは7月10日になってからだ。
>
> 両社が格下げしたRMBSは当初発行額の単純合計で百数十億ドル超にのぼり，その後もサブプライムRMBSを組み込んだ債務担保証券（CDO）や，頭金を用意できない人向けの「ピギーバック」と呼ばれる住宅ローンを裏付けにしたRMBSなども矢継ぎ早に格下げした。
>
> しかし，「<u>専門家ならサブプライムローンの焦げ付き多発が関連金融商品に悪影響を与えることはもっと早くに分かっていたはず</u>」（米調査会社ストーン・アンド・マッカーシー）など，格付け会社の対応の遅さへの批判は高まるばかり。
>
> （出所：2007/08/21，日経金融新聞　一部抜粋）
>
> （下線は筆者が加筆）

事後のことを事前に正しく見積もれていたと見栄を張ることが，何故いけないのか。それは，もし誤った意思決定を行っていた場合には，その誤りの原因が自分にあることに気付かないからであり，また，自分の判断・予測能力を過大評価してしまうからである。いずれの理由も，次の意思決定時にまた同じような誤りや失敗を犯しかねず，長期的に悪影響を及ぼす可能性がある。

ハインドサイト・バイアスは，「知識の呪い（curse of knowledge）」（Camerer, et al., 1989）と呼ばれるバイアスと関連性している。人は，既に入手，処理した情報を無視することがなかなかできないものである（Fischhoff, 1977）。自分に既に知識が備わっている場合，その知識がない状態に戻ること，あるいは，その状態を想像することができず，知識がかえって邪魔をして生じる判断の誤りを知識の呪いと呼ぶ[26]。知識の呪いは，専門家たる会計監査人の意思決定に悪影響を及ぼすことが指摘されている。会計監査人は，企業のゴーイングコ

ンサーン判断や財務諸表の分析（監査）を行うクライアント企業について，あらかじめ何らかの知識を備えていることが多い。これら知識が邪魔をして，ある種の先入観をもって監査に臨んでしまうため，事前知識のない会計監査人よりも，事前知識の内容（肯定的または否定・懐疑的）に沿った監査を行ってしまう傾向がある（Kennedy, 1995）。この判断傾向は，事前知識がアンカーとなり「不十分な調整」しかできないアンカリング・アンド・アジャストメントヒューリスティックや，監査時に思い出しやすい事前知識を過度に重視しまう利用可能性ヒューリスティックと一貫している（Hawkins & Hastie, 1990）。

(3) エスカレーションオブコミットメント(別名,現状維持バイアス,サンクコスト効果,コンコルドの誤り)

コミットメントとは，政治家などが用いる時には"約束"，"誓約"といった意味が込められているが，ここでは"傾倒"，"深い関与"，"献身"といった意味で用いられる。つまり，ある対象に力や気持ちを注ぐことであるが，それが次第にエスカレートしていき客観的に判断できなくなることを「エスカレーションオブコミットメント（escalation of commitment）」という。多くの場合，一度自分が関係した事柄や人，あるいは，従事した業務に対して気持ちが入るものだろうが，気持ちを入れ込み過ぎてしまうと，その正当性や妥当性の判断に歪みが生じてしまうことがある。例えば，学生や研究者がある分野の勉強を何年も続けていると，別の分野の勉強を進めたり，異なる視野を取り入れることが難しくなってしまうことがある。企業の例で言えば，あるプロジェクトが上手くいっていない時に，そのプロジェクトに固執してさらに時間や労力，時には金銭などを追加投資してしまうといったケースが，エスカレーションオブコミットメントである（【ケース55：追加投資に対する懸念】）。

---

26) 情報の非対称性（information asymmetry）がもたらす"レモン市場（the market for lemons）"（ここで言うレモンは，米中古車市場における悪質な中古車の俗語である。買い手は売り手ほど，中古車の質に関する知識を持たないために，操作的に，市場に不良品ばかりが出回ることを示している。）のような不均衡を緩和できる，逆説的な効果もあると言われている（Camerer, et al., 1989）。

第4章　組織における意思決定に対する「情報・判断特性」の影響

【ケース55：追加投資に対する懸念】
新銀行東京400億円増資完了，金融庁検査，次の焦点――不良債権査定，損失拡大も。

　多額の累積損失を抱えて経営難に陥った新銀行東京（東京・千代田）が30日，東京都を引受先とする400億円の優先株を発行し，都からの払い込みを受けた。追加増資の完了で，5月の連休明けにも始まる金融庁の立ち入り検査が次の注目点になる。
　――中略――
　新銀行東京は前期最終赤字を167億円，累積損失を1,016億円とする業績予想を公表している。5月下旬にも決算を発表するが，検査の指摘次第では損失がさらに膨らむ可能性もある。
　存在意義の薄れた官製銀行の新銀行東京。巨額の追加増資に対する批判はくすぶる。どんな将来像を見いだすのか，難しい過程が続く。
　　　　　　　　　　　　　　　（出所：2008/05/01, 日本経済新聞　一部抜粋）

新銀行東京問題，「都知事ら1255億円賠償を」，住民ら都を提訴。

　経営再建中の新銀行東京（東京・新宿）を巡り，都内に住む特定非営利活動法人（NPO法人）の職員ら3人が10日，ずさんな経営により都の出資金の大半が回収不能になったとして，石原慎太郎知事や仁司泰正元代表執行役ら計5人に連帯して1,255億円を賠償させるよう都に求める住民訴訟を東京地裁に起こした。
　訴状によると，石原知事は過大な目標を掲げた同行の運営指針「新銀行マスタープラン」を主導して作成，同行に実行を強制した。またデフォルト（債務不履行）対策を怠った仁司元代表の任命責任も指摘した。
　2008年3月期に1,016億円に上った累積損失を穴埋めした際，都の出資金1,000億円のうち855億円が失われ，<u>さらに都が追加出資した400億円も回収の見込みはなく，合計した1,255億円が都の損害</u>と主張している。
　　　　　　　　　　　　　　　（出所：2009/06/11, 日本経済新聞　一部抜粋）
　　　　　　　　　　　　　　　　　　　　　　　（下線は筆者が加筆）

　多くの人々がこのバイアスに陥ってしまう原因として，自分自身や周囲からの期待や要望に応えられる自分をアピールするための「自己正当化（self-justification）」があり（Staw, 1981），特に従事する事柄（プロジェクトなど）

第6節　情報・判断特性の複合的影響

が難航しているほど，そして，その事柄に対して重い責任を負う意思決定者ほど，コミットメントを強める傾向が確認されている（Staw, 1976）。加えて，「認知不協和理論」（第2章第4節）にあるように，人々は常に首尾一貫した行動を取りたいという願望を持っていることが原因にもなる。自分が当初から従事した事柄を取りやめることなく，継続させていきたいという思いである。ある研究において，常に一貫した行動をとる姿勢を部下に示すリーダーほど優れていると指摘されているように（Pfeffer, 1977），人は1つの行動に執心することに重きを置くようである。

　エスカレーションオブコミットメントは3つの別名を持つほど，頻繁に見受けられる現象である。1つ目の別名「現状維持バイアス（status quo bias）」とは，現状に不合理に固執してしまい，新たな発想や考えを受け入れない傾向である。ある実験では，多額の資産を叔父から継承したという想定のもと，被験者に資産をどのように運用するかを尋ねている。資産のタイプ（現金，株券，地方債など）によって被験者を分類し，タイプごとの回答を比較したところ，ほとんどの被験者が現状の形で資産を保持し続けると回答する傾向が確認された。しかも，資産運用のオプション（代替案）が増えるほど，現状維持の傾向が強まっている（Samuelson & Zeckhauser, 1988）。この傾向は，プロスペクト理論における「損失回避傾向（保有効果）」による説明も可能である（Kahneman, et al., 1991）。運用は資産の増加をもたらす反面，損失を被る可能性も秘めている。被験者は，たとえ他者から譲り受けた財産であっても，わずかでも失う可能性があるならば現状のままでいいと考えるようである。

　2つ目の別名「サンクコスト効果（sunk cost effect）」のサンクコストとは"埋没原価"の意味であり，過去に投下済みで回収不能であり，かつ投下後の活動の変化によって影響を受けない原価のことである。例えば，工場などの設備投資によって生じる減価償却費や，新規事業や新製品に投じた研究開発費などである。これらの費用はその後の新たな意思決定に影響しないものであるが，人々の心理ではそうはいかない。ある事業に投じたコストを回収するまでその事業を続けなければ次の事業に移ることはできないと考えたり，一旦着手したプロジェクトだから，途中で中止するとこれまでの努力が報われないと考えてしまう。

「コンコルドの誤り（Concorde fallacy）（またはコンコルド効果（Concorde effect））」と呼ばれる3つ目の別名は，1962年に英仏両国が共同で開発し，商業化を進めた超音速旅客機「コンコルド」の商業的失敗に由来している。音速の2倍の速度（巡航速度2,200km/時）を誇るコンコルド機は，商業化が実現する前から，多大なコストを要する開発だが商業化が進んでもコストの回収は不可能で，不経済的活動であることが指摘されていた。しかし，2国政府は既に計画がある程度進んでいたため，"あまりにもコストをかけてきたので止められない"ことを理由に，開発を続行させた（Arkes & Ayton, 1999）。人々が信頼を置く政府ですら，プロジェクトが奏功しないことが事前に分かっているにもかかわらず，その中止を決断できなかった。結局，1976年に就航が実現し，アメリカ等への乗り入れも進んだものの，就航1年後には約2億2,000フラン（当時約132億円）の赤字を計上し，2年後には座席の半分が空席の状態，その後も負債に悩まされた。また，生産の採算ラインは250機だったのに対し，納品は僅か16機と，事業は完全な失敗と評価された[27]。

（4）会計監査専門家の保守主義

アンカリング・アンド・アジャストメントヒューリスティックの1つとして「コンファメーション・バイアス」を紹介した。意思決定者が初めに考える予測や仮説（初期仮説）を肯定する情報ばかりに着目し（確証戦略），否定する情報を軽視・無視する傾向である。一方，専門家である会計監査人が会計監査関連の意思決定を行う場合には，コンファメーション・バイアスではなく「保守主義（conservatism）」が見られる傾向がある。保守主義とは文字通り，過度に保守的な意思決定を行ってしまう傾向である。

会計監査人は，企業の財政状態および経営成績を監査し，公式的に報告する重責を担っている。監査にあたっては，さまざまな情報の収集や記憶からの想

---

[27] 2000年7月，ド・ゴール空港にてコンコルド機の乗客全員が死亡する墜落事故が起こり，2003年には両国航空会社（英ブリティッシュ・エアウェイズと仏エールフランス）により運航停止が決定された。

起を何度も行う必要があるため，これまで紹介してきたような情報特性の影響を受けたバイアスに，より陥りやすいと考えられてきた（Libby, 1981）。ところが，実際の会計監査人によるクライアント企業のゴーイングコンサーン判断時に，必要かつ重要と思われる情報を収集させたところ，多くの会計監査人は初めに立てる予想（初期仮説）の内容に関わらず，クライアントが倒産する可能性を示す情報ばかりを収集する（Kida, 1984; Trotman & Sng, 1989），あるいは，想起する（Anderson, 1988）傾向が見受けられた。会計監査人は肯定的な判断材料（情報）に極めて懐疑的であり，倒産を示すような否定的な情報ばかりに着目し，収集したがるのである。

日本の「企業会計原則」[28]の「一般原則」には「保守主義の原則」が存在する。「企業会計は，予測される将来の危険に備えて慎重な判断に基づく会計処理を行わなければならないが，過度に保守的な会計処理を行うことにより，企業の財政状態及び経営成績の真実な報告をゆがめてはならない」[29]というものである。このような警鐘があるにもかかわらず，会計監査人は保守主義に陥った意思決定を行ってしまうようである。

（5）感情ヒューリスティック

ヒューリスティックは自分の経験や記憶を手がかりに意思決定を行う傾向を示すが，自分の感情を手がかりに意思決定を行うこともある。手がかりにする感情の内容次第で判断が異なる傾向を「感情ヒューリスティック（affect heuristic）」と呼ぶ（Finucane, et al., 2000; Slovic, et al., 2002; 2004）。

人々は，意思決定時に限らず何らかの事柄を知覚した際に，それに対して肯定的もしくは否定的な感情イメージを抱き，記憶に貯蔵しておくものである。初めて見たテレビコマーシャル，紹介された初対面の人，書店で手に取った本など，何に対しても何らかの好意的，あるいは，嫌悪的イメージを抱く。好意

---

[28]「企業会計原則」とは，企業の会計実務に慣習として発達したものの中から，一般に公正妥当と認められたところを要約したものである。
[29]『会計法規集』（2002）より。

第4章　組織における意思決定に対する「情報・判断特性」の影響

的イメージは人々の肯定的感情，嫌悪的イメージは否定的感情を誘発させる。

ところで，意思決定において人々がある代替案の採否を検討する際には，多くの場合，当該案を採択したことにより被る"リスク"と，当該案から得られる"ベネフィット"のバランスが考慮される。例えば，ある企業と合併するかどうかに関する意思決定に際しては，合併による企業規模や活動範囲の拡大，技術力や収益の向上といったベネフィットが期待される一方で，従業員のコミュニケーションに温度差が生じたり，培ってきた企業文化が共有できない，あるいは，損なわれるといったリスクもあることを認識して，決断を下す必要がある。"リスク"と"ベネフィット"は，一般的に，ある事象から生じるリスクが高いほど，そこから得られるベネフィットも高い関係にある。いわゆる"ハイリスク・ハイリターン"である。

感情ヒューリスティックは，このリスクとベネフィットの見積もりに影響を及ぼす。否定的感情を抱いた代替案の場合，その案はハイリスク・ローリターンであり，逆に肯定的感情を抱いた代替案に対しては，ローリスク・ハイリターンと判断してしまうのが感情ヒューリスティックである（**図表4-13**参照）。企業合併に関する意思決定を例にすると，合併先企業に対して好意的なイメー

図表4-13　感情と入手情報による判断（感情ヒューリスティック）の傾向（例）

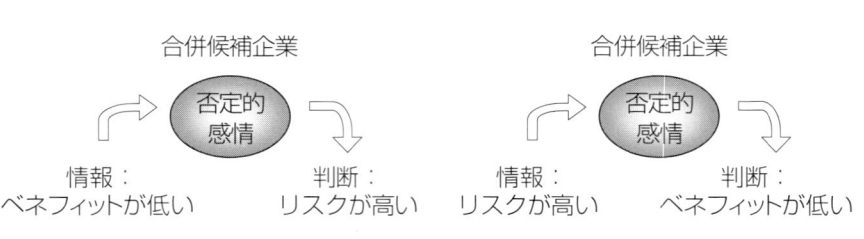

合併候補企業		合併候補企業	
→ 肯定的感情 ↘		→ 肯定的感情 ↘	
情報： ベネフィットが高い	判断： リスクが低い	情報： リスクが低い	判断： ベネフィットが高い

合併候補企業		合併候補企業	
→ 否定的感情 ↘		→ 否定的感情 ↘	
情報： ベネフィットが低い	判断： リスクが高い	情報： リスクが高い	判断： ベネフィットが低い

（出所：Finucane, et al., 2000　一部修正）

ジを抱いていると，合併のリスクが低いことを示す情報を得ると，ベネフィットを高く見積もってしまうのである。

本章のまとめ

　本章で取り上げたプロスペクト理論，ヒューリスティックス，および複合的影響要因による意思決定傾向は，記述的アプローチに基づき人々の意思決定の様子（規範理論からの逸脱や癖）を観察した結果に導かれた一種の意思決定の法則である。1人ひとりの顔形，性格が異なるように，その意思決定も状況に応じて多様である。そのため，あまりにも数多くの意思決定傾向が存在する。本章の最後に，取り上げた各傾向の名称と特徴を図表4-14にまとめておく。

図表4-14 記述的アプローチに基づく意思決定傾向（一覧）

意思決定傾向	特徴
プロスペクト理論	参照点依存性
	反射効果
	損失回避傾向
	フレーミング効果
	確率に対する選好の非線形性
代表性ヒューリスティック	連言錯誤
	基準率の無視
	サンプルサイズの無視（少数の法則の信仰）
	偶然の誤認（ホットハンドの過ち，ギャンブラーの過ち）
	平均回帰の無視
	正当性錯誤
利用可能性ヒューリスティック	想起容易性
	検索容易性
	想像容易性
	錯誤相関
アンカリング・アンド・アジャストメントヒューリスティック	不十分な調整（アンカリング効果）
	情報提示の順序効果
	コントラスト効果
	コンファメーション・バイアス
	連言・選言バイアス

複合的影響による意思決定傾向	自信過剰
	ハインドサイト・バイアス（知識の呪い）
	エスカレーションオブコミットメント（現状維持バイアス，サンクコスト効果，コンコルドの誤り）
	会計監査専門家の保守主義
	感情ヒューリスティック

【参考文献】

＜洋文献＞

Allais, M.（1953）"Le comportement de l'homme rationnel devant le risque: critique des postulats et axiomes de l'école Américaine," *Econometrica*, 21, pp. 503-546.

Anderson, B.（1988）*An examination of factors affecting auditors' hypothesis testing strategies*. Unpublished doctoral dissertation, University of Massachusetts.

Arkes, G. R. & Ayton, P.（1999）"The sunk cost effect and Concorde effect: Are human less rational than lower animals?" *Psychological Bulletin*, 125-5, pp. 591-600.

Bar-Hille, M.（1973）"On the subjective probability of compounded events," *Organizational Behavior and Human Performance*, 9, pp. 396-406.

Bayes, T.（1763）"An essay towards solving a problem in a doctrin of chances, *Philosophical Transactions of the Royal Society of London*, 53, pp. 370-418.

Bazerman, M. A.（2008）*Judgment in Managerial Decision Making*, 7th. Wiley.

Bernoulli, D.（Originally published in 1738; translated by Dr. Lousie Sommer.）（1954）"Exposition of a New Theory on the Measurement of Risk," *Econometrica*, pp. 22-36.

Bowman, E.（1984）"Risk-Return Tradeoffs for Strategic Management," *Sloan Management Review*, Spring, pp. 35-51.

Camerer, C., Loewenstein, G. & Weber, M.（1989）"The Curse of Knowledge in Economic Settings: An Experimental Analysis," *The Journal of Political Economy*, 97-5, pp. 1232-1254.

Chapman, L. J. & Chapman, J. P.（1969）"Illusory correlation as an obstacle to the use of valid psychodiagnostic signs," *Journal of Abnormal Psychology*, 74, pp. 271-280.

Christensen-Szalanski, J. J. & Bushyhead, J. B.（1981）"Physicians' use of probabilistic information in a real clinical setting," *Journal of Experimental Psychology: Human Perception and Performance*, 7-4, pp. 928-935.

Dunegan, K. J.（1993）"Framing, cognitive modes, and image theory: Toward an understanding of a glass half full," *Journal of Applied Psychology*, 78, pp. 491-503.

Einhorn, H. J. & Hogarth, R. M. (1985) *A contrast/surprise model for updating beliefs.* Working Paper, University of Chicago, Centre for Decision Research.

Ellsberg, D. (1961) "Risk, Ambiguity, and the Savage Axioms," *Quarterly Journal of Economics,* 75-4, pp. 643-669.

Fiegenbaum, A. (1990) "Prospect theory and the risk-return association: An empirical examina-tion in 85 industries," *Journal of Economic Behavior and Organization,* 14, pp. 187-204.

Finucane, M.L., Alhakami, A., Slovic, P. & Johnson, S. M. (2000) "The affect heuristic in judgments of risks and benefits," *Journal of Behavioral Decision Making,* 13, pp. 1-17.

Fischhoff, B. (1977) "Perceived informativeness of facts," *Journal of Experimental Psychology: Human Perception and Performance* (May), pp. 349-358.

Gilovich, T., Vallone, R. & Tversky, A. (1985) "The hot hand in basketball: On the misconception of random sequence," *Cognitive Psychology,* 17, pp. 295-314.

Goldberg, L. R. (1959) "The effectiveness of clinician's judgments: The diagnosis of organic brain damage from the Bender-Gestalt Test," *Journal of Consulting Psychology,* 23, pp. 25-33.

Hammond, J. S., Keeney, R. L. & Raiffa, H. (1998) "Hidden Traps in Decision Makin," *Harvard Business Review,* Vol.76: September-October.（ハモンド，キーニ，ライファ「先入観やご都合主義を排し選択肢の検討を重ねよ　意思決定をゆがめる心理的陥し穴」『ダイヤモンドハーバードビジネスレビュー』1999年4-5月号，pp. 82-92.）

Hawkins, S. A. & Hastie, R. (1990) "Hindsight: Biased judgments of past events after the outcomes are known," *Psychological Bulletin,* 107, pp. 311-327.

Hogarth, R. M. & Einhorn, H. J. (1992) "Order Effects in Belief Updating: The Belief-Adjustment Model," *Cognitive Psychology,* 24-1, pp. 1-55.

Kahneman, D., Knetsch, J. L. & Thaler, R. H. (1991) "Anomalies: The Endowment Effect, Loss Aversion, and Status Quo Bias," *The Journal of Economic Perspectives,* 5-1, pp. 193-206.

Kahneman, D. & Tversky, A. (1979) "Prospect Theory: An Analysis of Decision under Risk," *Econometrica,* 47, pp. 263-291.

Kennedy, J. (1995) "Debiasing the Curse of Knowledge in Audit Judgment," *Accounting Review,* 70-2, pp. 249-273.

Knetsch, J. L. (1989) "The endowment effect and evidence of nonreversible indifference curves," *American Economic Review,* 79 (December), pp. 1277-1784.

Kida, T. (1984) "The impact of hypothesis-testing strategies on auditors' use of judgment data," *Journal of Accounting Research*, 22-1, pp. 332-340.

Libby, R. (1981) *Accounting and human information processing: Theory and applications*. Englewood Cliffs, NJ: Prentice-Hall.

Libby, R. (1985) "Availability and the generation of hypotheses in analytical review," *Journal of Accounting Research*, 23, pp. 648-667.

Lichtenstein, S. & Fischhoff, B. (1977) "Do those who know more also know more about how much they know?" *Organizational Behavior and Human Performance*, 20, pp. 159-183.

Lichtenstein, S. & Slovic, P. (1971) "Reversals of preference between bids and choices in gambling situations," *Journal of Experimental Psychology*, 89, pp. 46-55.

Lichtenstein, S., Slovic, P., Fischhoff, B., Layman, M. & Coombs, B. (1978) "Judged frequency of lethal events," *Journal of Experimental Psychology: Human Learning and Memory*, 4-6, pp. 551-578.

Meehl, P. E. (1954) *Clinical versus statistical prediction: A theoretical analysis and a review of the evidence*. Minneapolis: University of Minnesota Press.

Miller, K. D. & Leiblein, M. J. (1996) "Corporate risk-return relations: Returns variability versus downside risk," *Academy of Management Journal*, 39-1, pp. 91-122.

Mladenovic, R. and Simnett, R. (1994) "Examination of contextual effects and changes in task predictability and auditor calibration," *Behavioral Research in Accounting*, 6, pp. 178-203.

Mokdad, A. H., Marks, J. S., Stroup, D. F. & Gerberding, J. L. (2004) "Actual Causes of Death in the United States, 2000," *The journal of the American Medical Association*, 291-10, pp. 1238-1245.

Nisbett, R. E., Borgida, E., Crandall, R. & Reed, H. (1976) "Popular induction: Information is not necessarily informative," in J. S. Carroll & J. W. Payne (eds.), *Cognition and Social Behavior*. Hillsdale, N. J.: Lawrence Erlbaum Assoc., Inc.

Northcraft, G. B., & Neale, M. A. (1987) "Expert, amateurs, and real estate: An anchoring-and-adjustment perspective on property pricing decisions," *Organizational Behavior and Human Decision Processes*, 39, pp. 228-241.

Oliver, T. (1986) *The real Coke, the real story*. New York: Random House.(仙名紀訳『コカ・コーラの英断と誤算』早川書房，1986年．)

Oskamp, S. (1962) "The relationship of clinical experience and training methods to several criteria of clinical prediction," *Psychological Monographs*, 76 (28 whole No. 547).

Oskamp, S. (1965) "Overconfidence in case-study judgments," *The journal of Consulting Psychology*, 29, pp. 261-265.

Pfeffer, J. (1977) "Power and resource allocation in organizations," In B. M. Staw & G. Salancik (eds.), *New directions in organizational behavior*. Chicago: St. Clair Press.

Russo, J. E. & Schoemaker, P. J. H. (1992) "Managing Overconfidence," *Slone Management Review*, 33-2, pp. 7-17.

Samuelson, W. & Zeckhauser, R. J. (1988) "Status quo bias in decision making," *Journal of Risk and Uncertainty*, 1, pp. 7-59.

Selling, T. I. (1993) "Confidence and information usage: Evidence from a bankruptcy prediction task," *Behavioral Research in Accounting*, 5, pp. 237-264.

Simon, H. A. (1982) *Models of bounded rationality*, Vol. 1. Cambridge, Mass: MIT Press.

Slovic, P., Finucane, M., Peters, E. & MacGregor, D. G. (2002) "The affect heuristic," In T.Gilovich, D. Griffin & D. Kahneman (eds.), *Heuristics and biases: The psychology of intuitive judgment* (pp.397-420). New York: Cambridge University Press.

Slovic, P., Finucane, M., Peters, E. & MacGregor, D. G. (2004) "Risk as analysis and risk as feelings: Some thoughts about affect, reason, risk, and rationality." *Risk Analysis*, 24, pp. 311-322.

Snyder, M. & Swann, W. B., Jr. (1978) "Behavioral confirmation in social interaction: From social perception to social reality," *Journal of Experimental Social Psychology*, 14, pp. 148-162.

Staw, B. M. (1976) "Knee-deep in the big muddy: The effect of personal responsibility and decision consequences upon commitment to a previously chosen course of action," *Organizational Behavior and Human Performance*, 16, pp. 27-44.

Staw, B. M. (1981) "The Escalation of Commitment to a Course of Action," *Journal of Management Review*, 6-4, pp. 577-587.

Sullivan, K. & Kida, T. (1995) "The effect of multiple reference points and prior gains and losses on managers' risky decision making," *Organizational Behavior and Human Decision Processes*, 64, pp. 76-83.

Thaler, R. H. (1980) "Towards a positive theory of consumer choice," *Journal of Economic Behavior and Organization*, 1, pp. 39-60.

Tomassini, L. A., Solomon, I., Romney, M. B. & Krogstad, J. L. (1982) "Calibration of auditors' probabilistic judgments: Some empirical evidence," *Organizational Behavior and Human Performance* 30, pp. 391-406.

Trotman, K. & Sng, J. (1989) "The effect of hypothesis framing, prior expectations and cue diagnosticity on auditors' information choice," *Accounting, Organizations and Society*, 14-5/6, pp. 565-576.

Tversky, A. & Kahneman, D. (1973) "Availability: A heuristic for judging frequency and probability," *Cognitive Psychology*, 5, pp. 207-232.

Tversky, A. & Kahneman, D. (1974) "Judgment under uncertainty: Heuristics and biases," *Science*, 185, pp. 1124-1131.

Tversky, A. & Kahneman, D. (1981) "The framing of the decisions and the psychology of choice," *Science*, 211, pp. 453-458.

Tversky, A. & Kahneman, D. (1982) "Judgments of and by representativeness," in A. Kahneman, P. Slovic & D. Kahneman (eds.) *Judgment under uncertainty: Heuristics and biases*. Cambridge University Press.

Tversky, A. & Kahneman, D. (1991) "Loss aversion and riskless choice: A reference dependent model," *Quarterly Journal of Economics*, 106-4, pp. 1039-1061.

Tversky, A. & Kahneman, D. (1992) "Advances in prospect theory: Cumulative representation of uncertainty," *Journal of Risk and Uncertainty*, 5, pp. 297-323.

Tversky, A. & Thaler, R. H. (1990) "Anomalies: Preference reversals," *Journal of Economic Perspectives*, 4-2, pp. 201-211.

von Neumann, J. & Morgenstern, O. (1944, 1947, 1953) *Theory of games and economic behavior* (3rd ed.). Princeton: Princeton University Press.

Wason, P. C. (1960) "On the failure to eliminate hypotheses in a conceptual task," *Quarterly Journal of Experimental Psychology*, 12, pp. 129-140.

Wiseman, C. (1988) *Strategic Information Systems*. Richard D. Irwin, Inc.（土屋守章他訳『戦略的情報システム：競争戦略の武器としての情報技術』ダイヤモンド社，1989年．）

＜邦文献＞

中央経済社編（2002）『会計法規集；最新増補第17版』中央経済社．

友野典夫（2006）『行動経済学 経済は「感情」で動いている』光文社新書．

山崎由香里（2003）「会計専門家の意思決定における確信度について」『成蹊大学経済学部論集』第34巻第1号，pp.167-183．

第5章

的確な意思決定を目指して
～処方的アプローチへのプロローグ

●本章のポイント●

　前章までの数々の意思決定の特徴や傾向を振り返ると，人々は常に合理的に意思決定を行うことができず，しばしば偏った，誤った判断を下してしまうようである。この誤りをなくす，あるいは避けることはできないだろうか？

　本章では，第2章で紹介した人々の心理的な影響，第3章で取り上げた集団・組織的な影響，第4章で見てきた情報・判断特性の影響を踏まえ，より優れた意思決定を促すポイントを紹介する。心理的な影響に対しては，1人ひとりの心理特性を把握して，各人に適した情報処理を任せることがコツである（第2節）。集団・組織的な影響に対しては，誤った方向に進みがちな状況や，組織に関連するさまざまな事柄を知ることが大切である（第3節）。そして，情報・判断特性の影響に対しては，意思決定者を支援するさまざまなテクニックを用いることで，よりよい意思決定を促すことができる（第4節）。

第5章　的確な意思決定を目指して

第1節　処方的アプローチの必要性

　古くから意思決定論の研究分野で行われてきた，客観的合理的な意思決定を追求するための規範的アプローチの議論は，現実の人々，殊に組織において人々が日常的に行う多くの意思決定状況に適用できない場合が少なくない。そこで本書では，現実の人間の意思決定・情報処理における特徴を理解するための記述的アプローチに即して，心理学や組織論から，近年注目される行動経済学分野の議論を紹介した。しかし，現実の人々の様子，特徴を知ったところで，彼らがどのように意思決定を行っていくことが望ましいかまでは，記述的アプローチでは明らかにすることはできない。次に重要になることは，本書で取り上げた意思決定に関する諸議論を踏まえて，より的確な意思決定を追求する方法を模索することである。この第3の視点は処方的アプローチと呼ばれる（第1章第4節参照）。

　処方的アプローチには，主に2つの側面がある（Bell, Raiffa & Tversky, 1988）。1つは，"人々が優れた意思決定を行うために，どのように手助けするか"を明らかにする側面であり，もう1つは"人々がよりよい意思決定を行うために，どのように訓練等を施すか"を明らかにする側面である。換言すれば，「意思決定プロセスに対する支援」と「意思決定者の能力向上のための支援」である。これらの支援は，実務家から見ると当然の議論のように聞こえるかもしれないが，少なくとも意思決定に関するアカデミックな分野では，これまでこの種の研究は十分に行われてきたとは言い難い。処方的アプローチに基づく議論の主要な論点は，下記の通りである（Bell, et al., 1988 ; Bordley, 2001 ; Raiffa, 1994）。

① 多様な目標・影響要因が存在する状況に適用可能な意思決定手法の開発，提案。
② 意思決定（者）の"価値（value）"に着目した意思決定プロセスの開発，提案。
③ 意思決定（者）の潜在的な"価値"の探索およびその測定方法の開発，

提案。
④ "規範的意思決定モデル（期待効用理論等）"と"現実の意思決定"の乖離（バイアス）原因の探索，およびバイアスの修正手法の提案。
⑤ 意思決定者への統計手法の教育・訓練方法の効果検証。
⑥ 実務上の意思決定を踏まえた意思決定モデルの開発，提案。
⑦ 意思決定支援手法（技術）の開発，提案，導入，運用。

上述の議論のうち，特に実務レベルでの管理者や組織メンバーの意思決定を，より的確なものに導く即時的な議論は，中でも④〜⑦だろう。④のように，組織における意思決定において実際に生じる誤りや偏りの原因を探究し，フィードバックすることで，次には優れた意思決定を行うことが可能となる。また，⑤のように，正確な意思決定を行うために，意思決定者である組織メンバー，あるいは，将来的に組織で働くだろう学生に，統計学や確率論の知識を教授して訓練を施し，意思決定者の能力向上を図ることも大切である。⑥のように，多くの経営者や管理者が直面する非構造的問題にも適用可能なモデルを，各組織の環境等を考慮に入れて開発する必要もある。さらには，近年の情報技術の進展に伴い，多様な情報システムを導入，活用して意思決定支援を行う⑦の観点も重要である。

最終章となる本章では，今後，組織における意思決定に対する処方的アプローチの議論を進めていくためのプロローグとなるべく，これまで各章で取り上げた諸要因に対して，組織における意思決定の精度を高めるために考慮すべき事柄を考察していく。

第2節　個人特性を踏まえた意思決定の向上

人々の心理特性を把握する要因として，「パーソナリティ特性」，「知覚および帰属」，「態度」，そして「感情」などがある。これら個人特性を踏まえて意思決定を向上させるためには，各要因と意思決定の関係を理解することである。

第5章 的確な意思決定を目指して

（1）パーソナリティ特性と意思決定

(i) 5要因（ビッグ・ファイブ）モデル

　5要因モデルは，5つの次元を用いて人々のパーソナリティを把握する指標である。各次元の特徴を理解し，各人に適した業務を任せることが優れた意思決定につながる。

　「外向性」および「調和性」の次元が高い者は他者と協力して業務，意思決定を遂行する能力が高く，反対に，これら次元の低い者は単独で意思決定を行う方がより優れた成果を収めることができる。組織においてはチームで業務を遂行する状況が多いため，これら次元の低い者に対しては，対人関係にトラブルが生じないよう，本人，あるいは，周囲が気を配ることが鍵となろう。「調和性」の低い者については，敵対的で不信感が強い反面，厳格に物事を捉えるタイプであるため，怠業が見受けられるチームなどのリーダー役を任せることで，チームの規律の乱れを修正することが可能である。

　「神経質性」の次元が高い者は，繊細で多くのことに過敏に反応しやすいタイプである。扱いにくいと思われがちな反面，そのパーソナリティを活かす有益な方法の1つは，敢えて周囲の意見に異議を唱える役割（「悪魔の代弁人（あまのじゃく）」）を与えることである。常に冷静で論理的思考力を備えたタイプであるため，多くの人が見落としがちな事柄を指摘できる。

　「誠実性」の高い者は，自律心が高く慎重で粘り強いタイプである。実際の組織においてこの次元の高い者は優れたリーダーとなるケースが多いことから，さまざまなチームにおいてリーダーの役割を与えることで優れた意思決定が促されるだろう。また，リーダーに留まらず，組織全体を率いるトップマネジメントに必要な資質の1つとして誠実さが挙げられることから，後継者の育成に際して，この次元が高いかどうかに目を向けることも有益である。

　「開放性」の高い者は，新しい視点から物事を捉え，変化を受け入れて創造力を発揮していくタイプである。組織には変革や前進が不可欠であるため，これまでにないアイデアを打ち出すイノベーション活動に従事させることで，その能力を活かした優れた意思決定を促すことができる。但し，新しいアイデア

や改革が常に優れたものとは限らないため,「神経質性」の高い者からの反対意見を考慮して吟味する姿勢も重要である。

(ii) **統制の所在**

　統制の所在は事象を知覚する際のパーソナリティ特性であり,自分の置かれた状況をどのように捉えるかを示す要因である。自分の身の上にある事柄が生じた時に,その原因が自分以外にあると考える「外的統制型」は,周囲の指示や環境を受け入れやすいタイプである。故に,上司から細かく指示を受け,手順通りに処理する必要のある業務に適しており,与えられた業務を正確に遂行する能力が高い。つまり,業務的意思決定に適していると言える。また,出来高制よりも時間制によって評価されることを好み,所与の労働環境を積極的に受け入れる傾向にある。一方,自分に起きた事柄の多くは自分に原因があると考える「内的統制型」は,何事も主体的に取り組みたいと思うため,指示や命令を与えるよりも自ら思考し開拓していきながら業務を遂行する能力が高い。つまり,戦略的意思決定に適していると言える。複雑で困難な業務や,成果に応じた報酬を与えることでモチベーションを高め,優れた結果を残していくことができる。

(iii) **マイヤーズ・ブリッグス・タイプ指標（MBTI）**

　マイヤーズ・ブリッグス・タイプ指標は,物事に対する人々の態度に着目し,人々のパーソナリティを16の性向に分類する指標である。16のタイプそれぞれについて組織貢献のスタイルやリーダーシップスタイル,学習スタイルや情報処理の特性などが明らかにされており,また適した職場環境なども指摘されている。第2章の図表2-5と次頁の図表5-1を参照されたい。

(iv) **自己監視性**

　自己監視性は,周囲や他者に自分の行動が受け入れられたいと思う度合いを測る尺度である。自己監視性が高い人は自分の行動を外部環境に適合させる能力が高く,初対面の人とも円滑なコミュニケーションを図ることができる。そのため,チームでの活動や人々の間に生じたコンフリクトの解消,あるいは,

第5章 的確な意思決定を目指して

図表5-1　MBTIの各性向と意思決定傾向

ISTJ：事実に基づき論理的に分析する。他者への影響や他の可能性を検索する。	ISFJ：体験や価値観に基づいて取り組む。原則に当てはめたり，背景にある意味を探る。	INFJ：内面的なヴィジョンを考慮し，他者や自分の価値観を重視する。長期的視野で具体的な情報を取り入れて判断する。	INTJ：内面的なヴィジョンを反映させた戦略等を構築し，客観的に判断する。他者の考えを尊重し，自分の考えを具現化する方法を検討する。
ISTP：事実や具体事例に着目し，問題を体系化する。他者への影響や未知の可能性を考慮する。	ISFP：他者を重視し，事実や体験に基づき判断する。潜在的可能性や原則を重視する。	INFP：他者を重視し，創造性を発揮させる。事実や原則に基づき判断する。	INTP：内面的な論理を用いて問題を構造化する。他の可能性を考慮。現状に配慮し，他者の考えを取り入れる。
ESTP：状況を現実的，具体的観点で評価し，次の行動を論理的に分析する。他者への影響や他の可能性を探索する。	ESFP：現実的で利害関係者の価値観を考慮する。客観的，長期的視点で物事を捉える。	ENFP：成長を探究し，自分の価値観を重視する。原則に合わせて考えたり，事実の詳細に関する情報を収集する。	ENTP：将来的可能性を探索し，賛否両面を検討する。他者の要請に配慮し，事実や詳細を考慮する。
ESTJ：具体事例を収集し，状況を論理的に分析する。広い観点を持ち，他者への影響を配慮する。	ESFJ：具体事例を収集し，価値観や他者への影響を配慮する。他の代替案を確認し，論理的に考える。	ENFJ：価値観や他者への影響を考慮し，実際のデータや原則を重視して判断する。	ENTJ：論理的分析を志向し，解決手段を検討する。現実や周囲への影響を配慮して判断する。

（出所：Hirsh & Kummerow, 1998）

営業や相談員など，対話が不可欠な対人業務においてその能力を十分に発揮する。一方，自己監視性の低い人は他者の目を気にせずに自分の信念に沿って行動する傾向があるため，会議等で見られる不本意な同調や発言者のいない沈黙を打破する役割を果たすことができる。反対に，会議等において複数の異なる意見をまとめて総括する議長や書記などにはあまり適していないと言える。

（2）知覚・帰属と意思決定

　心理特性を理解する上で，人々の知覚・認知の特徴に目を向ける必要がある。殊に意思決定において不可欠な情報は，多くの場合，知覚を通じて解釈，理解

されるものである。的確な意思決定を促すためには，人々の知覚の特徴を示す「認知スタイル」を把握すること，そして，知覚や帰属の誤りを回避する，あるいは，是正することが重要である。

認知スタイルの代表的な類型には，「場依存型」対「場独立型」や「熟慮型」対「衝動型」などがある。いずれの類型に関しても，各組織メンバーはいずれの型に近い認知を行うかを把握し，そして，各スタイルに適した業務（情報処理）を任せることが重要となる。

(i)「場依存型」対「場独立型」

場依存型のタイプは，知覚対象の周囲の情報に目を向けてしまい，対象そのものを正確に把握する能力が低い。故に，理解困難で深い解釈を必要とする情報を好まず，むしろ既に加工された情報や視覚的で単純化された情報を処理する方が適している。また，意思決定においても結果を導くまでに時間がかかり，複雑で新奇な問題には不向きである。むしろ，これまで取り組んだことのある問題や，定められた手順に従って処理する構造的問題，業務的意思決定に携わる方が望ましい。場独立型のタイプは，知覚対象の周辺情報に流されることなく，対象を短時間で正確かつより深く理解し，決断する能力を備えている。他者によって加工されたデータではなく，自分の解釈を加えて新たな意味を作り出すことができ，意思決定においても複雑で新規な問題を解決することができる。故に，非構造的問題，戦略的意思決定に従事する方が適していると言える。概して，場独立型は場依存型よりも優れた知覚を行うことができる。

(ii)「熟慮型」対「衝動型」

熟慮型のタイプは知覚に時間を要するものの，知覚に対する反応がより正確なタイプであり，衝動型は素早く知覚できるものの，反応や解釈に誤りが多いタイプである。緻密な分析や考察が不可欠な意思決定や，責任を要する業務の遂行においては，熟慮型の方が望ましい。他方，衝動型のタイプは意思決定時に数多くの代替案を思いつくことができ，また瞬時に素晴らしいアイデアを提案する能力がある。2つのタイプには優劣があるわけではなく，意思決定状況に応じて各人の能力を発揮することができる。そこで，業務上の意思決定にお

いては，異なるタイプの者でペアを組ませてそれぞれの得意分野を織り交ぜると，優れた成果を収めるだろう。衝動型の者に突発的に数多くのアイデアを提案させ，熟慮型の者にはアイデアの実行可能性やシミュレーションを検討させる，といった具合である。

(iii) 知覚・帰属の誤り

　知覚の誤り，そして帰属の誤りを回避する，あるいは，是正するためには，まず前提として，その存在，つまり人々の知覚においては誤りが頻繁に見られるという事実を知っていることが重要である。誰しも，人間は完璧ではなく，時にミスを犯すことを知っている。にもかかわらず，"自分に限って"誤るはずがないと思ってしまう。普段から知覚において誤りが生じることを意識していることで，ある程度，誤りを避けることができよう。

　本書で紹介した5つの知覚の典型的な誤り（ステレオタイピング，光背効果（ハロー効果），プライミング効果，投影，選択的知覚）と，3つの帰属の誤り（根本的帰属の誤り，自己奉仕バイアス，行為者＝観察者効果）の共通点は，自分の欲求や先入観が知覚および帰属を歪める点である。

　人は，一度，知覚対象に対して知識や感情を抱くと，それを忘却しない限り，これら知識が無い状態に戻ることは不可能に近い。つまり，多くの状況では，ある意思決定のために集めた情報は，その後に追加情報を得たとしても，消え去ることはない。さらに，人は自分が抱いている考えを否定されるよりも肯定されたいと思うものであり，この気持ちは，無意識のうちに自分の考えを肯定する情報ばかりを集める行動につながる。正確な知覚を行う方法の1つは，知覚した情報をどのように解釈したかを他者等に説明することである。ある実験では，根本的帰属の誤りが生じる可能性のある状況で，被験者に収集した情報を基に，この問題をどのように帰属するかを他者に説明させる，すなわち「説明責任（accountability）」を課したところ，知覚対象の外部要因に関する情報にも目を向け，内外要因に偏ることなく原因帰属を行う傾向が確認された（Tetlock, 1985）。知覚および帰属の誤りを回避する別の方法としては，知覚時点で自分が持っている知識や情報を否定する，あるいは，覆す情報を意図的に探索，収集することである。

（3）態度・感情と意思決定

　態度の影響を踏まえて意思決定を向上させるためには，人々の態度が形成されるプロセスやその背景にある要素（認知的要素，感情的要素，行動的要素）を知ることである。同時に，態度は不変ではなく，状況や周囲の環境によって比較的容易に変化する[30]。そのため，集団意思決定において態度を硬化させているメンバーに対しては，簡単に諦めずに話合いや説得などの手段をもって意思決定を進めることが望ましい。業務に対する態度は，メンバーの「職務満足（job satisfaction）」を決定づける要素の1つとなるため（Maier, 1973），管理者としては，部下の態度の変化に気を配り，時には働きかけて，意図的に変化を促すことも望ましいだろう。

　感情の影響を踏まえた意思決定の向上方法としては，自らの感情をコントロールできる能力である「EQ（emotional quotient）」を高めることが1つのポイントとなる。EQ自己チェックテスト（第2章第4節）により自分のEQレベルを確認することから始めたい。最近ではEQを高めるためにコーチングや語彙力増強訓練などの方法が注目されている（高山, 2007）。

　組織として，個々のメンバーの意思決定成果を高めるためには，感情が表に出てくる職業を知ることも重要である。人は感情なしでは的確な判断ができないため，どのような仕事であれ少なからず感情が顔を出すものである。近年では，その中でも特に自分の感情を出す機会が多かったり，相手の感情を理解する必要性の高い職業に着目して，感情の影響やコントロール方法の研究が進んでいる（金井, 2000）。前者には，医療従事者（医師，看護士等）や客室乗務員，後者には心理療法士，牧師，医師，看護士，弁護士，人事担当者，セールスマン，教師，俳優などが挙げられる。このような職業は「感情労働（emotional labor）」と呼ばれ，感情をコントロール，管理する訓練である「感情管理（emotional management: EM）」が重視される（【ケース56：**感情労働が求められる現場**】）。

---

[30]「態度変容（attitude change）」と呼ばれる。

第5章 的確な意思決定を目指して

【ケース56：感情労働が求められる現場】
第3部 仕事の値段（3）——スマイルは0円？（働くニホン 現場発）
　感情労働　対価どうはじく

　埼玉県南部のコンビニエンスストア。きょうも「モンスター・カスタマー（顧客）」がやって来た。オーナーの佐藤充（仮名，44）は胃が痛い。

　売り物の地図を勝手にコピーする人。持ってきたカップめんにお湯だけ入れて帰る人——。深夜に立ち寄った中年男性に「タクシーを呼んでくれ」といわれ，「申し訳ありませんが，できないんですよ」と笑顔で応対したら，「コンビニなのになぜできないんだ」とキレられたこともある。目立つ消費者のモラル崩壊。「笑顔を心がけているんだけど」。佐藤は悩む。

　感情労働——。自分の気持ちを押し殺し，相手に合わせた言葉や態度で対応する仕事のことだ。米国の社会学者アーリー・ホックシールドが肉体労働，頭脳労働と並ぶ第3の労働形態として提唱した。

——中略——

　その現場は小売りや外食ばかりではない。

　「恐れ入りますが，切符を買っていただけませんか」。日本の大動脈の東海道新幹線。運賃を払わず改札を通り抜ける客が1日に200－300人にのぼる。不正行為だが，駅員への暴力行為が日常化しているため「見つけた場合も，気持ちを抑えて丁寧に応対するよう指導している」と東海旅客鉄道運輸営業部長の勝治秀行（52）は語る。

——中略——

　医療の世界では患者の高い要求に直面し，外部に対応を任せる動きも出てきた。受け皿になるのは，熊本市にある日本初の歯科医専用コールセンター「日本歯科医療相談センター」だ。約20医院と契約しており，患者からの苦情やクレームを一手に引き受ける。

　東京都町田市の歯科医，沢崎和久（47）も契約者の1人。患者の声に謙虚に耳を傾けているつもりだが，中には予約なしで来て「いつまで待たせるつもりだ」と怒鳴るような人もいる。「クレーム対応で診療時間が失われてしまう」と契約を決めた。

　職種を超えて広がる感情労働。働き手がストレスをため込んで燃え尽きるのをどう防ぐか。感情労働の価値を認め，職場を活性化する試みが広がる。

（出所：2008/02/23，日本経済新聞　一部抜粋）

第3節　集団・組織特性を踏まえた意思決定の向上

集団および組織が主体となって行う意思決定の質を高め，より有効的なものにするためには，自分たち集団ないし組織の意思決定に影響を及ぼす要因を理解することが大事になる（Mohrman, et al., 1995）。本節では，「集団・チーム」，「組織」，そして「産業（業界）」に分類して，カテゴリーごとに意思決定の向上を図るポイントを整理していく。

（1）集団・チームと意思決定

集団・チームの意思決定の成果を高める1つの方法は，集団意思決定の欠点を把握し，克服することである。集団意思決定の主要な欠点は，単独で行う時よりも多くの時間がかかる点である。実際，複数の人々の都合を調整し，相互理解をし，議論を行うためには時間を要することは否めない。しかし一方で，意思決定を要する全ての事案について複数の人々で議論を重ねる必要もあるまい。緊急，あるいは，迅速な対応を要したり，一部の人だけが従事しても支障のない問題に関しては，単独，あるいは，限定された人で意思決定を行った方が望ましいこともあろう。つまり，問題の特性や本質を見極めて，意思決定を集団と単独のいずれで行うかを見極めることが重要である。また，近年ではテレビやパソコン，電話等の機器を活用した電子会議システム（electronic conference system）などが開発，運用されつつある。これら即時性の高いシステムにより，複数のメンバーが同じ場所にいなくても会議を通じた意思決定を行うことも物理的に可能になった。

集団意思決定の別の欠点である「社会的手抜き（ただ乗り）」に対しては，集団内のメンバー数をできる限り少数に抑え，個々の貢献度を明示できるようにすること（Harkins & Jackson, 1985），集団に対する個々のメンバーのコミットメントや帰属意識を高めること（Dawes, et al., 1986），あるいは，参加者に集団への貢献の価値を感じさせること（Brickner, et al., 1986）などの効果が確認されている。多くの場合，メンバーのコミットメントをそれぞれ分類し，

組織業績に対する貢献度を個別に測定することは困難である。そのため，特に後者2つの方法に力を注ぐことが有益だろう。例えば，合唱団を見ると，メンバー1人ひとりの声を識別することは難しいが，どのメンバーもしっかりと声を出して歌っていることが多い。これは，メンバーが合唱団に所属して歌うことに意義を感じ，積極的に取り組んでいるからであり，また自分のパートの音量が減ることで合唱の完成度が低くなることを知っているからだろう。同じように，マネジメントは自分の部下の社会的手抜きをなくすために，部下が従事している業務の組織の中での位置づけや重要性，あるいは，部下の能力が組織にとって不可欠であることを，部下自身に伝える必要がある。同時に，チームを構成する際には，職務経験や職歴などの異なるメンバーを集め，技能などの重複を避けることに気を配ることもポイントだろう。

集団意思決定の質をおとしめる恐ろしい現象である「集団思考」の排除に努めることは，組織にとって極めて重要であり不可欠でもある。集団思考を排除するためには，下記の9つの対処法が指摘されている（Janis & Mann, 1977）。

① 批判的評価を奨励する。
② 方針姿勢に対してしっかりした管理を行う。
③ 第三者集団やアドバイザーと頻繁に接触する。
④ 外部関係者からのフィードバックを受ける。
⑤ 外部専門家から批判を受けることを奨励する。
⑥ 「悪魔の代弁人（あまのじゃく）」役を設ける。
⑦ 外部集団からの警告に耳を傾ける。
⑧ 定期的にチーム，集団の再編を行う。
⑨ 会議を頻繁に行う。

集団思考を回避するためには，第3章第3節で紹介したブレインストーミングなどのさまざまな集団意思決定技法を積極的に取り入れ，議論の活性化を図ることが極めて重要である。

（2）組織と意思決定

　組織特性の影響を考慮して意思決定の成果を高めるためには，「組織階層」と「組織部門化」を理解することが重要である。なぜならば，階層の数に応じて決まるコミュニケーションの量，範囲や頻度が，メンバーの意思決定に影響するからである。同時に，部門化のタイプ（職能別組織・事業部制組織）が，各部門で行われる意思決定を特徴づけるからである。

　組織がどのような階層および部門化を行うかは，各組織の目的や状況によって異なる（第3章第4節参照）。そこで，本節ではむしろ，各組織に適合した階層と部門化を構築し，的確な意思決定を促すために，情報技術（information technology：IT）を活用する重要性を指摘したい。新たな情報技術は組織構造を飛躍的に変化させる効果を持っており（Dewett & Jones, 2001），情報技術により組織内の意思決定や組織間関係が大きく変化した事例も挙げられている（Child & McGrath, 2001）。

　ここ数年で情報技術は劇的な進歩を遂げ，人々の日常生活に留まらず組織の活動にも多大な影響を及ぼしている。コンピュータが企業に導入された当初は，手作業で行われていたルーチンで煩雑な業務的意思決定をコンピュータに代替させて，作業の能率（efficiency）の向上を図ることに焦点が当てられた。さらに，組織目的の達成を主眼に置き，組織階層や部門化といった組織再編を通じて意思決定の有効性（効果）（effectiviness）の向上に注力する必要性が叫ばれている。情報技術によって組織再編を促すための4つのポイントを紹介する。

　第1に，情報技術の導入により組織やチーム内のコミュニケーションを活性化させ，職能別部門および事業部間や，階層間の相互調整を促していくことである。これまでは，コミュニケーションを取りたい相手と顔を突き合わせたり，相手を電話口まで呼ばなければならなかったが，電子メールの普及によって非同期的なコミュニケーションを短時間で容易にとることが可能となった（Constant, et al., 1996）。情報技術により組織内の階層をまたいだ垂直的，あるいは，部門間の水平的コミュニケーションにおいて，意思疎通を迅速かつ円滑に行うことで，従来の縦割り的な構造を変革させていくことが可能となる。

　第2に，情報技術により分権化を促進させることである。例えば，チームで

第5章　的確な意思決定を目指して

　新製品の企画を提案するに際しても，従来では利用できる情報源が数少なかったために，チームのメンバーが一堂に会してブレインストーミングなどで案を出し合う必要があった。しかし，多種多様なデータ，情報を貯蔵して意思決定時にデータベースとして利用するデータウェアハウス（date warehouse）や，データ間の関連性や新しい動向を見つけ出し，予測を行うデータマイニング（date mining）などの情報技術が普及したことで，個々のメンバーが単独でも，ユニークなアイデアや次世代のニーズを提案しやすい環境が整いつつある。実際，多くの情報を自分自身で入手し，単独で迅速に意思決定を行うことが容易になったために，組織やチームの分権化が進んでいることが報告されている（Dess & Rasheed, 1995）。また将来的には，組織内に数多くの仮想チーム（第3章第2節）を結成させることで，状況に応じたより有機的な意思決定が行われる可能性も指摘されている（Fulk & Desanctis, 1995）（【ケース57：アクセンチュアの仮想チーム】）。

【ケース57：アクセンチュアの仮想チーム】
　国際的な経営コンサルティング企業である米アクセンチュア社（Accenture）は，情報技術を活用して組織構造を激変させた先駆的企業である。
　コンサルタントはクライアントを診断して迅速に解決策を提案したり，新たなビジネスの可能性を開拓していく必要がある。アクセンチュア社のようなコンサルタントを抱える企業としては，彼らの創造性を育成し，個々人の優れた意思決定を促す組織構造を構築する必要がある。そのため，同社は従来の高階層，集権的組織から，情報技術を活用した洗練された仮想組織を構築することにした。
　まず，現行の数多くの管理階層を排除し，組織階層をフラット化した。そして，全てのコンサルタントが情報や知識を集約した「データベース」を構築し，各人の意思決定に役立てるよう自由にアクセスできる環境を整えた。クライアントのさまざまな問題を解決するにあたり，コンサルティング時に不足する経験や知識を検索できるこのシステムは，全世界にあるアクセンチュア社のコンサルタントを支援する優れた武器となった。そして，全てのコンサルタントがこのシステムをいつでも活用できるように，彼らにはワイヤレスラップトップコンピュータを携帯させた。例えば，消費財製造業を担当するコンサルタントは，同製品を扱う卸売業を担当するコンサルタントと"仮想チーム"として連携し，有益な情報収

集を行ったり，電子メールによる意見交換をいつでも行うことができる。当然のことながら，これら情報技術は，コンサルタントが社外の人とのコミュニケーションを促すものともなった。

さらに，情報を自分だけで隠し持つ風習をなくし，仮想チームのメンバーに限らず，企業内の他のコンサルタントとも自由にコミュニケーションを図ることのできる雰囲気を作った。自分の担当するクライアントが新たなアプリケーション・ソフトウェアを導入した時などは，同類の前例を検索して革新的な活用方法をアドバイスしたり，仲間のコンサルタントに連絡して異なる視点からアドバイスをもらう慣習も生まれつつある。

仮想チームの構築により分権化や組織構造のフラット化が進んだだけでなく，コンサルタントがより多くの情報を活用できるようになった。また，クライアントのもとへ出向く時間が増えても，本社とのコミュニケーションが不足することなく業務を遂行できるようになった。仮想チームは，コンサルタントの独立心を向上させ，さらに業務に対するコミットメントや意思決定に対する責任感を強める効果ももたらした。

（出所：Williams, 2000; Davenport & Prusak, 1997
http://www.accenture.com（2006））

第3に，情報共有（information sharing）を通じてメンバー個人，チーム，さらには組織自体の創造力（creativity）や革新（innovation）を促すことである。従来，組織内の業務関連データや情報の形式は，部門独自の形式で作成および保存されていたために，同じ組織内にもかかわらずバラバラだった。しかし，各部門の情報を相互に活用できる形式にして全社的に利用していくことで，同一の情報システムの利用による管理コストの軽減のみならず，さまざまな情報を組み合わせて，新規かつ画期的なアイデアを備えた高付加価値製品・サービスを創り出していくことができる。そこで，組織内の複数の部門に係る情報（資源）を横断的に統合し管理するERP（enterprise resource planning）という概念が提案された。一般的にはパッケージソフトウェアを示しており，世界各国で導入効果が確認されている（e.g., Al-Mudimigh, et al., 2001）（【ケース58：ERPの効果】）。

第5章　的確な意思決定を目指して

【ケース58：ERPの効果】
日本航空の整備システム——50万種の部品一元管理
　ERP導入，作業スムーズに
　　日本航空では国内・国際線合わせて約5,000人の整備士が勤務している。彼らが日常業務に使うシステムは約40種類で，個別に構築されたものだった。効率化と作業の標準化を狙い，同社は2005年4月から新システムの開発に着手，昨年11月に一部を稼働させた。国内でも例が少ない大規模プロジェクトの成功要因は，業務をソフトに合わせることだった。
　——中略——
　　新システムで旧システムを統合した結果，データが連携されるようになり，1つの変更がすべての関係する項目に反映されるようになった。またデータの共有化が統合で進んだ結果「数日かかっていた作業が10分で終わったという例もある」（鈴鹿部長）という。
　　今後の狙いは「他社のシステムとの連携」（鈴鹿部長）。ブリティッシュ・エアウェイズ（BA）やシンガポール航空，イベリア航空などSAP製のERPを整備システムに採用している航空会社は少なくない。他社の整備システムと連携することで，備品の貸し借りを容易にするとともに管理を厳密にし，より低コストで整備ができるようにするという。

（出所：2009/02/25, 日経産業新聞）

　第4に，業務プロセスの見直しを通じて組織構造の再設計を図ることである。これまでは受発注や依頼などのやり取りには時間がかかったが，情報技術によりリアルタイムのコミュニケーションが容易になったため，自社の一部の機能（情報管理や顧客管理など）を他社に委ねるアウトソーシング（outsourcing）が普及しつつある。これによりコスト削減が図れるだけでなく，自社でなければできない独自の重要な業務に専念することが可能となる。たとえば，米スポーツメーカーのナイキ社（NIKE, Inc.）は，アウトソーシングを拡張してネットワーク構造（network structure）（Grandori, 1997）と呼ばれる新たな組織構造に再編した。本社では靴の設計や研究開発活動のみが行われ，製造，物流，そして販売業務は，世界各国の関連会社にアウトソーシングされる。これにより，洗練されたデザインの製品を絶え間なく開発できると同時に，本社のデザイナーのアイデアを瞬時に製造現地に伝えたり，全世界にある店舗の必要在庫

数を工場で素早く把握することが実現された[31]。

(3) 産業と意思決定

　優れた意思決定を通じて組織の成果を高めるためには，自社が属する産業（業界）の特性を把握することも重要である（Cohen, 1994）。例えば，サービス産業は，他の産業よりも自分たち独自の戦略やビジネスをゼロから編み出して展開していきやすいため，「自律チーム」（第3章第2節参照）のように，チームの多くのメンバーが自分の独自性を発揮して目標を達成したいと強く思い積極的かつ攻撃的な意思決定を行い，より高い成果をあげる傾向がある。この産業の主要な業務はルーチンでなく，より多くの情報を収集し，数多くの意思決定を重ね，その成果を次の意思決定にフィードバックしていく特徴がある。そのため，比較的ルーチン作業が多い製造業などと比較すると，サービス業はメンバーの関与を高め，より多くの貢献を引き出しやすい特徴がある（Smith & Comer, 1994）。

　このような産業特有の特徴に加えて，産業を取り巻く市場の「変動性（volatility）」も意思決定に影響を及ぼす。たとえチームメンバーの高いコミットメントをもって優れた製品を製造できているとしても，その製品自体がすぐに消費者に受け入れられなくなるような市場変動性の高い産業の場合，自社製品の製造工程や現場の効率性などの組織内部だけでなく，むしろ消費者ニーズや市場動向などの外部環境に目を向けて環境との繋がりや適合性を維持するための意思決定を行う必要がある（Aldrich, 1979）。あるいは，参入障壁が低く，絶間なく新製品を投入してくる競合他社が数多く存在するといった特徴を持つ産業では，他者との競争戦略や市場でのポジショニングなどを，頻繁かつ迅速に検討するような戦略的意思決定が極めて重要となる。反対に，環境変化に乏しい安定した産業は将来の変化の予測が比較的容易であるため，ある程度時間をかけて慎重に意思決定を進める傾向がある。戦略的意思決定と組織業績の関係について，変化の激しいコンピュータ製造業と安定した天然ガス供給産業を

---

31) ナイキ社Webサイト（http://www.nike.com, 2006）より。

比較した実証分析では，前者の産業の方が，組織業績と戦略的意思決定を行うトップマネジメントの影響力の間に，より強い正の相関関係が確認された（Halebilian & Finikelstein, 1993）。環境変化の激しい産業では，組織のトップマネジメントによる意思決定が業績を左右する重要な要素の1つとなる。

第4節　情報・判断特性を踏まえた意思決定の向上

（1）脱バイアス（debiasing）とは

　第4章において取り上げたプロスペクト理論およびヒューリスティックスに見るように，意思決定者は常に客観的合理的に情報を取得，解釈することができない故に，偏った，あるいは，誤った意思決定を行ってしまう。これら誤りは，無意識のうちに生じてしまうために，完全に排除することは極めて難しい。しかし，難しいながらも何とか誤りを少なくして，的確な意思決定を行おうとする努力が大切である。

　意思決定時に生じる誤りや歪みであるバイアスを排除もしくは軽減する手法，対処法を「脱バイアス（debiasing）」と言い（Fischhoff, 1982；Larrick, 2004），主に**図表5-2**のステップで進めていく（e.g. Bazerman, 2008）。

　人は多くの場合，その人特有の判断の癖，慣習や特徴を持っており，それを自覚しにくく，また長年利用して意思決定を行う傾向がある。そこで，①警告の段階で，各人の判断の癖が故に意思決定が誤る可能性を警告し，これまで行ってきた意思決定で生じた誤りや欠点を再認識させるように促す。次に，②特定化の段階で，第4章で紹介したようなさまざまな意思決定傾向を理解し，判断時に具体的にどのようなバイアスが生じ，それに陥りやすいか，その原因は

図表5-2　脱バイアスのステップ

| ①警告 | ②バイアスの種類，原因の特定化 | ③バイアスに適した手法の選定 | ④脱バイアス手法の実行 | ⑤効果の評価 |

第4節 情報・判断特性を踏まえた意思決定の向上

どこにあるかを明確にする。③選定の段階で、以下で紹介する脱バイアス手法の中から適したものを選び、④実行の段階で、実際に脱バイアスを施す。最後の⑤評価の段階では、実際に採用した脱バイアス手法の効果や是非を評価する。

（2）脱バイアスの主な手法の概要と効果

　脱バイアスステップの③の選定段階で選ぶ脱バイアス手法のうち、その効果が確認されているものは、主に図表5-3の諸手法である。残念ながら、脱バイアス手法は本書で紹介した全ての意思決定傾向に対して既に提案されているわけではなく、また、効果が認められない手法や、かえって逆効果な手法もある。如何に意思決定におけるバイアスを排除することが難しいかがうかがえる。

　図表5-3に沿って、各脱バイアスの手法について紹介していく。プロスペクト理論に従った意思決定で見られる誤りに対しては、フレーミング効果および反射効果への対策が講じられている。具体的には、意思決定を行う事前に、フレーミング効果に陥る可能性があることを強く警告することにより、バイアスを排除することができる（Cheng & Wu, 2009）。また、意思決定者の代替案に対する関与を強め、情報をより深く慎重に検討、理解するようにあらかじめ示唆すること（Cheng & Wu, 2009）、情報自体の有益性や長短を評価すること（Emby & Finley, 1997）、複数の代替案の関係性を検討すること（Almashat, et al., 2008；Hodgkinson, et al., 1999）、代替案の選択理由を説明すること（Miller & Fagley, 1991；Siek & Yates, 1997）、そして、複数の代替案を比較できたり、フィードバック情報が受け取れるような情報システムにより支援すること（Bhandari, et al., 2008）などの手法で、バイアスを軽減できることが確認されている。

　代表性ヒューリスティックの影響により頻繁に生じるバイアスに関しては、連言錯誤、基準率の無視、サンプルサイズの無視、平均回帰の無視、および錯誤相関により生じるバイアスに対して検証が行われている。意思決定後に自らが導いた結果を説明するよう指示した（説明責任）ところ、基準率の無視によるバイアスは軽減されたが、連言錯誤とサンプルサイズの無視には効果が認められなかった（Simonson & Nye, 1992；Kruglanski & Freund, 1983）。基準率

図表5-3　意思決定傾向に対する脱バイアス手法の一例

意思決定傾向	バイアスが生じやすい意思決定の特徴	脱バイアス手法
プロスペクト理論	フレーミング効果 反射効果	事前警告
		代替案への関与強化を促す
		情報自体の有益性や長短を評価する
		複数の代替案の関係を検討する
		代替案の選択理由を説明する
		電子情報提示支援システムを活用する
代表性 ヒューリスティック	連言錯誤 基準率の無視 サンプルサイズの無視 平均回帰の無視	説明責任を課す
		事前警告
		類似問題を解く教育・訓練を促す
		質問・情報提示方法の変更
		電子情報支援システムの活用
		フィードバックを提供する
利用可能性 ヒューリスティック	想起容易性	電子情報支援システムの活用
アンカリング・アンド・アジャストメントヒューリスティック	不十分な調整（アンカリング効果）	アンカーを自分で設定させ，誘因を与える
		アンカーを自分で設定させ，事前警告する
	新近効果	説明責任を課す
		セルフレビュー（見直し）を促す
		（単独ではなく）集団で意思決定を行う
		全情報を入手後に判断を下すよう促す
		反対事象の検討を促す
		経験を積む（※悪化の可能性あり）
	初頭効果	説明責任を課す
		反証情報の収集を促す
		教育・訓練を施す
	コンファメーション・バイアス	代替案の選択理由の検討を促す
		反対事象の検討を促す
		反証情報の収集を指示する
複合的影響による意思決定傾向	自信過剰	説明責任を課す
		事前警告を行う
		判断理由の検討を促す
		反対事象の検討を促す
		判断の自信度の回答を遅くする
		（単独ではなく）集団で意思決定を行う
		フィードバックを提供する
	ハインドサイト・バイアス（知識の呪い）	予見の想起，記録を促す
		判断理由の検討を促す
		反対事象の検討を促す
		類似問題等による訓練を施す
		意思決定プロセスの手順を教示する

の無視に対しては，質問・情報提示方法の変更（Gigerenzer & Hoggage, 1995; Roy & Lerch, 1996），およびフィードバックの提供（Cole, 1989）による脱バイアス効果も確認されている。また，同タイプの問題を解いたり，解法を学習する教育・訓練は連言錯誤と基準率の無視に効果があり（Lopes, 1987; Moutier & Houdé, 2003; Sedlmeier & Gigerenzer, 2001），コンピュータを用いた情報提示は基準率の無視と平均回帰の無視に効果が見られた（Bhandari, et al., 2008; Lim & Benbasat, 1997）。さらに，事前警告はサンプルサイズの無視に効果的であった（Remus & Kottemann, 1986）。

利用可能性ヒューリスティックに関しては，想起容易性に対して，集団意思決定技法としてコンピュータを活用した電子ブレインストーミングや電子メールを利用したコミュニケーション（Benbasat & Lim, 2000），コンピュータによるグラフィック情報やフィードバック情報を提示できるシステムを利用すること（Bhandari, et al., 2008）により，バイアスが軽減された。

アンカリング・アンド・アジャストメントヒューリスティック（アンカリング効果）として見受けられる不十分な調整に対しては，正しい判断を導くことができた際に報酬を得るなどの誘因（incentive）を設けることや，事前警告を与えることの効果が検証されたが，その前提として判断基準となるアンカーを意思決定者本人が設定ないし導き出さなければ，効果がない（Epley & Gilovich, 2005）。

情報提示の順序効果の影響として見られる新近効果に対しては，主に会計監査人を対象とした実験が行われている。監査人がクライアント企業のゴーイングコンサーン判断を行う前に，判断についての説明責任を課したところ，直近に得た情報に偏ることなく的確な判断を下す傾向が確認された（Kennedy, 1993）。また，同様の判断において「セルフレビュー（self-review）」，すなわち最終判断を下す前に再確認や見直しを課したところ，新近効果を軽減できることが確認された（Rutledge, 1995）。単独ではなく集団で意思決定を行わせること（集団化）（Ahlawat, 1999）や，情報を入手する度にその都度仮説を修正せず，全ての情報を入手してから最後に1度だけ仮説修正をして意思決定を行うように促すこと[32]（Ashton & Kennedy, 2002; Kennedy, 1993; Rutledge, 1995），反対事象の検討を促すこと（Ashton & Kennedy, 2002）も効果的であることが検証

されている。一方,意思決定者の経験の影響については相反する効果が見られている。より経験を積むことで新近効果が軽減される場合（Messier & Tubbs, 1994；Trotman & Wright, 1996）と,経験を積んだ意思決定者の方が新近効果の影響を受けやすい場合（Krull, et al., 1993；Pei, et al., 1992）がある。初頭効果については,説明責任を課すこと（Tetlock, 1983）,反証情報の収集を促すこと,ならびに教育・訓練を施すこと（Mumma & Wilson, 1995）でバイアス軽減が見られた。

さらに,コンファメーション・バイアスに対して,事前警告を行ったところ,バイアス軽減効果は確認されなかった（Kydd, 1989）。一方,判断結果や代替案選択の理由を改めて検討させること（Lord, et al., 1984）,意図的に否定情報や反対事例を検討させること（Lord, et al., 1984；Kray & Galinsky, 2003）により,バイアスの軽減が見られた。

複合的影響による意思決定傾向として紹介した自信過剰により生じるバイアスを軽減させるために効果的な手法としては,説明責任を課すこと（Tetlock & Kim, 1987）,事前警告を行うこと（Alpert & Raiffa, 1969）,判断理由を検討させること（Koriat, et al., 1980）,反対事象の検討を促すこと（Koriat, et al., 1980；Kray & Galinsky, 2003）,判断を行った後に間をおいてから,判断の自信度を尋ねる（冷却時間を設ける）こと（Selvidge, 1980）,集団化とフィードバックを促すこと（Arkes, et al., 1987）,などの効果が認められる。これに対して,自信過剰に対しては,誤った回答を行った場合のペナルティ（Fischhoff, et al., 1977）や,問題の再検討を指示すること（Lichtenstein & Fischhoff, 1977）,あるいは,利用する情報や知識を教示すること（Fischhoff & Slovic, 1980；Phillips & Wright, 1977）などは,効果がないことも確認されている。

ハインドサイト・バイアスを防ぐための対処法については,より多くの研究によって検討が行われているものの,なかなか効果が認められていない。例えば,誘因,説明責任,関与強化,事前警告,問題の再認識,フィードバック,経験・専門性などの方法は効果がないことが確認されている（Camerer, et al., 1989；Kennedy, 1993, 1995；Hawkins & Hastie, 1990；Fishhcoff & Beyth,

---

32)「end of sequence: EoS」と呼ばれる意思決定方法である。

1975)。他方，効果が認められた方法としては，判断を下す前に予見をし記録すること（Davies, 1987）や，判断理由の検討を促すこと（Arkes, et al., 1988；Davies, 1987），反対事象の検討を促すこと（Arkes, et al., 1988；Davies, 1987；Kennedy, 1993, 1995；Kray & Galinsky, 2003；Slovic & Fischhoff, 1977），類似問題等による教育・訓練を施すこと（Larrick, et al., 1990），意思決定プロセスの手順を教示すること（Camerer, et al., 1989；Larrick, et al., 1990）などが挙げられる。

　さまざまな種類の意思決定傾向によって生じるバイアスに対して，さまざまな脱バイアス手法の効果が検証されている。中でも，敢えて反証（否定）情報を探したり，反対する姿勢を持つように促すこと，および情報技術による意思決定支援の2つの手法は，いくつかのバイアスに対して顕著な効果が確認されている。意思決定の際，人間には無意識的にも自分の考えを肯定する情報を過度に重視，信用してしまう傾向がある。しかし，肯定する情報だけだと自分の考えが誤っていることを証明できない（コンファメーション・バイアス）。そこで，自分の考えを否定する情報が無いかどうかを検索したり，無いことを確認することが重要である。このような姿勢は「反事実的思考態度（counterfactual mind-sets）」と呼ばれており（e.g., Kray & Galinsky, 2003），脱バイアス手法の中でも顕著な効果が確認されている。

　また，このようなバイアスは集団意思決定の際にも生じることがある。そこで，会議などで意図的に反対意見を述べる「悪魔の代弁人（あまのじゃく）」役を設けることも有効的である。沈黙が続いたり，多数派の意見に流されて意図せざる同調をするような，集団意思決定が故の弊害を阻止することができる（e.g., Schwenk & Cosier, 1993）。

（3）脱バイアス手法の分類と今後の方向性

　いくつかの脱バイアス手法を紹介したが，これらは大きく3つの対処法に分類することができる（山崎, 2009）（図表5-4）。1つ目は，意思決定者の「動機づけ戦略」であり，意思決定に対して責任感をより強く持たせたり，意思決定に深く関与させることでバイアスを回避する方法である。具体的には，説明

第5章 的確な意思決定を目指して

責任を課すこと，意思決定に対する関与強化を促すこと，さらには金銭面や処遇面などでの誘因を与えることなどがある。2つ目は，意思決定者の認知能力を高める「認知的戦略」であり，意思決定時にバイアスが生じることを意識させたり，収集および利用する情報を入念に検討させる，あるいは，教育・訓練を施すことでバイアスを回避する方法である。具体的には，事前警告を行うこと，セルフレビュー（問題の再認識や判断の見直し）を促すこと，さらには，異議を唱える者を敢えて設定して，反対事象や初期仮説を否定する事柄を考えさせることなどが挙げられる。3つ目は「技術的戦略」であり，意思決定自体の手法を変え，例えば単独ではなく集団により意思決定を行ったり，専門家に意思決定やアドバイスを依頼することなどがある。あるいは，多種多様な情報技術を意思決定時に活用することである。近年では，技術的な支援による脱バ

図表5-4 脱バイアス手法の分類と手法の一例

分類	手法の例
動機づけ戦略	誘因
	説明責任
	関与強化
認知的戦略	警告（事前・事後）
	問題の再認識，判断の見直し（セルフレビュー）
	問題の難易度認識
	利用情報，代替案の評価，検討
	初期仮説（アンカー）の自己設計
	判断理由の検討
	反対事象（反対の結果），反証情報の検討（「悪魔の代弁人（あまのじゃく）」役の設定）
	フィードバック情報の提供
	教育・訓練（知識・専門性，育成，強化）
技術的戦略	意思決定者の集団化
	意思決定者の交代（専門家に依頼）
	意思決定分析モデル活用
	既存のデータベース，決定モデル等のシステム交換
	意思決定支援システムや情報提供システム，
	電子メール等の情報技術の活用

イアスが奏功しており，今後，更なる導入および効果が期待される。

【参考文献】
＜洋文献＞

Ahlawat, S. S. (1999) "Order effects and memory for evidence in individual versus group decision making in auditing," *Journal of Behavioral Decision Making*, 12-1, pp.71-88.

Aldrich, H. E. (1979) *Organizations and environments*. Englewood Cliffs, NJ: Prentice-Hall.

Almashat, S., Ayotte, B., Edelstein, B. & Margrett, J. (2008) "Framing effect debiasing in medical decision making," *Patient Education and Counseling*, 71-1, pp.102-107.

Al-Mudimigh, A., Zairi, M. & Al-Mashari, M. (2001) "ERP software implementation: an integrative framework," *European Journal of Information Systems*, 10, pp.216-226.

Alpert, W. & Raiffa, H. (1969) "A progress report on the training of probability assessors," Unpublished Manuscript.

Arkes, H. R., Christensen, C. Lai, C. & Blumer, C. (1987) "Two methods of reducing overconfidence," *Organizational Behavior and Human Decision Processes*, 39-1, pp.133-144.

Arkes, H. R., Faust, D. Guilmette, T. J. & Hart, K. (1988) "Eliminating the Hindsight Bias," *Journal of Applied Psychology*, 73, pp.305-307.

Ashton, R. H. & Kennedy, J. (2002) "Eliminating recency with self-review: the case of auditors' going concern judgments," *Journal of Behavioral Decision Making*, 15-3, pp.221-231.

Bazerman, M. A. (2008) *Judgment in Managerial Decision Making*, 7th, Wiley.

Bell, D., Raiffa, H. & Tversky, A., (1988) *Decision Making: Descriptive, Normative And Prescriptive Interactions*. Cambridge University Press, New York.

Benbasat, I. & Lim, J. (2000) "Information technology support for debiasing group judgments: An empirical evaluation," *Organizational Behavior and Human Decision Processes*, 83-1, pp.167-183.

Bhandari, G., Hassanein, K. & Deaves, R. (2008) "Debiasing investors with decision support systems: An experimental investigation," *Decision Support Systems*, 46, pp.399-410.

Bordley, R. F. (2001) "Naturalistic decision making and prescriptive decision theory," *Journal of Behavioral Decision Theory*, 14, pp.355-356.

Brickner, M. A., Harkins, S. G. & Ostrom, T. M. (1986) "Effects of personal involvement:

Thought-provoking implications for social loafing," *Journal of Personality and Social Psychology*, 51, pp.763-769.
Camerer, C., Loewenstein, G. & Weber, M. (1989) "The Curse of Knowledge in Economic Settings: An Experimental Analysis," *The Journal of Political Economy*, 97-5, pp.1232-1254.
Child, J. & McGrath, R. G. (2001) "Organizations unfettered: Organizational form in an information intensive economy," *Academy of Management Journal*, 44, pp.1135-1149.
Cohen, S. G. (1994) Designing effective self-management teams. In M. Beyerlein (ed.). *Advances in Interdisciplinary Studies of Work Teams*, Vol. 1, Greenwich, CT: JAI Press.
Cole, W. G. (1989) "Understanding Bayesian reasoning via graphical displays," *Proceedings of the SIGCHI conference on Human factors in computing systems: Wings for the mind*, pp.381-386, March.
Constant, D., Sproul, L. & Kiesler, S. (1996) "The kindness of strangers: The usefulness of electronic ties for technical advice," *Organizational Science*, 7, pp.119-135.
Cosier, R. (1978) "The effects of three potential aids for making strategic decisions on prediction accuracy," *Organizational Behavior and Human Performance*, 22, pp.295-306.
Davenport, T. & Prusak, L. (1997) *Information Ecology*. London: Oxford University Press.
Davies, M. F. (1987) "Reduction of hindsight bias by restoration of foresight perspective: Effectiveness of foresight-encoding and hindsight-retrieval strategies," *Organizational Behavior and Human Decision Processes*, 40-1, pp.50-68.
Dawes, R. M., Orbell, J. M., Simmons, R. T. & Van De Kragt, A. J. C. (1986) "Organizing Groups for Collective Action," *The American Political Science Review*, 80-4, pp.1171-1185.
Dess, G. G. & Rasheed, A. (1995) "The new corporate architecture," *Academy of Management Executive*, 9, pp.7-19.
Dewett, T. & Jones, G. R. (2001) "The role of information technology in the organization: A review, model, and assessment," *Journal of Management*, 27, pp.313-346.
Emby, C. & Finley, D. (1997) "Debiasing Framing Effects in Auditors' Internal Control Judgments and Testing Decisions," *Contemporary Accounting Research*, 14-2, pp.55-77.
Fischhoff, B. (1977) "Perceived informativeness of facts," *Journal of Experimental*

Psychology: Human Perception and Performance（May）, pp.349-358.
Fischhoff, B. (1982) "Debiasing," In D. Kahneman, P. Slovic, & A. Tversky (eds.), *Judgment Under Uncertainty: Heuristics and Biases* New York, NY: Cambridge University Press. (pp.422-443).
Fischhoff, B. and Beyth, R. (1975) "I knew it would happen": Remembered probabilities of once-future things," *Organizational Behavior and Human Performance*, 13, pp.1-16.
Fischhoff, B. & Slovic, P. (1980) "A little learning…: Confidence in multicue judgment," In R. Nickerson (ed.), *Attention and Performance VIII*. Hillsdale, N. J.: Erlbaum.
Fulk, J. & Desanctis, G. (1995) "Electronic communication and changing organizational forms," *Organizational Science*, 6, pp.337-349.
Galinsky, A. D. & Moskowitz, G. B. (2000) "Perspective-Taking: Decreasing Stereotype Expression, Stereotype Accessibility, and In-Group Favoritism," *Journal of Personality and Social Psychology*, 78-4, pp.708-724.
Janis, I. L. & Mann, L. (1977) *Decision making: A psychological analysis of conflict, choice, and commitment*. New York : Free Press.
Halebilian, J. & Finikelstein, S. (1993) "Top management team size, CEO dominance, and firm performance: The moderating roles of environmental turbulence and discretion," *Academy of Management Journal*, 36-4, pp.844-863.
Harkins, S. & Jackson, J. (1985) "The role of evaluation in eliminating social loafing," *Personality and Social Psychology Bulletin*, 11, pp.457-765.
Hawkins, S. A. & Hastie, R. (1990) "Hindsight: Biased judgments of past events after the outcomes are known," *Psychological Bulletin*, 107, pp.311-327.
Hirsh, S. K. & Kummerow, J. M. (1998) *Introduction to type in organizations: individual interpretive guide,* (3rd ed.). Mountain View, Calif: CPP. (園田由紀訳『MBTIタイプ入門　職場編』金子書房, 2008年.)
Hodgkinson, G. P., Bown, N. J., Maule, A. J., Glaister, K. W., & Pearman, A. D. (1999) "Breaking the Frame: An Analysis of Strategic Cognition and Decision Making under Uncertainty," *Strategic Management Journal*, 20-10, pp.977-985.
Kennedy, J. (1993) "Debiasing audit judgment with accountability: a framework and experimental results," *Journal of Accounting Research*, 31, pp.231-245.
Kennedy, J. (1995) "Debiasing the Curse of Knowledge in Audit Judgment," *Accounting Review*, 70-2, pp.249-273.
Koriat, A., Lichtenstein, S. & Fischhoff, B. (1980) "Reasons for Confidence," *Journal of Experimental Psychology: Human Leaning and Memory*, 6-2, pp.107-118.

Kray, L. J. & Galinsky, A. D. (2003) "The debiasing effect of counterfactual mind-sets: Increasing the search for disconfirmatory information in group decisions," *Organizational Behavior and Human Decision Processes*, 91, pp.69-81.

Krull, G., Reckers, P., Wong-on-Wing, M.B. (1993), "The effect of experience, fraudulent signals and the information presentation order on auditor's beliefs," *Auditing: A Journal of Practice & Theory*, 12-2, pp.143-53.

Kydd, C. T. (1989) "Cognitive biases in the use of computer-based decision support systems," *Omega*, 17-4, pp.335-344.

Larrick, R. P. (2004) "Debiasing," In D. J. Koehler & N. Harvey (eds.), *Blackwell handbook of judgment and decision making*. Oxford, England: Blackwell, pp.316-337.

Larrick, R. P., Morgan, J. N. & Nisbett, R. E. (1990) "Teaching the Use of Cost-Benefit Reasoning in Everyday Life," *Psychological Science*, 1-6, pp.362-370.

Lichtenstein, S. & Fischhoff, B. (1977) "Do those who know more also know more about how much they know?" *Organizational Behavior and Human Performance* 20, pp.159-183.

Lim, L. & Benbasat, I. (1997) "The debiasing role of group support systems: an experimental investigation of the representativeness bias," *International Journal of Human-Computer Studies*, 47-3, pp.453-471.

Lopes, L. L. (1987) "Procedural debiasing," *Acta Psychologica*, 64-2, pp.167-185.

Lord, C. G, Lepper, M. R, & Preston, E. (1984) "Considering the opposite: a corrective strategy for social judgment," *Journal of Personality and Social Psychology*, 47-6, pp.1231-1243.

Maier, N. R. (1973) *Psychology in industrial organizations* (4th ed.). Oxford, England: Houghton Mifflin.

Messier, W. F. Jr. & Tubbs, R. (1994) "Recency effects in belief revision: the impact of audit experience and the review process," *Auditing: Journal of Practice & Theory*, 13, pp.57-72.

Miller, P. & Fagley, N. (1991) "The effects of framing, problem variations, and providing rationale on choice," *Personality and Social Psychology Bulletin*, 17, pp.517-522.

Mohrman, S. A., Cohen, S. G. & Mohrman, A. M. (1995) *Designing Team-Based Organizations: New Forms for Knowledge Work*. San Francisco: Jossey-Bass.

Moutier, S. & Houdé, O. (2003) "Judgment under uncertainty and conjunction fallacy inhibition training," *Thinking and Reasoning*, 9-3, pp.185-201.

Mumma, G. H. & Wilson, S. B. (1995) "Procedural debiasing of primacy / anchoring effects in clinical-like judgments," *Journal of Clinical Psychology*, 51-6, pp.841-853.

Pei, B. K. W., Reed, S. A. & Koch, B. S. (1992) "Auditor belief revisions in a performance auditing setting: an application of the belief-adjustment model," *Accounting, Organizations and Society*, pp.169-83.

Phillips, L. D. & Wright, G. N. (1977) "Cultural differences in viewing uncertainty and assessing probabilities," In H. Jungermann & G. DeZeeuw (eds.), *Decision making and change in human affairs. Amsterdam*: D. Reidel.

Raiffa, H. (1994) "The prescriptive orientation of decision making: A synthesis of decision analysis, behavioral decision making, and game theory," In Sixto Rios (ed.), *Decision Theory and Decision Analysis: Trends and Challenges*, Springer.

Remus, W. & Kottemann, J. (1986) "Toward intelligent decision support systems: An Artificially Intelligent Statistician," *MIS Quarterly*, 10-4, pp. 403-418.

Rutledge, R. W. (1995) "The ability to moderate recency effects through framing of management accounting information," *Journal of Managerial Issues*, 7, pp.27-40.

Schwenk, C. R. & Cosier, R. A. (1993) "Effects of Consensus and Devil's Advocacy on Strategic Decision-Making," *Journal of Applied Social Psychology*, 23-2, pp.126-139.

Sedlmeier, P. & Gigerenzer, G. (2001) "Teaching bayesian reasoning in less than tow hours," *Journal of Experimental Psychology: General*, 130-3, pp.380-400.

Selvidge, J. (1980) "Assessing the extremes of probability distributions by the fractile method," *Decision Sciences*, 11, pp.493-502.

Sieck, W. & Yates, J. F. (1997) "Exposition Effects on Decision Making: Choice and Confidence in Choice," *Organizational Behavior and Human Decision Processes*, 70-3, pp.207-219.

Simonson, I. & Nye, P. (1992) "The effect of accountability on susceptibility to decision errors," *Organizational Behavior and Human Decision Processes*, 51-3, pp.416-446.

Slovic, P. & Fischhoff, B. (1977) "On the Psychology of Experimental Surprises," *Journal of Experimental Psychology: Human Perception and Performance*, 3, pp.544-551.

Smith, C. & Comer, D. (1994) "Self—organization in small groups: A study of group effectiveness within non-equilibrium conditions," *Human Relations*, 47, pp.553-573.

Tetlock, P. E. (1983) "Accountability and perseverance of first impressions," *Social Psychology Quarterly*, 46, pp. 285-292.

Tetlock, P. E. (1985) "Accountability: A social check on the fundamental attribution error," *Social Psychology Quarterly,* 48-3, pp.227-236.

Tetlock, P. E. & Kim, J. I. (1987) "Accountability and judgment processes in a personality prediction task," *Journal of Personality and Social Psychology*, 52-4, pp.700-709.

Trotman, K. T. & Wright, A. (1996) "Recency effects: Task complexity, decision-mode, and task-specific experience," *Behavioral Research in Accounting*, 8, pp.175-193.

Williams, A. (2000) "Arthur Andersen-IT initiatives support shifts in business strategy," *Informationweek*, September 11, pp.14-18.

Wright, G. & Goodwin, P. (2002) "Eliminating a framing bias by using simple instructions to 'think harder' and respondents with managerial experience: Comment on 'breaking the frame'," *Strategic Management Journal*, 23-11, pp.1059-1067.

<邦文献>

金井壽宏（2000）「経営組織論における感情の問題―人びとが組織に持ち込む感情をめぐるリサーチ・アジェンダ」『国民経済雑誌』第181巻5号, pp. 43-70.

高山直（2007）『EQ入門　対人能力の磨き方』日経文庫.

山崎由香里（2009）「意思決定に対する「脱バイアス（debiasing）」手法について：先行研究のレビューと脱バイアスのフレームワーク」『成蹊大学経済学部論集』第40巻第1号, pp.187-212.

事項索引

数字・欧文

5要因(ビッグ・ファイブ)モデル
　‥‥‥‥‥‥‥‥‥49, 50, 61, 260

ASA フレームワーク ‥‥‥47, 48, 164

EQ ‥‥‥‥‥‥‥‥‥‥96-98, 265
ERP (enterprise resource planning)
　‥‥‥‥‥‥‥‥‥‥‥‥271, 272

IDC モデル ‥‥‥‥‥‥‥‥‥8, 9

OR (オペレーションズ・リサーチ)
　‥‥‥‥‥‥‥‥‥18, 19, 22, 35

あ

曖昧性効果 ‥‥‥‥‥‥‥‥‥179
アウトソーシング ‥‥‥‥‥‥272
悪魔の代弁人(あまのじゃく)‥‥52, 61, 146,
　　　　　　　　260, 268, 279, 280
アレのパラドックス ‥‥‥‥‥178
アンカー ‥‥‥229, 232, 233, 236, 239, 277
アンカリング・アンド・アジャストメント
　ヒューリスティック ‥‥80, 229-231, 240,
　　　　　　　245, 248, 251, 276, 277
アンカリング効果 ‥‥‥‥231, 232, 251,
　　　　　　　　　　　276, 277

意思決定(定義) ‥‥‥‥‥‥2-5
意思決定支援 ‥‥‥‥‥259, 279, 280
意思決定の一般的モデル ‥‥‥‥10
意思決定プロセス ‥‥‥8, 9, 11, 12, 23,
　　　　　　　34-36, 233, 258, 276, 279
意思決定モデル ‥‥‥7, 8, 11, 31, 259
異質性 ‥‥‥‥‥‥‥‥‥‥‥120
一部の者による支配 ‥‥‥‥137, 139

エスカレーションオブコミットメント
　‥‥‥‥‥‥‥‥‥‥245, 247, 252

エルスバーグの壺 ‥‥‥‥‥‥179
エンパワーメント ‥‥‥‥‥‥132

か

回帰 ‥‥‥‥‥‥‥‥‥‥‥‥215
会計監査専門家の保守主義 ‥‥248, 252
階層 ‥‥‥‥‥‥‥‥‥‥146, 154
確実性 ‥‥‥‥‥‥‥‥‥‥18, 29
確実性効果 ‥‥‥‥‥‥‥‥‥179
確率に対する選好の非線形性‥‥183, 196, 251
仮想チーム ‥‥‥‥‥131, 132, 270, 271
価値 ‥‥‥‥‥‥‥‥‥‥182, 187, 258
価値観 ‥‥‥‥‥67, 92, 93, 96, 111, 113, 119,
　　　　　121, 128, 139, 159-164, 166
価値関数 ‥‥‥‥‥‥‥‥182, 186
価値関数グラフ ‥‥‥‥‥182, 187, 189
感応度逓減 ‥‥‥‥‥‥‥‥‥197
感情 ‥‥‥‥‥‥43, 45, 65, 66, 68, 80, 92,
　　　　　93, 95-99, 259, 265
感情ヒューリスティック ‥‥249, 250, 252
感情労働 ‥‥‥‥‥‥‥‥265, 266
カンパニー制 ‥‥‥‥‥‥152, 153
完備性 ‥‥‥‥‥‥‥‥‥‥‥177
関与 ‥‥‥12, 15, 135, 273, 275, 276, 278, 280
管理人 ‥‥‥‥‥‥‥‥‥‥‥33
管理的意思決定 ‥‥‥‥‥‥27, 28

企業会計原則 ‥‥‥‥‥‥‥‥249
記述的アプローチ ‥‥‥‥35-37, 175, 181,
　　　　　　　　　　205, 251, 258
技術的戦略 ‥‥‥‥‥‥‥‥‥280
基準率 ‥‥‥‥‥‥‥‥‥‥‥211
基準率の無視 ‥‥‥‥207, 211, 251, 275-277
規則 ‥‥‥‥‥‥‥‥‥‥‥‥111
帰属 ‥‥‥‥‥‥83-88, 206, 239, 259, 262, 264
帰属の誤り ‥‥‥‥‥86, 88, 89, 240, 263, 264
帰属理論 ‥‥‥‥‥‥‥‥‥‥83
期待効用 ‥‥‥‥‥‥‥177, 182, 196
期待効用理論 ‥‥‥‥177-179, 182, 196, 259

期待値 ……………………175, 177, 190
期待値原理 …………………19, 175, 180

規範 …………45, 71, 110-112, 117, 132,
　　　　　　　　　133, 158-161, 163
規範的アプローチ ……35, 36, 174, 175, 181,
　　　　　　　　　200, 211, 258
客観的合理性(的) ………31-33, 35, 36, 174,
　　　　　　　　　205, 217, 258, 274
キャリブレーション …………………242, 243
キャリブレーションカーブ …………242, 243
ギャンブラーの過ち ………208, 214, 215, 251
教育・訓練 ………………………259, 276-280
凝集性 …………47, 111, 113, 121, 137, 139
業務的意思決定 ………26, 28, 46, 261, 263, 269

偶然の誤認 …………………207, 214, 251
グループ・ダイナミクス ………111, 122, 123
クロスファンクショナルチーム
　　　　……………123, 124, 126, 129, 131, 154
群衆 ……………………………………109

経営科学 …………………………18, 29, 35
警告 …………………………………274-278, 280
経済人 ……………………………………32, 33
決定理論 …………………18, 19, 28, 175, 200
研究開発チーム（R&Dチーム）………129, 130
権限 ………14, 27, 117, 122, 147, 157, 166, 167
検索容易性 …………………220, 225, 226, 251
現状維持バイアス ………………245, 247, 252

行為者＝観察者効果 ………………88, 89, 264
公式的集団 ……………………123, 124, 128
構造化モデル …………………12-14, 107
構造的問題 ……………16-20, 22-26, 28,
　　　　　　　　　29, 32, 35, 263
肯定的感情 ………………………68, 99, 250
行動（実験）経済学 …………………174
行動ファイナンス ……………………174
光背効果（ハロー効果）…70, 78, 79, 82, 264
効用 ………………176, 177, 179, 182, 196

効用関数 ……………………179, 182
合理性（合理的）………30-32, 36, 95, 206
個人特性 ………………………37, 38, 43, 259
ごみ箱モデル ……………………………14, 15
コミュニケーション・ネットワーク
　　　　…………………………………111, 116
コラボレーション ……………………106, 107
コンコルドの誤り（コンコルド効果）
　　　　…………………………245, 248, 252
コントラスト効果 ………231, 233-235, 251
コンファメーション・バイアス
　　　　……231, 236, 237, 248, 251, 276, 278, 279
根本的帰属の誤り …………85, 86, 88, 89, 243, 264

さ

最大化原理 ……………………………32, 35
最適化 ……………………………………32
錯誤相関 ……………220, 228, 237, 251, 275
サンクコスト効果 ………………245, 247, 252
参照点 ………………………182-187, 189, 230
参照点依存性 …………………183-185, 230, 251
サンプルサイズの無視 ………207, 213, 251,
　　　　　　　　　275-277

事業部制組織 ……………………150-155, 269
事後確率 ……………………………201, 202
自己監視性 …………………60, 61, 261, 262
仕事に対する態度 ……………………91
自己奉仕バイアス ………86-89, 206, 240, 264
自信過剰 ………………240-243, 252, 276, 278
事前確率 ………………………201-204, 211
自然の状態 ………………………28, 175
シナジー効果 ……………………134, 142, 157
社会的手抜き ………………121, 138, 139, 267, 268
集権（的）………116, 147, 149, 151, 157, 270
集団 ……………4-6, 12, 34, 37, 38, 61, 106,
　　　　　　108-113, 116, 117, 119-124,
　　　　　　127-130, 133-141, 159, 162,
　　　　　　166, 267, 268, 276-278, 280
集団・組織特性 ……………………37, 38, 108

集団意思決定 ……… 38, 52, 108, 123, 133, 134,
　　　　　136, 138, 139, 141, 144, 145,
　　　　　265, 267, 268, 277, 279
集団極性化 ………………… 138, 139, 141
集団思考（グループシンク）
　　　　　………………… 128, 139-141, 268
主観確率 ………………… 200, 202-204, 211
主観的合理性（的）………… 31, 34, 36, 174
主観的な重みづけ ………………… 196, 197
熟慮型 ……………………… 75, 76, 263, 264
順序型 ……………………………………… 76, 77
順序性 ……………………………………… 177, 179
状況 …………………………… 45, 46, 72, 91
条件付確率 …………………… 201, 202, 204
少数の法則の信仰 ………… 207, 213, 214, 251
衝動型 ……………………… 75, 76, 263, 264
情報・判断特性 ……………… 37, 38, 174
情報技術 ……… 131, 259, 269, 270-272, 279, 280
情報共有 …………………………… 134, 139, 271
情報提示の順序効果 ……… 231, 233, 251, 277
職能 ………………… 107, 150, 152, 154, 155
職能別組織 ……………………… 150-155, 269
初頭（プライマシー）効果 ……… 233, 276, 278
処方的アプローチ ……………… 35-38, 258, 259
自律チーム ……………… 123, 124, 127, 273
新近（リセンシー）効果 …… 233, 235, 276-278
信念 ……………………………………… 92, 93

推移律 ………………………………………… 177
スキーマ ……………………………… 65-67, 92
スタッフ部門 ……………………………… 152
ステレオタイピング ………… 78, 82, 264

正当性錯誤 ……………… 208, 217-219, 251
制約された合理性（限定合理性）
　　　　　…………………… 33, 35, 174, 205
説明責任 ………… 264, 275, 276, 278-280
選好逆転 ………………………… 179-181
漸進主義 ……………………………………… 13
全体型 ……………………………………… 76, 77
選択的知覚 ………………… 67, 82, 264

選択的注意 ……………………………… 82
聖ペテルスブルグのパラドックス ……… 177
戦略的意思決定 ……… 12, 26, 28, 29, 46, 128,
　　　　　160, 162, 261, 263, 273
想起 ……………………… 220, 222, 236, 248
想起容易性 …………… 220, 251, 276, 277
相互作用 ………… 15, 45, 106, 110, 111,
　　　　　113, 121-123, 174
想像容易性 ………………… 220, 227, 251
組織 ……… 4-7, 16, 37, 38, 106, 108, 110-114,
　　　　　116, 118-124, 127-133, 140-142,
　　　　　146-168, 258, 259, 267-271, 273, 274
組織階層 ……… 25, 28, 147, 148, 157, 269, 270
組織構造 ………… 107, 108, 146, 150-157,
　　　　　164, 166, 269, 270-272
組織再編 …………………… 155, 156, 269
組織設計 ……………………… 154, 156, 157
組織部門化 ……………………… 150, 269
組織文化 ……………………… 48, 158-167
損失回避傾向 ……… 183, 187-189, 247, 251
損失フレーム ……… 183, 189-194, 196-198

　　　　　　　た
大数の法則 ……………………………… 213
態度 ………………… 43, 45, 89-93, 259, 265
態度形成 ……………………………………… 91
代表性ヒューリスティック
　　　　　………………… 207, 238, 251, 275, 276
タスクフォース ……………………… 123-125
ただ乗り ………………… 132, 138, 267
脱バイアス（debiasing）…… 274-277, 279, 280

地位 ……………………… 110, 117, 119, 120
チーム ……… 110, 111, 123-132, 154, 156, 157,
　　　　　162, 163, 267-271, 273
知覚（認知）……… 43, 62-75, 77-79, 82-84, 89,
　　　　　239, 249, 259, 261-264
知覚の誤り ………… 67, 70, 78, 82, 263, 264
知識創造（ナレッジマネジメント）……… 135
知識の呪い ……………… 244, 252, 276

ツーボスシステム ……………………………154

定型的意思決定 ……………………………20
データウェアハウス ………………………270
データマイニング …………………………270
デルファイ法 ………………………………145
電子会議システム ………………114, 132, 267
電子ブレインストーミング …………144, 277
電子メディア ……………………………114, 131

投影 ……………………………………80-82, 264
動機づけ状態 …………………65-67, 91, 92
動機づけ戦略 ……………………………279, 280
同質性 …………………………………120, 121
統制の所在（統制の位置）……55, 61, 84, 261
統制の範囲 …………………………………149, 150
同調 ………………………………137, 139, 140
独立性 ………………………………………178, 179
トップマネジメント ……14, 25, 26, 28, 29, 46,
　　47, 48, 53, 56, 68, 75, 128, 133,
　　135, 164, 166, 167, 260, 274
トップマネジメントチーム（TMT）
　　……………………………………128, 157
ドミナント・コアリション …………161-164

な

人間の情報処理 ……………………5, 37, 174
認知スタイル ………………………55, 73, 263
認知的斉合性理論 …………………………93
認知的戦略 …………………………………280
認知不協和 …………………………………95
認知不協和理論 ………………………94, 95, 247

ネットワーク構造 …………………………272

能率 ……………………………6, 7, 26, 99, 134, 269
ノミナル集団技法 …………………………144

は

場 ……………………………………………123

パーソナリティ ……43-50, 54-57, 60, 62, 73,
　　83, 89, 90, 128, 164-168, 260, 261
パーソナリティ特性 ………48-50, 55, 61, 62,
　　84, 259, 260, 261
バイアス ………………87, 237, 243, 244, 246,
　　249, 259, 274, 275, 277-280
場依存型 ………………………………73, 74, 263
ハインドサイト・バイアス ……240, 243, 244,
　　252, 276, 278
場独立型 ………………………………73, 74, 263
バランス理論 ………………………………94, 95
半構造的の問題 ……………………16, 23, 24, 28
反事実的思考態度 …………………………279
反射効果 ……………………………183, 189-191, 196,
　　198, 251, 275, 276

非言語 ………………………………………114, 115
非公式的集団 ………………………………124, 127
非構造的問題 …16, 20-24, 26, 28, 29, 259, 263
非定型的意思決定 ………………………22, 23
否定的感情 ……………………………68, 99, 250
ヒューリスティック（ス）………175, 205, 206,
　　214, 216, 239, 249, 251, 274

不確実性 ……………………………18, 19, 28-30
不十分な調整 ………………231, 245, 251, 276, 277
不変性 ………………………………………178, 179
部門化 ……………………………151, 152, 154, 269
プライミング効果 …………………79, 80, 82, 264
ブレインストーミング（ブレスト）
　　……………76, 141-143, 146, 268, 270
フレーミング ………………………183, 194, 195
フレーミング効果 ……………183, 193, 194,
　　251, 275, 276
フレーム …………………………………183, 193
プロジェクトチーム ………123-125, 131, 154
プロスペクト理論 ……175, 180-183, 196, 198,
　　230, 239, 247, 251, 274-276
分化 …………………………………107, 155, 156
分権（的）………116, 147, 149, 151, 269, 270, 271

ペイオフ ·····················18, 19, 175-177, 179,
　　　　　　　　　　　　182, 187, 194, 196
平均回帰（回帰効果）·················215, 216
平均回帰の無視 ···208, 215-217, 251, 275, 276
ベイズの定理（ベイズ推定）
　·····························200, 202-205, 211
弁証的質問法 ······························145
変動性 ·····································273

保守主義の原則 ···························249
ホットハンドの誤り ···········208, 214, 251
保有効果 ···························189, 247

ま

マイヤーズ・ブリッグス・タイプ指標（MBTI）
　·······················11, 57-59, 61, 83, 261, 262
マトリックス組織 ···················152-154
満足化原理 ·····························34, 205
ミドルマネジメント ·······25, 26, 28, 135, 166

無差別 ································176-178
無用な勝負心 ···························137, 139

メディア・リッチネス ···············114, 132

や

役割 ·····························117-119, 147, 150
役割曖昧性 ·····················117-119, 154

役割コンフリクト ·················117-119
誘因 ·····························277, 278, 280
友好集団 ···························124, 127
有効性（効果）·······················6, 7, 269
要求水準 ·····························34, 205

ら

ライン部門 ·····························152
リーダーシップ ···111, 117, 121-123, 167, 261
利益集団 ···························124, 127
利得フレーム ············183, 189-194, 196-198
リスク ·····················18, 19, 28, 29, 175, 190
リスク愛好（的）·········190, 191, 194, 198, 199
リスク回避（的）·········190, 191, 194, 198, 199
利用可能性ヒューリスティック ········73, 78,
　　　　　218, 219, 237, 240, 245, 251, 276, 277
稟議制度 ·································136
累積プロスペクト理論 ··················181

連言・選言バイアス ·········231, 238, 251
連言錯誤 ······207-209, 211, 238, 251, 275, 276
連続性 ·····································178

ロワーマネジメント ···········25, 26, 28, 46,
　　　　　　　　　　　　　　68, 135, 166

人名索引

A
Ackoff, R. F. ·······························33, 39
Aldrich, H. E. ·························273, 281
Allais, M. ······························178, 252
Allport, G. H. ···························90, 99
Asch, S. E. ···························137, 168

B
Bar-Hille, M. ·························239, 252
Bayes, T. ·······························200, 252
Bazerman, M. A. ··········216, 252, 274, 281
Bell, D. ··························35, 39, 258, 281
Bem, D. J. ·······························89, 99
Benbasat, I. ·····················277, 281, 284
Bernoulli, D. ······················176, 177, 252
Blanchard, K. ·························135, 169
Bruner, L. ·····························82, 100

C
Camerer, C. ······244, 245, 252, 278, 279, 282
Cantril, H. ·····························82, 101
Chapman, J. P. ·························228, 252
Chapman, L. J. ·························228, 252
Cherry, E. C. ···························82, 100
Cohen, M. D. ····························15, 39

D
Daft, R. L. ···························114, 168
Damásio, A. R. ·························95, 100
Digman, J. M. ·························49, 100
Duncan, R. ···························151, 168

E
Einhorn, H. J. ·····················233, 235, 253
Ellsberg, D. ···························179, 253

F
Festinger, L. ···························94, 100
Finucane, M. L. ·····················249, 253, 255

G
Fischhoff, B. ·················242, 244, 253, 254,
   274, 278, 279, 282-285
Fiske, S. T. ·······················66, 78, 87, 100
Forgas, J. P. ·······················68, 99, 100
Freud, S. ·······························80, 101

G
George, J. M. ···························99, 101
Gilovich, T. ·····················214, 253, 255, 277
Goleman, D. ···························96, 101
Grove, A. S. ·································6

H
Hastie, R. ·····················243, 245, 253, 278, 283
Hastorf, A. H. ···························82, 101
Hawkins, S. A. ··········243, 245, 253, 278, 283
Heider, F. ·······················83, 86, 94, 101
Hersey, P. ···························135, 169
Hirsh, S. K. ·····················58, 101, 262, 283
Hogarth, R. M. ·····················233, 235, 253

J
Janis, I. L. ··········129, 139, 140, 169, 268, 283
Jung, C. G. ···························57, 101

K
Kagan, J. ·······························75, 101
Kahneman, D. ····179-181, 188, 190, 193, 194,
   196, 197, 205, 208, 213, 217, 221,
   226, 230, 231, 247, 253, 255, 256, 283
Kelley, H. H. ·················83, 85, 101, 102
Knetsch, J. L. ·························189, 253
Knight, F. H. ···························29, 39
Kummerow, J. M. ············58, 101, 262, 283

L
Larrick, R. P. ·····················274, 279, 284
Latane, B. ···························138, 168, 169
Leavitt, H. J. ·························116, 170

人名索引

Lengel, R. H. ············114, 168
Levy, J. ············77, 102
Lewin, K. ············123, 133, 170
Libby, R. ············233, 249, 254
Lichtenstein, S. ············180, 198, 242, 254, 278, 283, 284
Lindblom, C. E. ············13, 39

M

Mann, L. ············140, 141, 169, 268, 283
March, J. G. ············12, 15, 39
Maslow, A. H. ············135, 170
Meehl, P. E. ············174, 254
Mintzberg, H. ············14, 39
Morgenstern, O. ············174, 177, 256
Moss, H. A. ············75, 101
Murray, H. A. ············135, 170
Myers, I. B. ············57, 102

N

Nisbett, R. E. ············88, 102, 218, 227, 254, 284
野中郁次郎 ············135, 172

O

Olsen, J. P. ············15, 39
Osborn, A. F. ············141, 171
Oskamp, S. ············240, 254, 255

P

Pack, G. ············76, 102
Pfeffer, J. ············247, 255
Postman, L. ············82, 100

R

Raiffa, H. ············35, 39, 253, 258, 278, 281, 285

Rizzo, J. R. ············117, 118, 171
Ross, L. ············88, 102
Rotter, J. B. ············55, 56, 102
Russo, J. E. ············240, 255

S

Schein, E. H. ············159, 162, 171
Schneider, B. ············47, 102
Schoemaker, P. J. H. ············240, 255
Simon, H. A. ···8, 12, 31-33, 39, 174, 205, 255
Slovic, P. ······180, 249, 253-256, 279, 283, 285
Snyder, M. ············60, 71, 102, 103, 236, 255
Staw, B. M. ············99, 103, 172, 246, 247, 255
Sumner, W. G. ············110, 171
Swann, W. B. ············236, 255

T

Taylor, S. E. ············66, 78, 87, 100
Tetlock, P. E. ············264, 278, 285
Thaler, R. H. ············179, 189, 253, 255, 256
Tversky, A. ····35, 39, 179-181, 188, 190, 193, 194, 196, 197, 205, 208, 213, 217, 221, 226, 230, 231, 253, 256, 258, 281, 283

V

von Neumann, J. ············174, 177, 256

W

Wason, P. C. ············237, 256
Wiseman, C. ············226, 256
Witkin, H. A. ············73, 74, 103

Y

Yulk, G. ············121, 172

〈著者紹介〉

山崎 由香里（やまざき ゆかり）

成蹊大学経済学部准教授
明治大学商学部，明治大学商学研究科博士前期課程修了
麗澤大学非常勤講師，成蹊大学非常勤講師を経て
2002年成蹊大学経済学部着任　修士（商学）

主要業績
「組織における人間の意思決定」（第4章）
「企業の経営財務分析」（第10章）
　　相原修，上田泰 編著『企業経営入門』（多賀出版），2007年
「組織における意思決定」（第6章）
　　小山明宏，手塚公登，上田泰，米山茂美 編著『現代経営学再入門』（同友館），2010年
「会計情報の逐次的処理における初期信念の影響：会計監査人の信念更新に関する先行研究の再解釈」『経営情報学会誌』第12巻第1号，2003年
「組織におけるリスク下の意思決定に対する感情の影響－先行研究にみられる感情設定方法に関する実証分析－」『経営情報学会誌』第14巻第3号，2005年
「意思決定に対する「脱バイアス（debiasing）」手法について：先行研究のレビューと脱バイアスのフレームワーク」『成蹊大学経済学部論集』第40巻第1号，2009年　　ほか

平成23年2月25日　初版発行　　《検印省略》　略称：組織意思決定

組織における意思決定の心理
―組織の記述的意思決定論―

著　者　　山　崎　由　香　里
発行者　　中　島　治　久

発行所　同文舘出版株式会社

東京都千代田区神田神保町1-41　〒101-0051
電話　営業(03)3294-1801　編集(03)3294-1803
振替　00100-8-42935　http://www.dobunkan.co.jp

©Y. YAMAZAKI　　　　　　　　印刷：萩原印刷
Printed in Japan 2011　　　　　製本：萩原印刷

ISBN 978-4-495-37991-9